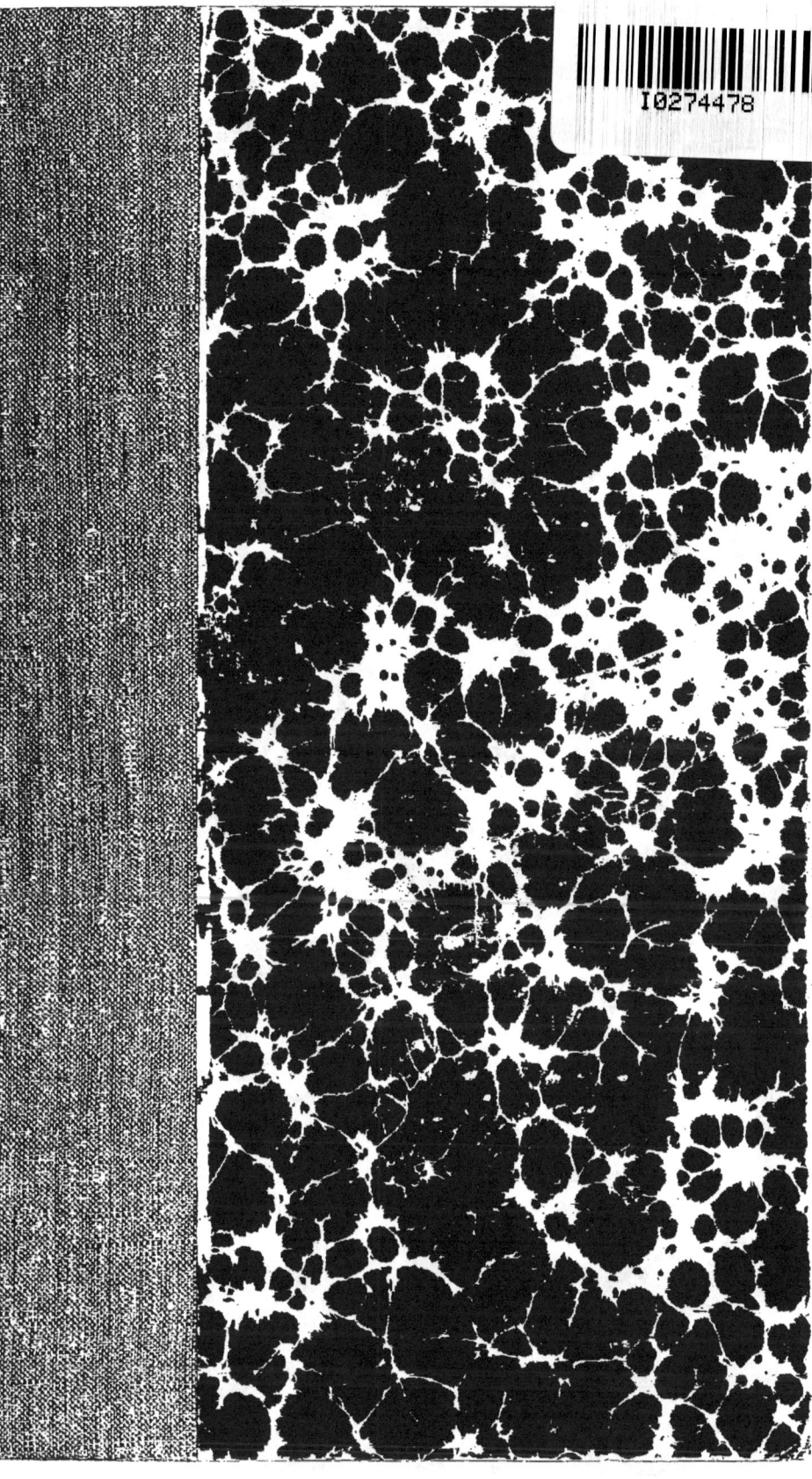

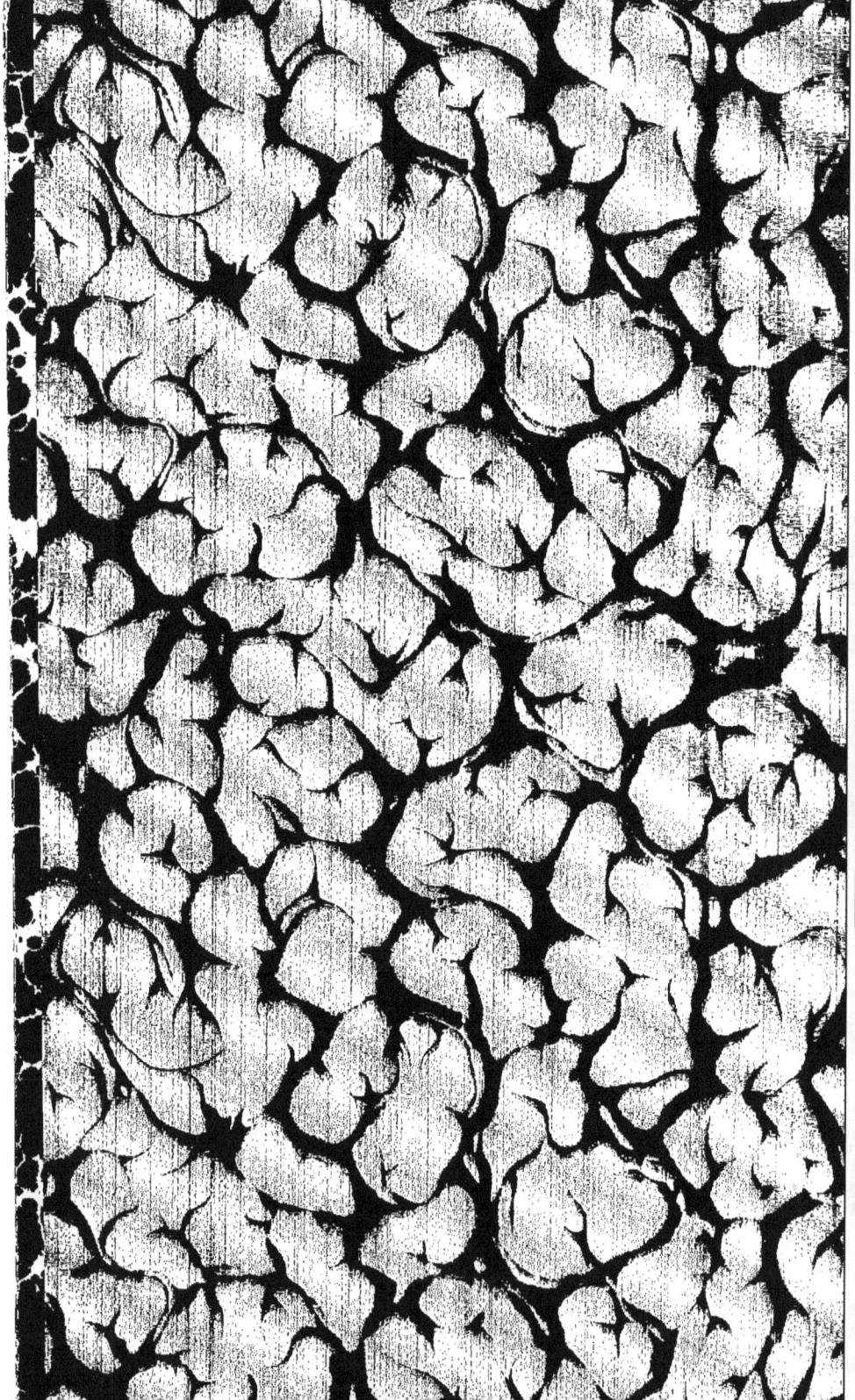

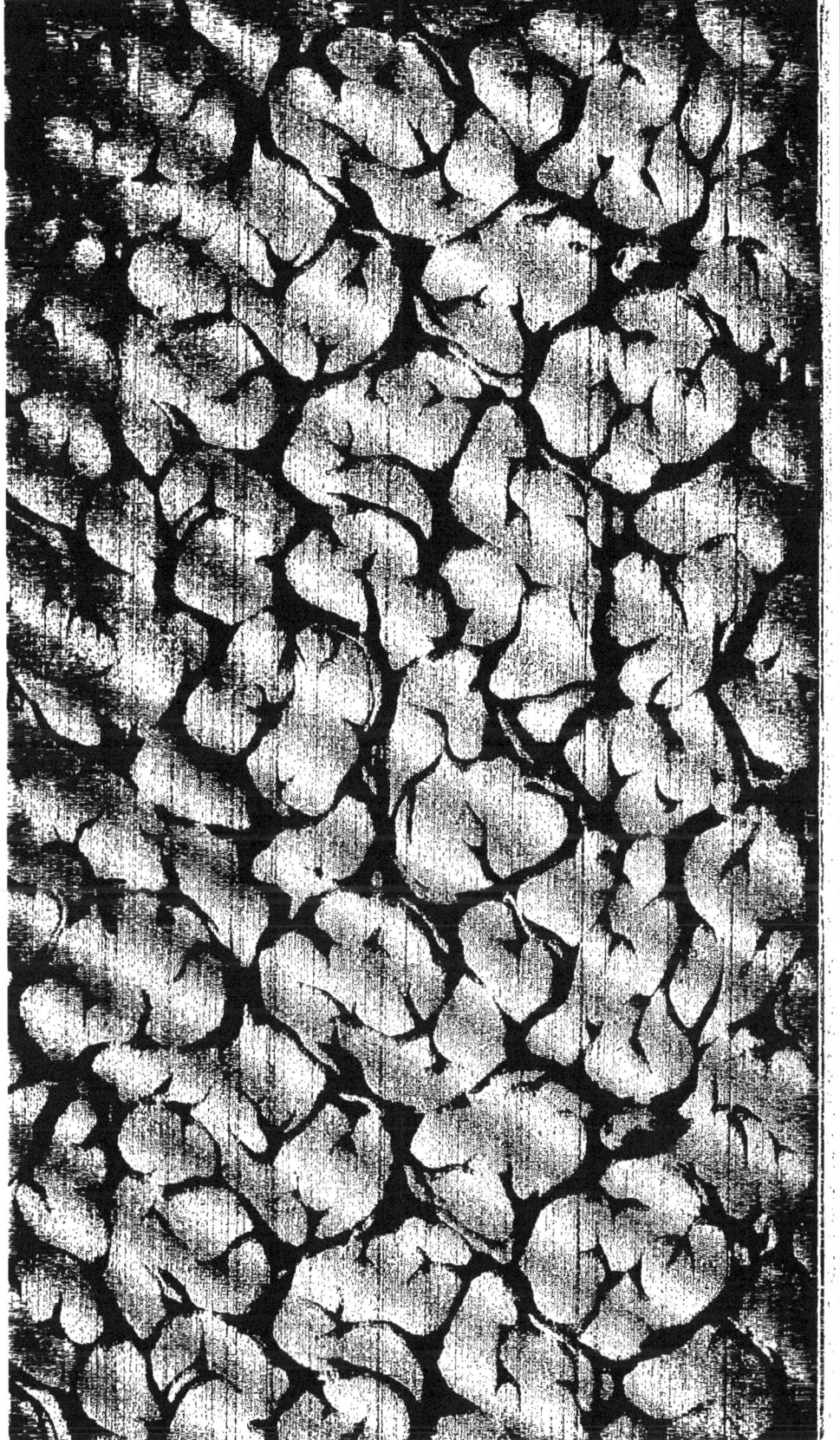

STEMPFER-REL.

IMPRESSIONS

(1803-1876)

PAR

P.-F. MARTIN-DUPONT

PASTEUR

DIRECTEUR DE LA COLONIE AGRICOLE DE SAINTE-FOY

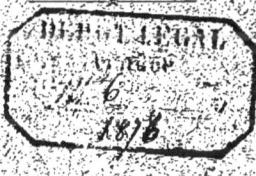

PARIS

LIBRAIRIE SANDOZ ET FISCHBACHER

33, RUE DE SEINE, 33

1878

MES

IMPRESSIONS

FONTENAY (VENDÉE). — IMP. CH. CAURIT.

MES
IMPRESSIONS

(1803-1876)

PAR

P.-F. MARTIN-DUPONT

PASTEUR

DIRECTEUR DE LA COLONIE AGRICOLE DE SAINTE-FOY

PARIS

LIBRAIRIE SANDOZ ET FISCHBACHER

33, RUE DE SEINE, 33

1878

AVANT-PROPOS

En publiant ce livre, nous accomplissons les dernières volontés de notre père bien-aimé ; nous remplissons un pieux devoir.

Ceux qui le liront sauront gré à l'auteur de n'avoir pas exclusivement réservé à ses enfants ces épanchements intimes d'une âme chrétienne.

Pour nous, en relisant ces pages, tour à tour tendres et graves, partout empreintes d'une sérénité austère, nous avons été consolés de bien grandes tristesses.

LES ENFANTS DE L'AUTEUR.

Ce livre est fait de moi-même; s'il n'était fait, je ne le ferais pas. — On rend toujours un hommage, quoi qu'il arrive, à son moi. — On néglige peut-être que nous ne sommes que poudre et corruption, qu'il n'y a d'espoir, de remède que dans la grâce gratuite, de salut au sens le plus complet, le plus absolu du mot, que là.

J'ai honte de moi, de ma conduite, quand j'y regarde de près. Il est vrai que la grâce a surabondé en moi. Je puis dire : Tout par grâce, tout en la grâce.

I

Je voudrais me rendre compte de mes impressions, mais c'est malaisé. Elles sont nombreuses et fort diverses. Il en est de tristes et de gaies, de sérieuses et de futiles, de douces et d'amères; les unes sont distinctes, les autres confuses; les unes sont tenaces, profondes et présentes, les autres sont à demi effacées; les unes laissent une empreinte indélébile, les autres ne laissent qu'une légère trace, que l'aise ou le malaise d'un moment.

Les causes qui les produisent varient à l'infini : ce sont les choses, ce sont les personnes; c'est le temps, c'est l'espace, c'est la suite des événements dans la famille, dans l'Eglise, dans la société; c'est le présent, c'est l'avenir, c'est le passé; c'est la destinée des individus comme des nations.

Mes impressions, c'est en quelque sorte moi-même; c'est ma manière d'être, de sentir, de juger; c'est la sphère de mon activité, de mes souvenirs, de ma position : mon sort s'y rattache et en dépend.

Par elles, je suis en rapport avec tout ce qui n'est pas moi. Je subis l'influence du dehors; je subis une foule de modifications dans mon âme, dans mon corps ; je passe par différents états : je suis alerte, je suis abattu, serein ou triste, fervent ou tiède, heureux ou malheureux, confiant ou craintif, calme ou agité. Elles agissent sur moi de cent façons ; elles se font jour en moi de partout et fort souvent à mon insu ; j'ai beau faire effort pour m'y dérober, elles sont en moi avant d'en avoir conscience. La flèche est moins rapide, le trait moins prompt ; elles ont parcouru tout mon être en un clin d'œil.

C'est au moyen de mes impressions que je suis certain de mon identité personnelle, que je remonte le cours de ma vie, et que je me rappelle les jeux de mon enfance et les tendres soins de mes parents. Ils m'aimaient et je les aimais ; notre mutuelle affection était sincère et libre de tout égoïsme ; nous vivions les uns pour les autres et comme les uns dans les autres, sans le moindre retour intéressé sur soi-même. Ils me chérissaient, et mon cœur battait à l'unisson du leur, et je goûtais, il m'en souvient, un bonheur sans mélange, qui n'avait pas de bornes. Ils me prenaient dans leurs bras, ils m'asseyaient sur leurs genoux, ils me pressaient sur leur sein. J'en étais ravi ; il n'y avait aucune ombre à ma joie, nulle lacune à ma satisfaction. Leur regard scrutateur et bienveillant m'embrassait de la tête aux pieds. J'enlaçais leur cou de mes petits bras, je caressais leur visage de mes petites mains ; ils laissaient faire, et je penchais ma tête sur leur poitrine, et je goûtais tous les charmes de l'amour paternel et maternel. Je vivais sans souci ni crainte. Je ressentais un bien-être ineffable dont le souvenir ne s'est jamais effacé.

Age aimable et naïf, jours de vie innocente, candeur pure, abandon sans réserve, sécurité parfaite, vous passerez, et après vous, qu'y aura-t-il?

Quand j'étais jeune enfant, je connaissais moins la peine que le plaisir, tout me souriait. J'étais heureux de vivre, de vivre avec mes parents. Je me livrais à mes ébats sans inquiétude. Je jouissais de mes amusements sans regret; tout me conviait à la joie et à des jours paisibles; la vie s'offrait à moi comme une fête, et rien n'en devait ternir le charme; elle devait toujours durer embellie! Erreur! Le temps s'est chargé de me détromper; j'ai dû me convaincre qu'il est partout des mécomptes, que nul mortel n'y échappe, et que la balance entre les biens et les maux penche souvent du côté de ceux-ci. Les épreuves sont notre commun héritage; on les rencontre dans les palais comme dans les chaumières, sous la pourpre et sous les haillons. Les plus fortunés n'en sont pas exempts; le chemin de la vie est semé d'épines et bordé d'écueils, aucun n'y marche sans danger ni fatigue; il offre à peine quelques courtes haltes contre la chaleur et le poids du jour.

II

Ma famille habitait Saint-Laurent-du-Cros, au centre de la belle vallée du Champsaur. Le chef-lieu est Saint-Bonnet, où est né Lesdiguières, dans le Haut-Dauphiné. Le Champsaur s'étend d'Orcières à Corps, sur une longueur de 50 kilomètres et sur une largeur de 8 environ. Le Drac le traverse dans sa longueur et le divise en parties égales. Le Champsaur est enceint de hautes montagnes, sauf au midi. Elles sont abruptes, dénudées, tristes. Chaillol-le-Vieux occupe le milieu de la chaîne qui court de l'est à l'ouest ; il a 3,318 mètres d'altitude.

C'est à Saint-Laurent que j'ai vu le jour, le 28 mai 1803. Mes ancêtres figurent dans les registres de la paroisse jusqu'au XVIe siècle ; il y a eu parmi eux des magistrats et des notaires royaux ; mais des revers avaient frappé et appauvri mes ancêtres ; ma famille n'avait pu se relever à son ancien niveau, et, cependant, Dieu ne s'est pas laissé sans témoignage en lui faisant du bien.

Mon père, Pierre Martin-Dupont (1), né le 8 août 1767,

---

(1) Le nom de ma famille paternelle est Martin-du-Pont, ainsi que porte le patois : *Martin-del-Pount* ou *d'ou Pount*. C'est par erreur que le secrétaire de la mairie de ma commune a mis Martin-Dupont.

avait montré de bonne heure un caractère pétulant, mobile, plein de loyauté et de franchise. De bonne heure aussi, se trouvant à Genève, où il avait un oncle, et où ses parents avaient reçu la bénédiction nuptiale, il était entré dans la milice. Il en sortit clandestinement pour aller, aux premiers bruits de notre Révolution, offrir ses services comme volontaire. En peu de temps, il traversa les premiers grades et obtint, quelque temps après, les épaulettes et l'épée de capitaine. Il avait un bel avenir devant lui, mais des circonstances domestiques firent qu'il donna sa démission ; il revint, plus dans l'intérêt des siens que dans son intérêt à lui ; il renonça librement à l'espoir certain de monter en grade, de bien faire son chemin, pour donner ses soins à sa famille ; il a eu la conscience d'avoir bien fait.

A l'armée, mon père était aimé et estimé des chefs et des soldats. Il avait le coup d'œil juste, beaucoup de jugement ; il était bon camarade, ami sûr et dévoué ; il avait un cœur excellent, était obligeant, désintéressé et d'une loyauté chevaleresque. Il était intelligent et digne, prompt à se décider, actif, laborieux, aimable ; il causait avec une parfaite aisance ; sa conversation était brillante, variée ; on n'était jamais las de l'entendre.

Quelque temps après son retour de l'armée, au lendemain des campagnes d'Italie où il avait servi sous le général Bonaparte, mon père chercha à se marier. Il épousa, le 4 janvier 1800, une jeune personne de l'endroit, modeste, timide, douce, nommée Suzanne Gaignaire, dont il eût fait le bonheur s'il eût vécu.

Mon père était l'homme du devoir ; il était connu pour

son amour de la justice, pour son impartialité; il était souvent appelé comme arbitre au sujet de différends entre ses concitoyens. Il faisait tout, vite et bien ; avant le lever des autres, il avait déjà rempli la moitié de sa tâche; il avait du crédit, de l'influence, et Dieu le bénissait dans sa famille.

Du vivant de mon aïeul déjà, mon père avait saisi, avec son consentement, le timon des affaires dans sa famille. Tout faisait présager un prompt retour à une position plus aisée, lorsque la mort survint qui nous l'enleva.

Nous étions cinq enfants : quatre garçons et une fille, tous très jeunes; mon frère aîné avait quinze mois de plus que moi, et les trois autres avaient vu le jour de deux en deux ans les uns après les autres. A la mort de mon père, le cinquième n'avait que quelques mois. J'avais six ans. Ma pauvre mère perdait tout, en perdant son mari. Nous lui restions, mais c'était une charge; elle brisée, qu'allait-elle devenir avec cinq petits enfants sur les bras ?

Il y avait ma grand'mère, âgée, mais très active; il y avait un de mes oncles qui consentit à aider ma mère dans les travaux des terres et la gestion des autres intérêts. Ma mère était inconsolable; elle pleurait le jour et la nuit; elle était si liée à son mari ! Il la déchargeait de tout souci ; l'amour de l'un donnait la mesure de l'amour de l'autre.

Qu'allait-elle devenir, avec cinq enfants, des travaux au-dessus de ses forces, des dettes qui restaient et de mauvaises années à traverser ? Mon oncle faisait son possible et ma grand'mère aussi, mais ils n'étaient pas, entre tous, capables de surmonter les obstacles. J'étais souvent avec ma mère; je la surprenais sans cesse à pleurer. J'eusse bien voulu la consoler. Je me tenais près d'elle, regardant à terre, ne sachant que dire, et me bornant à presser ses mains dans mes petites mains et à approcher ma bouche de la sienne, tout ému.

III

Je me souviens de mon père, mais d'un souvenir incomplet et intermittent. La mémoire d'incidents plus anciens m'est restée. J'en ai oublié d'autres plus nouveaux. Je vois la place où nous étions ensemble à tel moment, tandis que le moment d'après tout m'échappe, temps et lieu. Je me rappelle qu'il nous faisait faire l'exercice, répétant : gauche ! droite ! Le monde retentissait alors de bruits de guerre ; nous nous regardions déjà comme des défenseurs de la patrie, tant notre père savait enflammer notre zèle par le récit de ses campagnes ou en nous faisant toucher ses insignes militaires, ses armes, là déployés devant nous.

Père aimé ! nous avons joui peu de temps de tes attentions et de tes soins ; nous devions te perdre au début de la vie, tu devais sitôt nous laisser orphelins !

Je le vois malade ; je vois son corps souffrant, son visage amaigri, sa barbe négligée — cela frappait alors. Je vois ses bras décharnés ; il les levait pour saisir la corde d'une poulie fixée au ciel de lit et changer de place. Il endurait de cruels maux, mais toujours avec une force d'âme admirable. La douleur lui arrachait des soupirs, jamais des plaintes. Il souffrait patiemment, sans murmurer; il était d'un abord affectueux, n'oubliant jamais de remercier, pour les moindres soins, les personnes qui entouraient sa couche. Cela dura un mois environ ; c'était en hiver. J'allais à l'école du village. Je revenais à midi, puis le soir, et chaque fois je le retrouvais au lit et très souffrant. J'étais saisi de tristesse; mais à cet âge, où les distractions abondent et entraînent, je m'y livrais comme mes petits camarades, et alors j'oubliais, pour quelques moments, les souffrances qu'endurait mon père, et qu'il pouvait mourir.

Un jour, le triste état du malade empirant sensiblement, on vint nous chercher, mon frère et moi. On croyait qu'il allait trépasser. Nous courûmes, nous entendîmes des pleurs, nous vîmes un assez grand nombre de voisins tout tristes ; nous entrâmes. Nos parents entouraient le moribond. Ma mère était là, oppressée, les larmes ne pouvaient la soulager; elle voyait un abîme de douleur s'ouvrir devant elle. Nous arrivâmes jusqu'à elle. La vue de mon père mourant me saisit d'effroi et de tristesse. Je ne savais pas où j'étais. Mes impressions de ce moment me sont restées présentes comme à ce moment. Il rendit le dernier soupir; cela me semblait un rêve; je n'y pouvais croire ; j'étais bouleversé. Je le vis mettre dans la bière; je le vis, le lendemain, porter à sa dernière demeure. Je l'y accompagnai en pleurant avec toute la famille et les amis ; il faisait froid; on avait quelque peine à franchir le ruisseau un peu au-dessus du pont qui sépare la maison du verger. Sa tombe fut creusée à côté de celle de son père et d'autres ancêtres ; son cercueil y fut descendu. La terre, en tombant dessus, faisait un bruit sinistre qui me remplissait de terreur. Cette triste cérémonie terminée, on revint à la maison. Le mort n'y était plus ; la place de la bière était vide. — Je n'avais plus de père ; ma mère n'avait plus de mari. — Sa présence y animait tout, lorsqu'il vivait ; son absence y laissait un lieu inoccupé, immense. Je cherchais machinalement à table, au foyer, ailleurs, le chef de la maison ; il n'y était plus, et il ne devait plus y être. — Oh ! quel jour sombre et malheureux que ce jour ! Tout me paraissait froid, vide et désolé.

Lorsque tout le monde se fut retiré et que nous nous trouvâmes seuls, nous pleurâmes, nous souffrîmes, nous ressentîmes un profond malaise. Ma pauvre mère était à bout de forces ; elle faisait mal à voir. Je m'approchai d'elle, sans pouvoir articuler un seul mot ; nous n'avions, pour nous répondre, que des larmes.

La nuit se fit, qui nous sépara ; le sommeil fut interrompu et court chez ma mère, ma grand'mère et mon oncle. Je dormis, et mon frère comme moi ; mais, au lever, notre première rencontre ramena des pleurs.

Il n'y avait à Saint-Laurent, depuis bien des années, plus de pasteur, ni personne capable de consoler, dans de semblables occasions, les affligés. Les vraies traditions à cet égard s'étaient peu à peu effacées des cœurs ; la vraie piété était inconnue dans le Champsaur, comme en une foule d'autres lieux. Le christianisme évangélique avait fait place à quelques pratiques tout extérieures ; on n'avait plus ni temple, ni personne d'assez intelligent ni d'assez digne pour présider les assemblées le dimanche ; il n'y avait ni anciens, ni diacres, ni discipline, rien qui pût rappeler l'existence d'une Église proprement dite. Il y avait des protestants disséminés dans la vallée, en petit nombre, là où, avant les persécutions, avant la révocation de l'Édit de Nantes, on comptait de nombreuses familles huguenotes, plusieurs églises, des temples, des presbytères, en un mot un établissement de notre culte florissant.

Les protestants avaient horriblement souffert; c'est par masses qu'on était parvenu, à force de sévérité, de promesses, de tentations de tout genre, à les rejeter dans le giron de l'Église romaine. Cette défection eut de bien funestes conséquences pour le protestantisme en Champsaur. — Mais je reviens à ma chère mère.

Elle aurait eu un besoin urgent de consolations chrétiennes. Cette voix de Jésus : « Bienheureux sont ceux qui pleurent, car ils seront consolés » ne venait pas jusqu'à elle; les Écritures étaient rares dans mon pays, et personne de connu n'en avait fait l'expérience. Ma mère resta là avec sa profonde douleur; elle continuait à souffrir et à pleurer.

Elle ne recevait que de ces consolations vulgaires et banales que le monde donne : Que faire ? Il faut se résigner ; Dieu vous aidera, et paroles semblables. De telles paroles, incapables de faire le moindre bien, irritent la blessure quand il faudrait l'adoucir.

Ma mère était liée avec une femme mieux douée et plus intelligente que beaucoup d'autres, qui avaient toutes les apparences de la dévotion ; elle était catholique romaine. Sa sympathie pour ma mère était réelle, et elle aurait beaucoup voulu la soulager. Elle en appelait au protecteur des veuves et des orphelins, disant qu'il ne l'abandonnerait pas, que Dieu est bon, qu'il prend soin des affligés. C'était à peu près tout ce qu'elle savait dire. Elle ne disait rien de l'ami des pécheurs, de celui qui compatit à nos infirmités, qui a porté nos langueurs et qui s'est chargé de nos douleurs; de celui qui fait la plaie et qui la bande, qui a donné sa vie pour nous et qui nous dit : « Venez à moi, vous qui êtes chargés et travaillés, et je vous soulagerai. »

Les propos de cette personne obligeante, malgré ce qu'ils avaient de général et de vague, fixèrent mon attention, réveillèrent en moi l'espoir que ma mère allait devenir l'objet des soins de Dieu, particuliers sinon extraordinaires. J'en fus vivement impressionné. La pensée d'une intervention divine n'avait rien d'étrange à mon sens, elle me souriait ; et comme rien ne soulageait la douleur de ma mère, j'avais accepté, comme de bon augure, le pronostic d'une pareille intervention. Je la prenais à la lettre, et je m'attendais à voir une apparition de Dieu, une manifestation en quelque sorte tangible au moyen de laquelle ma mère serait aidée et consolée dans sa détresse et son malheur.

Je ne saurais dire à quel degré cette pensée s'était emparée de mon esprit, et à quel point j'étais impatient de la voir se réaliser. D'heure en heure, cette foi, cet espoir en un secours d'en haut devenaient pressants en proportion du désir que j'éprouvais de voir ma mère entourée de la protection du Seigneur. Je demandais à Dieu de se montrer, j'y comptais ; mes prières enfantines étaient sincères, instantes, et je cédais à un entraînement intérieur qui me dominait tout entier et dont la perspective prochaine me faisait tressaillir de la tête aux pieds.

Je fus déçu, attristé, lorsque je ne vis rien de ce que j'attendais. Le découragement me vint. Je n'osais plus prier, ni espérer, et je retombai dans mon premier état. Je crus que l'amie de ma mère s'était trompée ou qu'elle n'avait eu rien de mieux à dire.

Ma mère était souvent en pleurs ; je la surprenais les yeux mouillés de larmes ; elle s'efforçait de cacher son visage et de me dérober sa douleur. Je m'approchais d'elle, je l'embrassais en silence, ému, puis je la quittais pour recommencer mes amusements de tout à l'heure.

Hélas ! rien ne pouvait rendre à ma pauvre mère celui qu'elle n'avait plus ; elle se retrouvait veuve partout et solitaire. Elle est restée veuve jusqu'à sa mort ; elle a voulu honorer tout le long de ses jours la mémoire de son époux.

Le temps marchait. Il n'y avait guère que le temps pour diminuer tant d'amertume ; mais le temps amortit, il ne guérit pas nos souffrances et n'est jamais une source de consolation et de paix comprise et réfléchie.

IV

L'hiver, nous allions à l'école; cela privait ma mère de la présence de mon frère aîné et de moi. Je prenais goût à apprendre; on me citait pour mon application, mon intelligence et mes progrès. Cela me rappelait et m'a souvent rappelé un vœu de mon père, celui de me voir être un jour ministre du Saint-Evangile et pasteur. Que de difficultés à vaincre et d'obstacles à franchir pour en venir là ! C'était comme un arbre dont le germe devait être venté, emporté à travers monts et plaines, puis déposé, après mille secousses d'un vent violent, sur un sol exposé aux intempéries des saisons.

J'ignorais alors ce vœu de mon père; ce n'est que plus tard que je l'appris. Je ne m'y arrêtai pas à ce moment. Dans la suite, il revint à ma mémoire comme une chose impossible, irréalisable; ce fut un souvenir de regret, puis d'oubli.

L'école, dans tout le Champsaur, se faisait durant l'hiver; au printemps, on se dispersait pour aller à ses affaires, quitte à revenir à la mi-novembre, à la chute des neiges; on avait oublié la moitié de ce qu'on avait appris; il fallait recommencer.

Je n'oubliais pas le deuil de ma mère ; son air triste et abattu m'y ramenait comme malgré moi. J'en étais moins préoccupé, en avançant dans mes jours ; mais, au moindre signe, tous mes souvenirs s'y reportaient. Je courais vers elle, je me penchais sur son sein, et cela semblait la soulager, tout en doublant son émotion. Pauvre mère, que de larmes elle avait encore à verser ! Quel chagrin profond à nourrir était le sien ! Il s'accroissait de notre difficulté à subsister. De mauvaises récoltes, un travail insuffisant, des enfants en bas âge, dont deux pas bien portants et qui moururent quelques années après, tout cela était une cause d'amers soucis et de peines. Il fallut bientôt y ajouter la nécessité de loger des soldats étrangers faisant de plus en plus invasion sur le sol français. Ils étaient affamés, exigeants à l'excès ; ils pénétraient partout, menaçant, frappant, veillant à n'être pas surpris à cause de leurs exactions. Ils faisaient, dans mon pays, l'effet d'une nuée de sauterelles en Orient ; leurs traces, après leur départ, se voyaient longtemps encore ; on en était las. Ils avaient fouillé armoires, caves, celliers, tout recoin et toute cachette présumée, pour en enlever et en dévorer les subsistances. Les Allemands mangeaient le lard cru avec plus d'avidité que des chiens ; cela nous remplissait d'indignation et nous causait des nausées.

Ma pauvre mère avait donc à traverser de mauvais jours. Hélas ! nous n'y songions pas ; rien d'essentiel ne nous manquait ; elle avait les inquiétudes, nous avions le calme de la sécurité. Que la divine Providence est admirable dans sa marche ! L'enfant pourrait-il être à ce point tourmenté et vivre ? De pareilles inquiétudes ne seraient-elles pas accablantes ? Grandirait-il, ainsi battu des orages de la vie ? Il végéterait à peine, et à la place d'un homme il y aurait un être rabougri, souffreteux, impuissant. Le fardeau le plus lourd est pour les plus forts.

En attendant, le temps se passait pour moi sans contrastes bien sensibles. L'hiver, je revenais à l'école, et l'été, je restais avec mes plus jeunes frères, ou je m'amusais avec des camarades de mon âge ; les jours coulaient pour moi sans ennui.

A l'école, je faisais des progrès en proportion des leçons qui nous étaient données. Nos maîtres n'étaient ni docteurs ni bacheliers, ils n'étaient pas même munis du simple brevet. Etait instituteur qui voulait. On n'avait qu'à se présenter avec une plume au chapeau, quand on venait du dehors ; quelques pères de famille se réunissaient à l'auberge ou chez l'un d'eux ; là, on traitait l'affaire. L'instituteur était nourri par les parents des élèves à tour de rôle ; on lui promettait par-dessus 30, 40 et jusqu'à 50 fr. pour quatre ou cinq mois de temps. Si l'instituteur était de la commune et l'habitait, il se nourrissait ; l'écolage montait alors à 3 francs par élève.

Aux jours de la génération précédente, les instituteurs descendaient des hautes et froides vallées du Queyras. Vêtus d'un drap grossier, violet, taillé en une espèce de lévite à col droit, avec des culottes, un chapeau à claque, on les aurait pris pour des personnages. Ils avaient l'abord grave, le maintien raide, l'air pédant. — Ils trouvaient aisément à se placer ; c'était comme une chose convenue. A la saison, on attendait le magister Queyrassin, comme on attendait la neige, — l'un rappelait l'autre, — et le contrat, toujours verbal, se passait dans la première réunion. Alors, il fallait chercher une place pour l'école ; ce n'était pas une salle élégante ; c'était une étable chauffée par la présence des vaches et des brebis, là même où la famille se tenait d'habitude le jour et durant la veillée. On n'y était pas commodément, cela se comprend sans peine, mais on n'y avait pas froid, et l'on était content si la place était assez spacieuse et le jour suffisant pour donner et recevoir les leçons.

Les leçons ! On apprenait à lire, à écrire et à chiffrer ; le tout mécaniquement et sans principes. Les instituteurs étaient, plus d'une fois, dépassés par les écoliers appliqués et intelligents. Ce par quoi ils se faisaient le plus remarquer, c'était par la dureté, la brutalité avec laquelle ils traitaient les élèves. On aurait dit que la première qualité de ces pédagogues était la rudesse, la barbarie. Cela était reçu des parents; l'opinion y était favorable. Un instituteur qui n'aurait pas, à coups de bâton, de férule, de nerfs de bœuf, frappé ses élèves sur les mains, sur le dos et ailleurs, aurait passé pour un médiocre instituteur.

Ces habitudes barbares ont cessé ; on ne traite plus de la sorte les écoliers, même en Queyras. Mais longtemps encore, lorsque ces étrangers étaient remplacés par des instituteurs de l'endroit, ceux-ci, qui avaient été leurs élèves, frappaient à tout propos et le plus rudement possible, comme ils avaient été frappés.

Ces écoles, quoi qu'il en soit, rendaient des services. Tous les enfants, filles et garçons, les fréquentaient, et toute la population, moins un petit nombre, savait lire et écrire. Malheureusement, on ne savait trop que lire; il n'y avait pas à choisir : en dehors du Nouveau-Testament, dont on n'avait encore qu'un exemplaire par temple, et d'un maigre catéchisme, rien ou à peu près rien. On apprenait à syllaber; puis on lisait dans un livre latin l'A B C et les *Matines*. On en était encore là, de mon temps. Je me rappelle que certains rares exemplaires de contes, espèces de romans comme *Barbe-Bleue*, les *Quatre-Fils-Aymon*, *Fortunatus* et autres, arrivèrent jusque chez nous. On les lisait à la veillée, et plus d'un auditeur en était ému jusqu'aux larmes.

Lorsque, plus tard, un livre nouveau quelconque me tombait sous la main, il m'enflammait; s'il était littéraire, fait avec quelque soin, j'en apprenais des morceaux par cœur. J'eusse passé la nuit à lire ; tout m'absorbait, jusqu'à la lecture d'un dictionnaire. Je ne manquais jamais la classe ; à l'heure dite, j'étais à mon banc. Je me levais qu'il faisait encore obscur, je m'habillais en grande hâte, j'ouvrais la porte et je courais à perdre haleine. Souvent, il y avait un, deux et jusqu'à trois pieds de neige tombée de la veille ; cela ne nous arrêtait pas ; nous la fendions en marchant en rang, ou nous prenions des pelles et des balais, selon qu'elle était molle ou friable comme de la farine. Les plus jeunes, on les portait sur les épaules, on les couvrait d'une houppelande épaisse si le vent emportait la neige en tourbillonnant. On criait, on s'entre-répondait par des éclats de voix ; cela faisait tableau, surtout lorsque la neige attachée aux arbres formait des guirlandes d'une éclatante blancheur, ornées de festons multiformes du plus bel effet. Souvent les arbres pliaient jusqu'à terre, ou se rompaient avec des craquements prolongés. Il y avait aux branches les plus longues, les plus flexibles, comme d'immenses panaches d'un blanc immaculé et somptueux. Lorsque la neige avait cessé, que le soleil se montrait et que le ciel devenait lumineux, la nature prenait un air de fête ; on était ravi.

Dans mon pays, l'hiver a des agréments dont le souvenir demeure. Le sol couvert de neige est comme une nappe immense, semée de diamants. D'épaisses glaces couvrent les ruisseaux, dont les eaux cachées font entendre un murmure sourd et varié.

Les veillées, dans mon pays, au temps des longues nuits, ont aussi leur agrément. On se réunit par groupes de familles dans la maison la mieux disposée, après que cela a été convenu d'un commun accord. On reste à la veillée jusqu'à dix heures, onze heures et même minuit. Les femmes cousent, tricotent, filent comme au bon vieux temps. Chaque famille fait sa toile, son drap; on a cardé la laine, on a peigné le chanvre.

Les hommes réparent l'outillage des labours, tous les instruments de travail, fabriquent des galoches, des paillassons pour le pain à cuire, pour mettre aussi le grain, la farine ; on fait des tresses de paille pour regarnir les chaises. Les enfants, eux, sont occupés à teiller le chanvre, à recueillir les chenevottes pour des allumettes, etc. Le maître de la maison préside, il achète, avec l'argent de tous, l'huile de la lampe commune ; c'est patriarcal.

La conversation commence, s'enhardit et ne cesse pas. Chacun raconte l'histoire qu'il sait, les faits du jour, les événements futiles ou sérieux dont il a été témoin ou qui lui ont été récités. La légende en fournit sa bonne part, les vieux contes s'y prodiguent, la généalogie des connaissances et tout ce qui y tient est passée en revue ; les adages, les proverbes des aïeux, rien n'y manque ; on y fait des tours de force de mémoire ; chacun écoute et chacun a son mot à ajouter. Mais une chose qui m'a toujours frappé, ce sont les digressions, les parenthèses, la promptitude, l'habileté souvent des transitions, pour échapper à la monotonie d'une matière épuisée, d'un sujet qui se traîne et qui fait bâiller.

Ce dont on s'entretenait fréquemment, c'était des longues et terribles guerres où la France faisait face à l'Europe. Chacun devenait sérieux alors ; car on avait un fils à l'armée, plusieurs quelquefois, un frère. On apprenait, chaque jour, la mort d'un enfant du pays tué par un boulet, un obus, une balle ou la baïonnette de l'ennemi. Et les campagnes allaient se dépeuplant ; les familles perdaient leurs appuis, la terre restait inculte, on était menacé de la misère. Mais on était ébloui du grand homme, et les bonnes nouvelles simulées faisaient oublier les mauvaises.

Dans ces veillées, le tour de la religion venait rarement ; c'était incidemment qu'on en parlait, et le plus souvent au point de vue de la controverse entre protestants et catholiques. Les protestants étaient les plus forts, au moyen des Écritures, que l'on opposait aux enseignements de Rome. Les catholiques en appelaient à l'Église : c'était, à leurs yeux, un argument sans réplique, comme, pour les protestants, un passage de la Bible. L'accord était malaisé à établir. Les catholiques romains restaient catholiques ; les protestants, protestants. Au fond, la différence était moins marquée qu'il ne semble. La conduite, les goûts, les habitudes, les mœurs étaient les mêmes ou peu s'en faut. Les uns allaient à la messe, les autres à l'assemblée. A la sortie, on se livrait aux mêmes passe-temps. L'adoration en esprit était inconnue ; le salut par grâce, par la foi, le salut de Jésus, personne n'en parlait. La religion était pur formalisme ; elle se renfermait dans des pratiques tout extérieures, plus ou moins simples, plus ou moins compliquées, selon qu'il s'agissait du culte romain ou du culte réformé.

V

Après l'hiver, venait le printemps. Hier encore, tout semblait bouleversé et près de se dissoudre ; la nature était irritée et menaçante ; maintenant, l'air est en repos, le ciel est serein, on a au-dessus de sa tête l'azur le plus pur, et la nature apaisée vous prodigue ses sourires.

Alors, nous respirions d'aise ; nous nous égarions le long du ruisseau, nous parcourions le verger, nous cueillions des perce-neige, des primevères, des crocus blancs ou violets dont nous faisions des bouquets que nous offrions à nos parents.

Je voyais arriver avec une joie bien vive la pousse des feuilles, le retour des oiseaux, le renouvellement des prairies et des champs, le travail de la nature.

La nature a toujours exercé sur moi une réelle influence, surtout à son réveil ; à ce moment, les neiges s'en vont, tous les ruisseaux grossissent et bruissent. Mes camarades et moi, nous les côtoyions ; nous nous arrêtions aux rapides, nous contemplions les flots écumeux ; de grosses pierres étaient entraînées, et leurs chocs mutuels produisaient un bruit sourd, saccadé, d'un effet bizarre.

De la mi-mai à la fin de juin, mon pays est en pleine fête, tant est belle et variée la campagne ornée de tout ce qui peut l'embellir. Il y a partout des haies vives plantées de peupliers, de saules, de frênes, d'érables, d'aulnes, de merisiers, d'aubépines, de cormiers sauvages, de hêtres au feuillage tendre et délicieux. On dirait d'un verger. Les villages et les hameaux se perdent dans la feuillée, et ce n'est souvent qu'à l'ouïe du chant du coq, ou à la vue de quelque colonne d'une belle fumée bleue qui monte et se répand, que l'on sait que là sont des habitations d'hommes.

Le matin de chaque beau jour, des vapeurs ondoyantes se suspendent aux arbres comme une gaze argentée et forment comme un crépuscule transparent tout à l'entour. Au-dessus brille un soleil éclatant, un ciel magnifique de pureté et de fraîcheur, adouci par les mille teintes de l'air qui s'éteignent au fur et à mesure que l'astre du jour s'élève et pénètre tout de sa lumière et de sa chaleur. Une rosée abondante, déposée sur les trèfles et les sainfoins, enfante des myriades de perles.

La vue de ces phénomènes semblait aider au jeu de tous mes organes, à la circulation du sang, au plaisir de vivre, au bonheur de sentir. J'en ressentais une ineffable satisfaction, un bien-être indescriptible.

J'aimais à fréquenter les lieux couverts, les bosquets, les fourrés d'arbres, les endroits abrités de buissons, le long des ruisseaux. Je prenais un singulier plaisir à écouter le murmure de leurs eaux, frappant contre les cailloux et les inégalités du fond, ou glissant sur de grosses pierres garnies à la surface de mousse verte ou grise. Je m'asseyais sur un tronc d'arbre, sur la pelouse ou sur une pierre, pour mieux penser ou mieux rêver. Dans cette solitude, je cueillais, à la saison, des fraises, des framboises, de petites mûres.

Non loin de là, croissaient des narcisses éclatants de blancheur, aux pétales perlés, à la corolle d'un vert rouge magnifique ; des bétuanés, espèces de soucis composés ; des orchis odorants, en forme de pompons, couleur violet foncé, élevés sur une hampe de vingt centimètres ; des immortelles, des œillets de toutes couleurs, des muguets à cloche.

Un de nos amusements favoris, c'était la chasse aux papillons ; il y en a beaucoup et de très beaux. Je n'en ai pas vu d'aussi richement vêtus ailleurs : ils ont là les teintes les plus variées, les couleurs les plus éclatantes : le jaune, le vert, le bleu, le rouge. Le papillon est, aux fleurs les plus belles, une parure.

Nous faisions aussi, hélas ! la guerre aux oiseaux, en pratiquant trop souvent le triste métier de dénicheurs. J'en ai eu bien des fois un véritable repentir. Les passereaux, les gallinacés, la perdrix, surtout la caille, abondent dans le Champsaur. Les oiseaux chanteurs, la fauvette, le pinson, la linotte, le rossignol s'y trouvent à foison.

L'alouette aussi, dont le ramage agreste et joyeux vous égaie, puis vous étourdit. Ce cher petit oiseau aspire à la lumière, monte droit au soleil ; on le perd de vue, on l'entend à peine, puis soudain il descend comme la flèche pour ne se redresser un peu que ras de terre, où il vient se reposer de ses fatigues, après avoir passé au haut des airs de longs moments.

Le rossignol se montre aux premiers jours du mois de

mai ; c'est un vrai chanteur. A la saison des amours, il est infatigable ; la nuit plus encore que le jour, il semble s'étudier pour être plus varié, plus éclatant, plus riche dans ses modulations inimitables. Cet oiseau, que l'on dit sauvage, niche et chante près de la maison, jusque sous les fenêtres, dans un rosier du parterre. On dirait qu'il met sa gloire à se faire entendre. Il se tient devant vous confiant, mais aussi veillant à la sûreté de sa famille. Quelle pureté d'accents, quelle force dans cet organe, quelles modulations, quelle harmonie ! Il vous captive et vous contraint à écouter, jusqu'au bout, sa chanson.

Ce qui me touchait le plus, c'était le soin que ces oiseaux prenaient de leurs petits. Quelle vigilance ! quelle exactitude à leur donner la becquée, à les mettre à couvert, à éloigner l'ennemi ! J'ai vu des rossignols lutter contre un chat qui avait l'habitude de se promener et de se coucher contre le rosier où était placé leur nid. Le combat durait parfois plus d'une heure ; l'animal rapace finissait par comprendre que c'était à lui qu'on en voulait ; il semblait y mettre de l'entêtement par ses allures hypocrites. Les rossignols persistaient ; ils allaient, venaient et s'éloignaient ; ils se rapprochaient pour fournir une charge plus vigoureuse ; ils criaient, s'indignaient, s'irritaient. Je paraissais alors et me dirigeais vers le nid ; je faisais déguerpir le matou. Les oiseaux s'apaisaient, et plus confiants semblaient vouloir me remercier du secours que je leur avais prêté.

VI

Je reviens à l'école et à mes études. J'avais suivi l'école protestante aussi longtemps que je l'avais pu. Je savais lire, écrire, chiffrer. Je lisais dans les manuscrits. C'étaient des contrats de mariage, de ventes et d'achats, des actes de naissance anciens et difficiles à déchiffrer. Tout lire, ne rien laisser de côté dans ces vieux papiers enfumés, c'était le *nec plus ultra* de l'érudition, du savoir ; on pouvait alors quitter définitivement l'école. On attachait aussi une grande importance au calcul ; il fallait avoir vu les racines carrées et cubiques, les règles de trois composées, les règles d'intérêt, de société. Tout cela s'apprenait sans principe, sans méthode.

L'instituteur vous obligeait aussi à apprendre, pour être récités le samedi, le catéchisme d'Osterwald et des prières. Nous étions sûrs de recevoir des coups de férule sur les mains, si nous ne savions pas, ou si nous savions mal ; c'était un reste du régime des écoles anciennes.

Je ne veux pas passer sous silence un trait de mœurs des écoles de mon pays. A certains jours convenus, les écoles se rendaient visite ; c'était une joûte. Les écoliers de telle école donnaient à l'école rivale des problèmes à résoudre, et en recevaient à leur tour. On se recevait avec courtoisie, et après les compliments offerts et acceptés, on ouvrait la lutte à laquelle on s'était préparé depuis que l'on avait pris jour ; on était poli, mais sévère. On y mettait de la chaleur, de l'intérêt, et on tenait grand compte du résultat de la lutte, du succès des uns, de la défaite des autres ; cela faisait bruit au dehors, et le plus fort était acclamé de l'école qui avait eu le dessous comme de celle qui avait eu le dessus. On se séparait comme on s'était reçu, poliment.

Un soldat congédié, notre voisin, fonda une école, à son retour de l'armée. Il avait dû étudier pour la prêtrise, et avait fait presque toutes ses classes au petit séminaire. Il n'avait pas persisté dans cette voie, qu'il avait abandonnée bien avant de subir le sort. C'était un instituteur instruit, capable, comparé à la masse des autres instituteurs de village. Il enseignait, en sus de ceux-ci, la grammaire, la géographie, l'orthographe, un peu d'histoire, de mythologie, de littérature. Il y ajouta un peu de latin, pour moi.

Je mis à apprendre un zèle extraordinaire ; je ne cessais de jour, je travaillais même la nuit ; je repassais mes leçons en dormant, et le matin, j'étais surpris de mieux savoir que la veille ; c'était une véritable passion.

Cette école ne dépassait pas l'hiver ; les écoliers faisaient défaut. Notre instituteur, qui avait à cultiver quelques champs, m'accordait les rares moments dont il pouvait disposer, pendant qu'il n'y avait pas trop de presse pour les travaux agricoles. Il n'y avait rien de régulier dans les soins qu'il pouvait me donner, mais je marchais seul, chaque fois que je n'avais besoin de personne. J'appris de la sorte la géographie, l'histoire, la mythologie, la grammaire française et la grammaire latine.

En même temps, je gardais la maison. Je portais à manger à ceux qui étaient aux champs; je conduisais le bétail. J'étais heureux de faire plaisir à ma mère, à ma mère toujours triste. Je n'étais pas paresseux, je ne restais pas oisif. Il y a toujours eu en moi comme une force d'impulsion constante, permanente, soucieuse même, sans motif apparent. Toute tâche commencée ou à commencer, j'avais hâte de la voir terminée; elle me pesait, tant qu'il en restait à faire. Les mots : maintenant, à présent, valaient plus que les mots : après, tout à l'heure, demain. Ce n'était pas une vertu; c'était une affaire de tempérament; je n'ai ni à m'en glorifier, ni à m'en plaindre.

Au retour de la saison des neiges, l'école reprenait, et j'étais un des premiers à m'y rendre. Je m'efforçais de bien profiter de mes leçons, de ne perdre ni l'occasion ni le temps. Je n'avais pas de but prémédité, je ne savais pas ce que je deviendrais, ce qu'il me serait donné de faire.

Etudier me paraissait préférable à tout. La clé de la science me semblait d'or, et la science le vrai bien. J'estimais grand le bonheur des jeunes gens à qui toutes les ressources de la science sont ouvertes, et qui n'ont pas à interrompre puis à reprendre leurs études, pour les interrompre encore, comme j'y étais obligé. Celles que je pouvais faire, à Saint-Laurent même, ne pouvaient me mener loin. Mon instituteur n'avait pas assez de temps à me donner, et la mémoire de ce qu'il avait appris n'était plus fraîche ni sûre. Il avait oublié son latin dans les casernes, dans les camps et dans les combats, sur plus de quarante champs de bataille. Il fallait se résoudre à en rester là ou à chercher ailleurs un enseignement plus ample.

Nous avions des parents près de Mens (Isère). Or, il y avait à Mens même un ancien professeur qui réunissait quelques élèves, pour ne pas rester tout à fait sans rien faire et pour passer le temps. On nous en fit l'éloge, et ma mère et mon oncle qui était mon subrogé-tuteur, résolurent de me faire profiter des leçons de cet ancien professeur de latin. Je fus placé dans la maison de la sœur de ma mère, domiciliée dans un petit village nommé Lapeire, au pied de la montagne de Châtel, à une petite lieue de Mens.

Je faisais, chaque jour, le trajet de Lapeire à Mens et de Mens à Lapeire. Il n'était pas encore jour quand je partais, et je prenais avec moi mon déjeuner et mon goûter. Un de mes cousins venait avec moi ; mais, le plus souvent, indisposé et d'une faible santé, il me laissait aller seul.

Cette année-là, l'hiver fut rigoureux. J'avais à fendre la neige, à marcher sur la glace, à me voir souvent couvert de givre.

Ce parcours me plaisait toutefois; j'y étais fait, et puis, dans les beaux jours, c'était pour moi une promenade agréable.

Lapeire est assis comme sur un dos de chameau, ayant à droite et à gauche un pli de terrain enfermé par des collines peu élevées et en partie couvertes d'arbres. Mens, à l'extrémité du vallon, au fond d'un entonnoir, est un joli bourg. J'en parlerai plus loin; qu'il me suffise de dire que je l'honore de mes plus chers souvenirs.

VII

L'idée du ministère évangélique me revenait de temps en temps, mais cette vocation était trop haute pour pouvoir y atteindre. Je me complaisais à y songer. Je voulais en nourrir l'espoir, mais cet espoir prenait la fuite. Quelques pasteurs passants en parlaient à mes parents, m'en parlaient à moi-même, et le vœu de mon père, qui me revenait en mémoire, donnait à mon désir une force extraordinaire. Je n'étais pas croyant, je ne pouvais l'être, ayant manqué d'instruction évangélique ; mais je n'étais ni irréligieux ni profane. Le ministère chrétien m'attirait non comme dignité, non comme marque d'honneur mondain, comme distinction sociale ou ecclésiastique, mais comme moyen, comme voie de salut. A mes yeux, le ministre du Saint-Evangile devait être sauvé, ou il n'y avait personne de sauvé. Le saint ministère étant une vocation sainte, le ministre devait être saint. J'identifiais l'appel et l'appelé, l'œuvre et l'ouvrier ; je considérais un homme voué au bien, à l'édification, au salut des âmes, comme devant se sauver inévitablement. Je ne comprenais pas chez le pasteur le soin des âmes, sans le soin de son âme à lui. Le pasteur était pour moi l'Evangile incarné, vivant. Le ministère et l'instrument du ministère ne faisaient qu'un. Le don et la charge n'étaient pas séparés, ils se valaient. L'harmonie entre les deux, je la supposais toujours existante, jamais troublée.

Ce n'était pas cependant l'idée catholique romaine de l'*opus operatu*, mmais l'idée que le ministre s'élevait au niveau du ministère par sa reconnaissance, par ses vertus, par ses dévotions constantes, et qu'il était digne de Dieu, son élu, son ministre. C'était comme l'effet d'un accord préétabli; le ministère ne sanctifiait pas le ministre, ni le ministre le ministère, mais ils s'y aidaient mutuellement.

Je n'eusse pas alors formulé mes impressions avec cette netteté, mais j'avais ces impressions.

Depuis mes plus jeunes années, on l'a vu à l'occasion de la mort de mon père, du deuil de ma mère, j'avais eu des impressions, des mouvements religieux. Je manquais rarement de faire ma prière matin et soir. Si je l'avais oublié, je me le rappelais bientôt après. J'en avais un véritable repentir. Je m'arrêtais tout à coup dans le chemin, aux champs, ailleurs, et j'adressais à Dieu la prière dominicale au moins. J'étais soulagé alors comme d'un poids, et je reprenais joyeusement ma tâche; mais je ne savais pas prier au nom de Jésus-Christ, et, dans les prières du dimanche, finissant par ces mots : « Au nom de Jésus-Christ », je n'en comprenais ni l'à-propos ni la valeur. J'étais aveugle; je n'avais pas encore été au réservoir de Siloë.

Ce qui me préoccupait plus d'une fois, c'était la pensée de la mort. La mort me paraissait ce qu'il y a de plus redoutable et de véritablement désespérant. Je ne savais comment faire pour l'oublier ou pour m'y habituer un peu. Y avait-il un enterrement, j'évitais avec un soin fiévreux de me trouver sur les pas du cortége ; je fuyais au plus vite, je courais de mon mieux pour m'en éloigner. J'allais me blottir dans quelque cachette, afin de ne rien voir, de ne rien entendre. A la pensée de la mort se liait un ensemble d'idées, de pressentiments, étranges souvent, contradictoires même. En soi, la mort faisait sur moi l'effet d'un immense malheur d'un genre unique. Il n'y avait rien à lui comparer. Je n'y comprenais rien. Elle m'offusquait, me répugnait ; elle soulevait en moi des résistances, vaines sans doute, mais des résistances désespérées. Je la regardais comme le plus grand ennemi, comme une malédiction, mais sans en comprendre ni la cause ni le motif. L'Ecriture, qui s'en explique, me restait cachée. Je ne la lisais pas alors, ou, si je la lisais, elle me restait scellée. La mort était pour moi une chose horrible, inévitable, sans remède.

Aussi, mourir me semblait pire que le néant, et le néant m'épouvantait ; le néant, le rien, me faisait frissonner, mais mourir, c'est-à-dire n'être plus, après avoir été, me remplissait d'amertume et de terreur. Je regrettais d'être né, de vivre avec la fatale conviction de cesser de vivre. Je regrettais d'avoir reçu l'existence pour devoir la perdre. Être pour cesser d'être, vivre pour ne plus vivre un jour, me semblait le comble de l'infortune, j'allais dire de la déraison, et un mystère d'accablante tristesse. Je m'enfonçais dans cette méditation ; mon espoir m'y portait malgré moi. Je me disais : voir, ouïr, toucher, connaître, marcher, agir au milieu des vivants qui mourront, et tout cela irrémédiablement ! J'en perdais les forces, j'en devenais comme anéanti...

Oh ! combien de fois la vie m'apparut comme un présent funeste ; cette pensée inquiète et de regret était parfois tellement dominante, absorbante, que je n'avais pas la liberté de songer à autre chose.

A ce sentiment s'en joignait un autre : il me semblait que le mort se savait mort, là, dans la terre, comme s'il avait été à la fois vivant et mort, mort et vivant. Je ne pouvais me défaire de la persuasion qu'une fois enterré, je conserverais le sentiment d'être enterré. En sorte que, pour moi, la mort n'était pas sans une certaine vie dans la tombe. D'après mon impression, impression persistante, illusion opiniâtre, la mort et la vie dans la tombe devaient persister, se coudoyer, s'équilibrer en quelque sorte. Je me sentais par avance chargé de terre, séparé de l'univers vivant, m'efforçant de respirer sous la terre, et faisant effort pour en sortir. Je me voyais aux prises avec toutes les horreurs de l'asphyxie. Je me sentais étouffer sans aucune possibilité de me faire entendre, d'appeler à mon secours. Par moment, la lutte prenait des proportions terribles. Je souffrais, je suais, je me débattais déjà, haletant, ne pouvant échapper au monstre. L'idée d'une mort complète, mettant fin à tout, ne pouvait s'établir en moi, tant l'idée de vivre m'était chère et nécessaire.

La mort, à ce point de vue, ramenait cette alternative, quoi que je fisse. Lutte étrange ! elle s'est maintenue longtemps, elle renaissait chaque fois que le fait de la mort venait à me préoccuper. C'était comme le rocher de Sisyphe ou comme Prométhée et son vautour. N'y aurait-il pas eu là comme un enseignement? Tout cela serait-il gratuit et un effet sans cause absolument? N'était-ce pas plutôt comme un pressentiment d'une vie permanente de l'immortalité, peut-être même de la résurrection ? Si nous ne naissions que pour mourir, comment la mort pourrait-elle nous inspirer tant d'effroi et une si profonde répugnance ? Si mourir était dans l'ordre, comment mourir produirait-il l'idée de désordre ? Le besoin de vivre toujours, au-delà comme en deçà de la tombe, est un besoin constant, pressant comme un instinct indestructible, une loi universelle de l'humanité. Ce besoin se conserve, malgré la mort moissonnant les générations successives des hommes, et à travers les fléaux divers qui en couchent des milliers de milliers par jour et par heure dans le sépulcre. Le besoin de vivre est comme une protestation imprescriptible contre toutes les causes de destruction des fils d'Adam. C'est un besoin primitif, normal, constitutif de notre espèce que rien ne peut éteindre, que tout stimule, ravive, exalte.

Si j'avais su lire dans Rom. v, 12, 21, et Cor. xv, j'aurais saisi le mystère de la condition humaine ici-bas ; mon esprit semblait prêt à comprendre cet important passage du livre inspiré. J'aurais compris que la mort, est un châtiment, un effet de la colère. Mais je n'en étais pas encore là et il devait s'écouler du temps avant que j'eusse la clé de vérités aussi hautes.

VIII

En attendant de voir le jour de Dieu se lever, cette question de la mort et plusieurs autres s'agitaient dans mon cœur. Je m'en ouvrais à ma mère, qui, quoique humble et religieuse, restait au même niveau spirituel que les autres protestants de l'endroit. Alors, je me renfermais dans mon for intérieur, comptant sur l'avenir et sur plus de lumières pour avoir la solution tant désirée.

Telle que je la connaissais, la religion était pour moi quelque chose de sacré à observer, à mettre en pratique ; le *faire* en constituait l'essence ; les préceptes étaient tout. Je ne savais rien de la foi au sens évangélique. La religion, c'était le devoir, rien que le devoir. Ce qui me frappait, c'était ma conduite selon les lois des Écritures. Les commandements absorbaient tout ; Jésus-Christ était le fils de Dieu, il était Dieu, mais il était cela pour être docteur, législateur et prophète. Je ne niais pas son titre de Sauveur, de Rédempteur ; le sens de ces mots, cependant, était vague et caché à mes yeux, il m'occupait peu. La religion était plus une discipline qu'un lien spirituel entre Dieu et l'âme, une source d'édification et de vie chrétienne. Le côté des préceptes me frappait plus que le côté doctrinal et vivifiant. L'amour de Dieu et de son Fils, tout ce qui se rattache à la croix pour le salut, restait sur l'arrière-plan. L'Évangile était moins la bonne nouvelle du salut que la provocation à une conduite exemplaire, à une vie morale et élevée comme celle de Jésus-Christ et des apôtres. Jésus-Christ était plus un maître qu'un ami des pécheurs ; c'était à lui obéir, à faire sa volonté que la religion m'appelait.

Je me sentais obligé aux injonctions de la religion, aux devoirs qui s'en dégageaient, qui en découlaient. Cela ne souffrait pas la moindre difficulté, cela me semblait évident. Je ne discutais pas ; il ne me venait pas à la pensée qu'il y eût à discuter, ni à faire une objection quelconque. J'étais lié, j'étais soumis d'intention, je m'estimais croyant ; dans cette mesure et à ce point de vue, le devoir était absolu, inviolable.

Le Nouveau-Testament, que je lisais peu, ne me laissait à peine voir que les hautes maximes du sermon sur la montagne, que je croyais mieux comprendre que le reste.

En reconnaissant la nature et le but moral des préceptes évangéliques, je sentais, il est vrai, que je n'avais pas atteint ce but, que j'en étais resté à une infinie distance ; et cette impression m'attristait vivement. Je prenais la résolution de tenter de nouveaux efforts, de relire ces textes, de considérer de plus en plus mes devoirs, de faire mieux et plus, d'égaler, si possible, mon devoir à ma connaissance, et mon activité, mon pouvoir, à mon devoir. Mais le degré de vertu, de justice, de pureté, de sainteté que le Nouveau-Testament, c'est-à-dire Jésus et les apôtres, demande, m'apparaissait comme une haute montagne qui, à mesure que l'on en gravit les pentes, que l'on s'élève d'une hauteur à l'autre, vous découvre des hauteurs toujours plus élevées, des cimes qui ont au-dessus d'elles d'autres cimes. Je me convainquais, chaque fois, que mon impuissance égalait mon désir de ne pas rester en arrière. Je voulais, mais je ne pouvais.

Je souffrais de cette opposition, de cette disproportion. Si j'avais su lire le chapitre VIIe de l'épître aux Romains, mon étonnement, ma tristesse auraient cessé. J'entendais pourtant chaque dimanche, au culte, la confession des péchés. Je savais cette prière par cœur, depuis ma plus tendre enfance. J'en faisais ma prière de tous les jours, et je restais dans les ténèbres ; le voile persistait. J'ignorais que l'œuvre de la grâce seule pouvait dissiper ces ténèbres et déchirer ce voile.

Ce train de vie, ce train de guerre plutôt, où, au lieu de vaincre, j'éprouvais de constantes défaites, me révélait une contradiction, ce qu'on appellerait une antinomie violente, une antithèse irréductible qui réclamait une solution ; mais laquelle, et où la prendre ? Je résolus, plusieurs fois, de suivre ma destinée et de faire comme tout le monde ; c'était l'excès du mal donné comme remède au mal. Cette solution m'effrayait, mais je n'en connaissais pas d'autre.

Je cédai à ma nature, je me livrai à mes goûts ; je vécus comme on vivait autour de moi. J'avais le vice en horreur ; mais, à côté, le monde m'offrait assez de plaisirs pour me détendre. Je me disais : Après tout, personne ne fait ni autrement ni mieux ; mes camarades s'amusent, jouent, rient et dansent ; seront-ils tous condamnés et perdus ? A cette pensée, je me calmais. Je mettais la négation à la place de l'affirmation, je me plaçais au même rang, au même bénéfice que les autres dans l'indulgence suprême. Dieu, me disais-je, ne veut perdre personne ; il n'a pas créé les hommes pour les damner ; il ne leur demande tout que pour obtenir une partie, comme un père de ses enfants. Les hommes ne peuvent tout donner, ils ne sont pas des *saints* ; il ne peut leur demander qu'à proportion de ce qu'ils peuvent faire.

Cette solution accommodante, le dirai-je, ne me satisfaisait que médiocrement ou pas du tout. Les appréhensions reprenaient leur cours.

IX

Je n'avais pas fait la première communion. L'absence de pasteur en éloignait d'ordinaire l'époque. L'instituteur nous faisait apprendre le catéchisme d'Osterwald, avec un certain nombre de prières, les dix Commandements, le Credo, et certains psaumes des plus connus.

Un samedi, le bruit se répand qu'un pasteur passant, qui avait été nommé à la place vacante du Queyras, venait d'arriver et qu'il recevrait à la première communion les jeunes gens d'âge qui le voudraient. Il nous réunit, nous fit réciter quelques sections de catéchisme, l'oraison dominicale, les dix paroles et quelques autres prières, et nous reçut sans rien plus. Il n'y eut ni discours, ni exhortation, et nous fûmes renvoyés au lendemain, dimanche. Nous nous mîmes en habits de fête, je veux dire avec nos meilleurs vêtements. Les jeunes filles n'allaient pas à la table de communion en habits blancs ou en robes éclatantes, ni avec des voiles ou des couronnes. On ne connaissait pas cette tenue dans mon pays. A l'heure dite, nous étions assis sur les premiers bancs de l'assemblée; nous étions à jeun, comme le voulait la coutume. Le pasteur monta en chaire, prêcha, mais sans rapport avec la cérémonie toujours touchante de la communion, et surtout d'une première communion. Personne guère n'y prit garde. Les premiers communiants étaient tout entiers à l'émotion d'un acte solennel et d'autant plus solennel qu'il était moins compris. Ce symbole avait acquis aux yeux des protestants un sens mystérieux et presque terrible ; ce n'était pas le sens catholique romain, il est vrai, mais ce n'était pas non plus le sens qu'il a dans les Écritures.

Moi, je reçus le pain et la coupe comme en tremblant. En pareil temps, les fidèles, dans l'attente de la communion, jeunaient, faisaient des lectures pieuses, tenaient en bride leur langue, s'efforçaient de n'avoir ni querelles, ni occasion de divisions ni de haines. Le jour de la Cène passé, tout reprenait son train ; on vivait comme on avait vécu, sans la moindre gêne.

J'avais attendu ce jour comme un jour béni ; j'avais espéré qu'il me soulagerait l'âme et que je serais délivré des angoisses spirituelles qui me revenaient ; j'avais compté que ce repas sacré allait me donner des forces contre mes faiblesses, que désormais je résisterais au mal, et que je triompherais dans le bien et pour le bien. Il n'en fut rien ou presque rien. Je n'étais pas transformé. Il devait se passer en moi, dans la participation aux augustes symboles, quelque chose d'inaccoutumé, d'extraordinaire. Je restais ce que j'étais. J'étais étonné de mon calme, de ma froideur, en comparaison de ce que j'avais cru que j'éprouverais. Je le dis, je fus désappointé.

Alors, je craignis d'avoir mal communié, malgré le soin que j'y avais mis ; mon respect, ma préparation du matin, mon attention tendue pendant tout le temps du service, mes prières secrètes, mes vœux, mon attitude dévote, j'attendais de tout cela du zèle, de la joie pour le service de Dieu, et il n'y avait rien de nouveau en moi, que plus de tristesse. J'étais dérouté, et je retombais dans le découragement.

Tout le dimanche, je me tins à l'écart avant et après la cérémonie, me questionnant, m'interrogeant. J'étais anxieux; et faut-il s'en étonner? Le véritable sens de la Cène me restait inconnu. Entre elle et Jésus-Christ, il n'y avait qu'un rapport matériel, extérieur. Ma conception de la Cène était, en dernière analyse, purement réaliste. Jésus-Christ était un roi, un envoyé de Dieu, Dieu peut-être, mais il n'était pas mon Sauveur; il n'était pas le pain de vie; son corps n'était pas une viande, ni son sang un breuvage spirituel. Son sang n'était pas le sang de la nouvelle alliance répandu pour les péchés. J'ignorais ceci, que le sang de Jésus-Christ, fils de Dieu, nous purifie de tous péchés; tout le côté de la rédemption était non-avenu. Je regardais la sainte table non comme l'image de l'autel expiatoire, mais comme un tribunal où je devais rendre hommage à Dieu. Je ne m'en étais pas approché avec la liberté d'une âme rachetée et confiante, mais avec la crainte d'un serviteur souvent infidèle qui a la conscience de ses fautes, moins le repentir et la connaissance des compassions divines. J'avais communié, n'étant pas converti. La Cène restait pour moi une illusion, un acte décevant.

La saison devait venir où j'aurais de tout cela comme une vision, où tout cela et plus encore me serait révélé. En attendant, je devais continuer une vie mélangée de certains retours pénibles sur moi-même et de courants mondains. Chose singulière, je me retrouvais sérieux, triste, désabusé jusqu'au milieu des plaisirs qu'envie et que poursuit la jeunesse, et ces plaisirs pourtant m'attiraient et m'entraînaient. Je redoutais la solitude et je souffrais du bruit, des jeux, des amusements auxquels je prenais part. J'avais l'air d'être l'un des premiers à organiser des parties, à me jeter dans le mouvement, et, avant la fin, j'étais saisi d'ennui et las de m'amuser.

Un examen attentif de moi-même, alors, me révélait bien des misères, un vide de l'âme insupportable, une grande facilité à me perdre, bien que retenu par la main de la Providence d'une manière qui m'a très souvent rempli d'admiration. Dieu veillait sur moi, il m'avait choisi dès le ventre.

Du côté du Ciel, tout m'attirait, mais rien ne me souriait; c'était comme un maître sévère qui y commandait, jamais propice; tous mes actes de dévotion laissaient mon cœur sec et altéré, et mon âme demeurait insensible aux biens invisibles comme à toute onction de la grâce, qui me restait étrangère.

X

J'eus occasion de suivre une école que l'on disait bien et savamment dirigée, relativement à beaucoup d'autres ; mais je ne pus la suivre que quelque temps. On n'enseignait pas le latin, mais le français, la géométrie, l'arithmétique, avec art et selon les règles. Cela ne me nuisait pas, mais ne m'avançait pas beaucoup ; c'était une école primaire, mieux montée, mieux tenue et de quelques degrés supérieure aux simples écoles de village. L'envie de m'instruire devenait toujours plus forte ; je m'ingéniais à trouver des livres, je passais à les lire tous les moments disponibles. J'apprenais l'histoire, la géographie ; j'étudiais ma langue, tout ce qui était à ma portée et qui pourrait un jour me servir d'études préliminaires.

Je me livrais, en attendant, à des occupations agricoles qui m'ont aidé plus tard utilement, sans que j'en eusse alors la moindre prévoyance. Pendant quelques hivers, je dirigeais aussi notre école protestante à Saint-Laurent. Tout cela devait, un jour, être utile à un directeur de colonie agricole et pénitentiaire, et ce que je ne prévoyais pas, Dieu, toujours sage et bon, le savait bien.

Mon frère aîné et moi, nous étions en secours à ma mère. Pauvre mère! elle avait traversé des jours difficiles, quand nous attendions tout d'elle et elle rien de nous. Après de tristes années de disette agricole et les ravages de l'invasion, tout avait repris un aspect moins lugubre. Nous vivions et nous respirions.

Je me rappelle combien nous étions heureux, la journée finie, là, assis dans la cour, sous un beau ciel étoilé ou à la clarté de la lune se jouant au-dessus du verger, à travers les branches d'arbre, nous baignant dans sa lumière, pendant que, doucement, murmurait le ruisseau.

Nous nous reposions, nous devisions, nous jouissions du frais délicieux du soir. De temps à autre, des passereaux, logés dans les branches des arbres, voltigeaient de l'une à l'autre, frôlant les feuilles et rendant comme la dernière note de la nature en travail. Il y avait quelque chose d'aimable et de solennel dans cette nature douce, enveloppée d'ombre, caressée par une lumière timide et scintillante, mais suffisante à en révéler le mystère.

Il y a de magnifiques nuits d'été et d'automne, en Dauphiné. L'atmosphère est d'une parfaite transparence ; ni nuage, ni trace de brume ne la tache, d'un horizon à l'autre, à travers l'immense voûte semée de brillants. Le chant des pâtres s'y fait ouïr de loin ; tantôt plaintif, tantôt saccadé, il prête à la rêverie ; c'est comme l'onomatopée de la vie champêtre, laborieuse et monotone.

Devant un feu pétillant, au foyer domestique, nous passions des moments d'une satisfaction ineffable. Chacun avait son mot à dire. Il y avait une pleine liberté de parler, mais sans troubler l'ordre et le bon accord. On se sentait à l'aise, on était à l'unisson d'affection et de bienveillance mutuelle. C'étaient d'heureux moments que ces moments!

XI

J'approche du jour où luira pour moi une autre lumière. Un réveil manifeste s'opérait et s'affermissait dans l'église de Mens (Isère). Mens est un chef-lieu de canton dans la belle vallée du Trièves, qui prend à la Seloise, à l'est, et court vers l'ouest jusqu'à la chaîne de montagnes qui sépare l'Isère de la Drôme. Dix communes sont comprises dans ce canton ; ces communes, à leur tour, comprennent une multitude de villages et hameaux ; et ces villages, rapprochés de Mens, sont presque tous protestants.

Au nord du Trièves, coule le Drac ; à l'est, au sud et à l'ouest, la vallée est encadrée de montagnes dont la plus remarquable est l'Aubiou. Cette vallée est moins uniforme que celle du Champsaur, à laquelle elle communique par l'étroite gorge des Traverses de Corps. Le Trièves est plus tourmenté ; il a des collines, des cols, des évasements et aussi des vallons agréables, ornés d'arbres, frais et fertiles. La température y est douce, en général. Les montagnes sont plus boisées, le sapin s'y élève à de grandes hauteurs.

L'église de Mens, malgré les persécutions et les dragonnades, avait presque toujours conservé ses pasteurs. Ceux-ci, plus d'une fois, il est vrai, avaient dû fuir, se cacher, dissimuler leur nom, changer souvent d'asile. On les aidait à cela ; on les suivait de l'œil ; on savait où les retrouver ; rendus à leur troupeau, ils assemblaient au désert, dans les bois touffus ; ils prêchaient, ils administraient les sacrements. C'est à Mens que les protestants du Champsaur allaient pour le baptême de leurs enfants, pour les bénédictions de mariage, pour les communions à Pâque et à Pentecôte. De nombreux rapports liaient les familles protestantes des deux vallées. Nous y avions de nombreux parents, et souvent nous nous visitions.

Il y avait alors en résidence à Mens, pour l'église et ses annexes, deux pasteurs. Ces annexes étaient Saint-Jean-d'Hérans, Saint-Sébastien, Treminis et Lamure. Les protestants fréquentaient assidûment le culte public. Je me rappelle avoir vu les fidèles se rendre au temple le dimanche par bandes, pères, mères, fils et filles, serviteurs et servantes, débouchant en longues files des hauteurs par les étroits sentiers de la montagne et se réunissant avant d'entrer à Mens, comme en une procession. C'était, en petit, la répétition de ce qui se passait à Jérusalem les jours de fête ; mais ici on ne montait pas, on descendait.

Je ne puis dire quelle impression de plaisir me faisait éprouver la vue de ces troupes prestes et allègres, allant rendre à Dieu leurs hommages. Elles allaient plus pour donner que pour recevoir.

Dans le courant de l'année 1821, l'un des pasteurs de Mens, ayant à s'absenter, dut être remplacé. Il y avait alors à Grenoble un jeune évangéliste de Genève, qui avait, pendant quelque temps, occupé la place du pasteur titulaire en congé ; il était disponible, et on l'appela à Mens. Pendant les quelques mois qu'il avait passés à Grenoble, il visitait les ouvriers de Vizille, où était une manufacture d'indiennes ; mais il ne paraissait pas avoir éprouvé une grande satisfaction de son séjour dans cette église. Mens lui plut davantage ; les protestants y étaient fiers de leur titre de protestants ; c'étaient des descendants des protestants persécutés ; plus d'un comptait parmi ses ancêtres des martyrs ; ils avaient célébré leur culte au plus profond des bois, dans des cachettes éloignées, sous quelque arbre séculaire, perdu et ignoré dans la montagne.

Notre évangéliste se mit à l'œuvre avec zèle, mais avec prudence. On s'aperçut bientôt qu'il y avait là quelque chose de nouveau ; cela paraissait dans ses conversations, dans sa tenue, dans ses réunions particulières du soir, plus encore que dans ses prédications. On était frappé du soin qu'il prenait de la jeunesse et du zèle qu'il mettait à enseigner le chant sacré. On lui adressait des questions, il y répondait pertinemment, et, sans bien se rendre compte de l'élément nouveau, mais pleinement évangélique qui s'introduisait dans l'Église, on comprenait toutefois que, jusqu'à ce jour, cet élément avait fait défaut. L'évangéliste en question n'était autre que Félix Neff, alors inconnu et sans nom, aujourd'hui connu et glorifié de tout le monde chrétien, non-seulement en Europe, mais en Amérique et partout où les Églises ont des missions, car Neff a été l'un des plus beaux types du vrai missionnaire.

A mesure que Neff était plus connu et mieux apprécié, il devenait plus actif, plus ferme ; il accentuait davantage la doctrine évangélique en général, et la doctrine du salut par grâce et de la justification par la foi sans les œuvres en particulier. Il s'étayait des réformateurs, des docteurs du XVIIe siècle, des confessions de foi protestantes, des liturgies en usage, des livres symboliques, en un mot, qui font autorité partout aux yeux des fidèles. C'est par là qu'il répondait aux accusations de novateur que l'on élevait contre lui.

A son retour, le pasteur titulaire de Mens fut quelque peu offusqué, irrité même des succès de Neff, et il se promit d'y mettre un terme.

A cette époque, la lutte était engagée, soit à Genève, soit dans le canton de Vaud, entre les hommes évangéliques et les partisans attardés d'une théologie arienne ou semi-orthodoxe ou même orthodoxe, mais sans vie. Une lutte semblable allait aussi s'engager à Mens, où l'on était au courant de tout ce qui se disait ou se faisait en Suisse.

La guerre devint bientôt générale. Le pasteur, dont Neff avait été le suffragant, voulut obliger celui-ci à quitter Mens. Le Consistoire le retint et le nomma catéchiste de l'église ; le pasteur titulaire donna sa démission.

Les adversaires de Neff redoublèrent alors d'audace et le dénoncèrent à l'autorité préfectorale comme un perturbateur du repos public. Neff avait reçu l'imposition des mains en Angleterre. On profita de cette circonstance pour le représenter comme un ami politique des Anglais, comme un espion. L'autorité, jalouse, surtout alors, prit ombrage, et Neff fut mandé par le préfet à Grenoble.

Après l'avoir entendu, le préfet demeura convaincu que Neff était un très honnête homme, un homme de foi, un homme d'honneur, sincère, s'abstenant de faire de la politique, et mû uniquement par un intérêt d'ordre religieux. Il le renvoya; mais, en le congédiant, il lui conseilla de quitter le Trièves, afin d'ôter à ses adversaires tout prétexte de troubler l'église de Mens.

N'ayant rien pu obtenir de l'autorité, on chercha à intimider l'évangéliste; on lui fit des menaces.

Neff allait présider des réunions la nuit, partout autour de Mens, jusque dans les campagnes les plus éloignées; il fallait suivre des sentiers écartés le long des torrents, franchir des ponts, descendre dans les ravins, dans l'obscurité la plus complète, en compagnie de quelques jeunes gens, souvent seul. Plus d'une fois il avait rencontré des hommes armés de bâtons, à la démarche oblique. Neff passait au milieu d'eux sans hésitation, et personne n'avait jamais osé mettre la main sur lui. Il avait été militaire, sergent-major d'artillerie, à Genève; il était sans peur. On se sentait désarmé devant lui. Ce n'est pas qu'il eût rien de martial ni de très imposant, mais il était ferme et résolu, ayant surtout la conscience de son bon droit.

Cependant, le réveil pénétrait dans toutes les classes : riches, pauvres, hommes, femmes, jeunes gens des deux sexes, bourgeois, laboureurs, artisans, lettrés, illettrés; c'était beau à voir et édifiant.

Félix Neff dut pourtant songer à s'éloigner. Il aimait Mens, le Trièves, comme un nouveau marié sa compagne. Vers quels lieux allait-il porter ses pas? Il ne le savait guère. Les missions lointaines s'offrirent à sa pensée; on lui parla, d'autre part, d'une église de la Drôme, dont le pasteur âgé avait besoin d'un suffragant. Les démarches n'aboutirent pas. On songea aux églises dispersées et abandonnées du Queyras, de Freyssinières et du Champsaur, dans les Hautes-Alpes. Ces églises lui parurent dignes de tout son intérêt chrétien et missionnaire.

Neff quitta Grenoble le 9 octobre de l'année 1823, prit par la vallée de la Romanche, du bourg d'Oisan et de Briançon, et arriva quelques jours après au Grand-Villard, chez M. Eloi Cordier, oncle de M. le pasteur Blanc, de Mens, un homme dont l'hospitalité n'était jamais en défaut.

Le nouveau champ de travail qui s'offrait à Neff embrassait un espace immense, dans un pays de montagnes amoncelées, de gorges, de plateaux courant dans tous les sens.

XII

Un beau jour, Neff arrive à Saint-Laurent ; c'était en décembre 1823 ; il faisait froid, le sol était couvert de neige ; c'était un samedi après midi ; il était descendu à la maison. Je n'y étais pas. On vint me dire qu'un pasteur de tel nom venait d'arriver et qu'il désirait me voir. Je faisais alors la classe à la jeunesse protestante. J'ouvre la porte, et, au lieu du pasteur désigné, c'est Félix Neff que je vois. Il venait de Gap, allant à Mens, et avait voulu nous rendre visite et prêcher le lendemain dimanche.

Il prêcha en effet et prit pour texte de son discours ces paroles : *Que celui qui a soif vienne à moi et qu'il boive* (Jean VII, 37). Il y eut des développements intéressants très évangéliques ; mais personne n'ayant soif de grâce, ce discours s'écoula comme une eau dont on n'use pas. Neff baptisa deux nouveau-nés ; on fut heureux de l'occasion ; il y eut fête, et, après dîner, il partit pour aller prendre la diligence au relais de Brutinel.

Je l'accompagnai jusque-là avec l'un de mes amis ; nous essayâmes de lui poser des questions de controverse. Neff fut très discret ; sa retenue nous étonna. Quelques mots à notre adresse, touchant la vraie, la bonne controverse, celle de l'Évangile contre le cœur mauvais de l'homme, protestant ou catholique, nous réduisirent au silence ; nous n'osâmes plus le questionner, il se tut.

La diligence parut, il y monta ; nous nous dîmes adieu. Il avait promis de nous visiter de nouveau sans trop de retard. Sa première visite m'avait fortement impressionné et fait naître en moi le désir de le mieux connaître. Un je ne sais quoi m'attirait vers lui.

Nous devions revoir Neff au printemps. En attendant, je consacrais le meilleur de mon temps à mes élèves ; lui, allait et venait d'un centre protestant à l'autre, sans oublier les maisons écartées ; il voyait tout le monde. Son champ de travail était considérable et s'étendait sur trois arrondissements, Embrun, Briançon et Gap, et dans un pays de montagnes. De Saint-Laurent-du-Cros à Saint-Véran, il avait près de cent kilomètres à faire ; de Saint-Laurent à Dormilhouse, quatre-vingts ; de Dormilhouse à Saint-Véran, plus de quarante.

Les protestants du Queyras, disséminés dans un grand nombre de villages et de hameaux, avaient quatre temples : Saint-Véran, Pierre-Grosse, Fongillarde et la Chalpe-d'Arvieux. Ceux de Freyssinières s'assemblaient à Dormilhouse ; c'est l'endroit le plus élevé, et aux Violens, dans un profond étranglement du col. Ceux du Champsaur n'avaient qu'un temple, à Saint-Laurent-du-Cros. Il y avait encore Guillestre, sur le Guil, qui lui a donné son nom, et Vars, dans un pli de terrain, sur la montagne, à droite de Guillestre.

Neff desservait tous ces temples ; infatigable, il se multipliait à l'infini.

Je n'ai pas parlé de la Grave, sur la route de Briançon à Grenoble, petit village perdu dans les glaces au sein de la nature la plus sévère et la plus nue. Neff n'en avait visité les quelques protestants qu'une ou deux fois.

Le Queyras est un des plateaux les plus élevés de la France ; Saint-Véran a 2,009 mètres d'altitude. Il est séparé du reste du monde par des montagnes, des cols, des gorges resserrées et profondes.

Les montagnes de ce plateau ne sont pas abruptes, dépouillées de verdure comme celles qui forment la gorge du Queyras et qui s'étendent du fort Queyras à Guillestre. On y rencontre des chalets pour les troupeaux de brebis, de chèvres et de vaches. En été, ces montagnes sont charmantes, avec leurs pentes douces, gazonnées, émaillées de fleurs, avec leurs troupeaux errants. Le mélèze est le seul arbre qui croisse dans ces régions froides, il sert à tout ; on en bâtit les maisons, on le brûle, on en fait des outils. La neige séjourne là plus de la moitié de l'année, le froid y est intense ; les habitants s'en préservent en s'enfermant dans leurs chaudes étables ; c'est la chambre à coucher, le salon, la cuisine, l'abri nuit et jour. Le seigle y croît à peine ; c'est l'avoine et l'orge qu'on cultive. A la fin d'août, les pommes de terre s'y gèlent plus d'une fois. La principale ressource est le produit des troupeaux, le lait et le fromage, dont on expédie une grande quantité à Marseille et ailleurs.

L'hiver, quelques-uns émigrent et vont chercher du travail dans ce qu'on appelle les pays bas ; c'est la Provence, le Lyonnais, la Bresse. Les plus forts sont terrassiers, les plus jeunes sont décrotteurs, ramoneurs, ou font danser la marmotte au son nasillard de la vielle. Ils descendent et remontent en troupe, à pied toujours, les hommes en tête, puis les femmes et les enfants.

A Freyssinières, au contraire, personne ne s'expatrie; quelques jeunes hommes seulement consentent à suivre les pâtres provençaux pour leur aider à conduire les troupeaux transhumans. Le pays est pourtant plus pauvre; il n'y a presque pas de terre à cultiver, pas la moindre industrie. On mange ce que l'on a, sauf à passer de mauvais jours. Impossible d'imaginer pareil dénûment. On y est fait, on souffre sans trop se plaindre.

La vallée de Freyssinières est un sol horriblement tourmenté. Est-ce bien une vallée, une gorge, une déchirure violente? C'est tout cela à la fois. Un torrent, appelé la Biaisse, coule au fond, allant de l'est à l'ouest. Les montagnes de droite et de gauche sont tantôt abruptes, tantôt moins rapides, mais nues partout et à peu près stériles. Au centre de la vallée, elles se rapprochent, d'énormes blocs de rochers émergent de leurs flancs et obstruent presque le lit de la rivière. De novembre à mars, le soleil disparaît tout à fait pour les habitants de deux des villages de la vallée. Aussi, quelle fête pour eux quand le soleil reparaît à travers une échancrure d'un mont qui surplombe!

Pour se rendre des Violens à Dormilhouse, on a une montée des plus raides à gravir. On y réussit à grand'peine, au moyen de zigzags pratiqués dans le flanc de la montagne. En été, une monture y passe; en hiver, il y a deux ou trois mètres de neige, et une glace forte et unie qu'il est nécessaire de couper en échelons pour descendre ou monter.

Dormilhouse est posé comme un nid d'aigle sur un rocher ; c'est un amas de maisons placées les unes à la suite des autres, sans ordre, sans règle, sans art ; il n'y a ni rues ni apparence de rues ; ce sont des espèces de sentiers raboteux, contournés, tortueux, où les rochers en saillie font écueil. Tout a la plus triste apparence ; les murs ne sont pas crépis ; les portes sont basses, presque cachées ; pour fenêtres, des trous où le soleil et l'air ont de la peine à pénétrer. Plusieurs maisons n'ont pas de cheminée ; ce sont des réduits sordides, obscurs, misérablement meublés. Pour éviter le froid, on se tient dans les étables, comme en Queyras. On est éclairé par une lampe donnant une lumière blafarde et insuffisante ; on est obligé de s'en contenter, on ne s'en plaint pas.

C'est de même dans tous les villages de ces contrées alpestres ; la vie y est réduite à sa plus simple expression.

La vallée de Freyssinières débouche dans la vallée de la Durance, dont elle est séparée par une déchirure qui fait l'effet d'une immense falaise au-dessus du dernier village, appelé Pallon. De la Durance, on ne s'imaginerait pas qu'il y ait rien autre chose que la montagne du côté de Freyssinières ; on ne voit que pentes et que rocs ; un étroit sentier les côtoie, paraît, disparaît à quelques pas devant vous, sans qu'on puisse dire quelle direction il suit. Du côté opposé, la vallée s'élève vers le col d'Orcières, à l'ouest. Ce col atteint la région des neiges perpétuelles ; c'est un des plus élevés des Alpes françaises.

On est surpris de trouver un pareil pays habité, surtout Dormilhouse ; mais lorsqu'on connaît un peu l'histoire des persécutions, tout étonnement cesse. Les vallées des deux versants des Alpes ont rompu depuis longtemps avec l'Église romaine. Rome, jalouse de maintenir intact son empire sur les consciences, n'a cessé partout et toujours de déployer tous ses efforts pour anéantir les dissidences. Elle a tout employé pour extirper, si possible, jusqu'au dernier germe de la foi biblique chez ceux qu'on a nommés les Vaudois. Le feu, le fer, les massacres en masse, les tueries de maison en maison, de village en village, malgré le froid, la neige, la saison, les lieux les plus cachés et les plus inaccessibles des montagnes, Rome n'a reculé devant rien. Elle a fait main basse sur tous ceux qu'elle a pu atteindre. Les princes, les prêtres, les inquisiteurs, les chefs de corps, tous s'y sont essayés. Et cela a duré des années, des siècles.

Une des vallées vaudoises françaises, la Vallouise, que domine le Pelvoux, n'a pas conservé un seul protestant. Les derniers, quelques centaines, des milliers, disent quelques-uns, s'étaient réfugiés dans une caverne où ils furent odieusement enfumés.

Les persécutions catholiques dans les Hautes-Alpes comptent parmi les plus atroces, les plus irritées, les plus persistantes. Elles duraient encore à la veille de 1789. On ne sait comment les Églises réformées y ont pu résister.

XIII

Les protestants du Champsaur, s'ils ne descendent pas des Vaudois, ont été des premiers à se séparer de l'Église romaine. Farel avait vu le jour dans un petit village appelé les Fareaux, à l'extrémité de la vallée, au sud-ouest, près de la route qui mène de Gap à Grenoble, et de bonne heure il avait prêché la bonne nouvelle à ses compatriotes.

Lesdiguières, le protestant Lesdiguières, homme de guerre, puis connétable, était né à Saint-Bonnet, chef-lieu de canton, dans cette vallée; il guerroya pour la Réforme. A cette époque, le Champsaur était peuplé de réformés, depuis Saint-Bonnet jusqu'à Ancelle et à Orcières, au pied des montagnes de l'est.

A l'arrivée de Neff, le Champsaur comptait à peine quarante à cinquante familles protestantes; on n'en trouvait plus que dans quatre villages, et dans quelques maisons isolées. Les églises florissantes de Saint-Bonnet, de Saint-Julien, de Chabotte, d'Ancelle, avaient disparu, et celles du Forest, de la Plaine, de Saint-Laurent-du-Cros, marquaient à peine.

On avait continué à s'assembler le dimanche ; on faisait un service liturgique ; on lisait l'Écriture, on ne possédait que le Nouveau-Testament ; on lisait, en outre, les trop longs et trop mystiques sermons de Nardin. Le plus capable présidait, sinon le plus digne.

On trouvait aussi dans quelques maisons les *Consolations contre la mort*, de Charles Drelincourt, le Psautier, quelques livres de prières, et le catéchisme d'Osterwald ; c'est à peu près tout. On ne connaissait ni traités religieux ni journaux d'aucune sorte. Ce n'est qu'en 1818 que fut fondé le journal intitulé : *Archives du christianisme*, pâle de fond autant que de couverture, et restreint dans sa rédaction et ses matières. Les protestants du Champsaur savaient à peine qu'il y eût des coréligionnaires ailleurs qu'à Mens, à Genève, à Neufchâtel et à Lausanne. On comprend que le zèle pour le culte ne pouvait être brûlant ; cependant on y tenait, et c'était un bien. Ce culte maintenu, célébré, tantôt dans un bois, tantôt dans une grange, dans une étable, ce culte, d'habitude séculaire, même froid et pauvre, était un lien traditionnel précieux. C'était un moyen puissant de résister à Rome. C'est au point que les mariages mixtes étaient à peu près inconnus.

Cette répugnance pour Rome d'un côté, ce besoin, peut-être inconscient, mais tenace, de se réunir, d'un autre côté, ont été la sauvegarde de cette pauvre église de Saint-Laurent-du-Cros. Les pasteurs n'y aidaient guère ; ils passaient ; quelques-uns avaient promis quelques visites. Ils venaient de la Drôme, de l'Isère, quand ils en avaient l'occasion. Ils arrivaient le samedi, à la nuit, ou de grand matin, le dimanche. Ils prêchaient, dînaient, montaient à cheval et partaient. Leur prédication se perdait bientôt après; s'il en restait quelques mots, pas un ne s'adressait à la conscience religieuse ou n'allait à l'âme.

L'un des fils du pasteur Oberlin, du Ban-de-la-Roche, voyageant en faveur de l'œuvre biblique de Bâle, vint à Saint-Laurent; il s'y arrêta à peine un jour; personne ne le vit que la famille où il descendit. Il laissa des Bibles, des Nouveaux-Testaments, des psalmodies des Frères moraves, des livres de texte et autres opuscules dont très peu de gens profitèrent.

Une autre fois, nous fûmes visités par un candidat au saint ministère, venu de Montauban avec M. le professeur Bonnard. Il prêcha, tint des réunions, distribua des Bibles, alla de maison en maison voir les familles; c'était tout nouveau. Les protestants en étaient fiers, plus à cause des catholiques que de la conscience religieuse et de Dieu.

Ces troupeaux épars, ces membres dispersés d'anciennes églises autrefois florissantes, avaient un pressant besoin d'un ouvrier actif et dévoué. Le marasme les gagnait; l'indifférence, alliée à un froid formalisme, les aurait laissés mourir. Neff était l'homme de la situation. Chantre, lecteur, évangéliste, pasteur, missionnaire, il était tout cela. C'était surtout l'homme du devoir. Neff étonnait par son courage; il allait jusqu'à la témérité; le danger ne l'arrêtait jamais.

La volonté égalait, chez lui, le sentiment du devoir; il ne reculait que devant l'impossible; ce qu'il avait conçu et projeté, il fallait l'exécuter.

A son arrivée à Mens, on aurait dit un jeune homme frêle, délicat et faiblement constitué; il paraissait peu capable de se faire jamais à un climat aussi âpre que l'est celui des Alpes. Eh bien, il se fit à tout. Ni l'air froid des hauteurs, ni l'air chaud des bas-fonds, ni la neige, ni la pluie, ni la raideur des rampes, ni les longues et fatigantes journées de marche ne le faisaient hésiter un instant.

La foi, chez lui, doublait la volonté et le courage ; il avait la clairvoyance qui s'allie à une intelligence saine et sûre. Il n'était pas étranger aux études philosophiques qui posent le problème de nos destinées, mais il ne s'y arrêtait guère ; il avait mieux à faire, et possédait les secrets de la parole faite chair ; il acceptait les solutions évangéliques d'une sagesse à la fois et plus haute et plus rassurante, et son plus ardent désir était d'en faire part aux fidèles qui lui avaient été confiés par le souverain pasteur et évêque des âmes.

Neff était un homme bien équilibré ; il n'était pas parfait sans doute, mais il y avait en lui des qualités supérieures et de premier ordre. Nul n'a fait autant et en si peu de temps que lui.

XIV

Au printemps de 1824, Neff visita plusieurs fois Saint-Laurent-du-Cros, et prolongea sa visite une semaine et au-delà. C'était beaucoup pour une seule de ses sections. Il disait lui-même qu'il ne couchait jamais huit jours dans le même lit.

Chaque jour, il réunissait les catéchumènes au temple; on avait alors un local qui portait ce nom. Je suivais ses instructions; je n'en perdais pas une; elles m'intéressaient vivement. Neff avait groupé des textes de l'Écriture en ordre de doctrines; cela formait une trentaine de sections à peu près. On commençait à la chute, au péché; on finissait à tout ce qui se rapporte au salut, au relèvement. C'était nouveau; c'était, de plus, scripturaire, vrai et irréfutable.

Neff avait un talent tout particulier pour expliquer ces passages; il n'y avait rien de trivial, de vulgaire, de superficiel dans ce qu'il disait; il donnait un tour frappant à sa pensée, employait, pour mieux se faire comprendre, des comparaisons d'une grande lucidité, d'un à-propos admirable; elles se gravaient dans la mémoire, et les plus ignorants ne se retiraient jamais à vide. Neff fuyait le vague, il était précis, positif, il n'était pas phraseur, ne posait jamais, ne s'écoutait pas parler ; les mots s'adaptaient aux idées et les idées aux mots, comme la clé à la serrure et la serrure à la clé.

Après l'instruction, il faisait chanter ; il faisait chanter comme exercice, comme leçon ; il faisait lire, lire tout haut, afin qu'on sût lire au culte public. Il ne perdait pas de vue ses catéchumènes, hors le temps des instructions ; ils lui servaient d'introducteurs auprès des parents. Il visitait beaucoup ; s'il ne trouvait personne à la maison, il allait aux champs, entrait en conversation avec tous, parlant agriculture, soins des bestiaux, et toujours avec un art aimable et sans pareil ; et par des transitions toutes naturelles, il allait à son but : l'édification. Les lois de la nature, la croissance des récoltes, les travaux du labourage, la moisson, tout l'y servait. Neff était botaniste, grand amateur de la campagne, grand admirateur des imposants tableaux qu'elle offre partout, dans les Alpes, aux yeux de l'homme. Il savait un peu de tout : un peu de médecine pratique, un peu d'histoire naturelle, un peu de physique, d'astronomie, de géométrie. Il possédait la géographie à fond, la géographie morale autant que la géographie physique, la cosmographie et l'histoire ; et quand il en parlait, il donnait à tout cela un air de nouveauté qui charmait.

J'étais surpris de sa réserve à mon égard. Moi, je me fusse livré à lui, mais sa retenue me gênait. J'en étais parfois offensé. Ce n'était, à coup sûr, ni indifférence ni crainte, mais il renvoyait à plus tard ses plus libres, ses plus franches et plus larges ouvertures. Neff savait quelle soif j'avais de m'instruire, il savait qu'il me tardait beaucoup d'en avoir l'occasion et les moyens; il voulait, je le sus plus tard, me garder à Saint-Laurent pour le seconder dans son œuvre.

A l'opposé du cléricalisme, Neff employait volontiers les laïques qui lui offraient des garanties de piété, de bon sens, d'intelligence, et un développement chrétien suffisant. Il avait fait ainsi dans le Trième, il continuait dans les Hautes-Alpes et n'avait pas trop à s'en plaindre.

Lorsque j'exprimais devant Neff mon désir d'entrer dans quelque école ou celui de recevoir ses propres soins, il semblait ne pas m'entendre; il ne répondait pas, ou il répondait comme si j'avais demandé autre chose, ou bien il tournait les talons brusquement comme un homme qui ne se gêne pas et qui a été élevé dans une petite république où le sans-façon règne. Je n'insistais pas, mais je ne renonçais pas pour cela à mon cher projet. Je n'ambitionnais qu'une chose, devenir ministre de l'Évangile.

Au printemps de cette même année, Félix Neff amena à Saint-Laurent deux de ses élèves du Trième, les plus affectionnés, Clavel et Baulme, quelques autres personnes aussi. Ils furent reçus cordialement. Nous eûmes ensemble des entretiens où j'acquis la conviction que le changement appelé dans l'Écriture conversion, régénération, possession du salut, n'est pas seulement une belle théorie, mais une réalité dont je pouvais voir, chez ces jeunes gens, une démonstration vivante. L'un d'eux m'était depuis longtemps connu; il avait été comme moi autrefois; il me fallait devenir comme lui, maintenant qu'il avait cru.

Neff, pendant cette semaine, fut plein de zèle, d'entrain,

d'activité, de ressources, d'à-propos dans les réunions, les catéchisations, les visites ; on en était émerveillé.

Il avait mis en circulation quelques traités religieux : le *Berger de la plaine de Salisbury*, le *Miel découlant du Rocher*, *Jenny*, etc. Ils étaient lus avec plaisir et profit. Il y avait aussi des recueils de cantiques, des Nouveaux-Testaments à renvois. J'en eus un exemplaire, que j'appris en grande partie par cœur.

Nos amis du Trièves partirent avant Neff. Quand celui-ci nous quitta, je l'accompagnai jusqu'à la Rochette, village situé à une demi-lieue de la grand'route qui va de Gap à Embrun, à mi-côte du versant sud de la montagne nommée le Puy-de-Mause. Nous prîmes le chemin le plus direct, un chemin de traverse alors couvert de neige. Le soleil était éclatant, la neige se ramollissait, et mon retour s'opéra à grand'peine, mais je n'y avais aucun regret. Nous eûmes une conversation des plus intimes ; jamais encore Neff n'avait été aussi ouvert, aussi cordial avec moi ; nous étions comme deux amis et deux frères. Je lui laissai voir tout ce qu'il y avait en moi d'estime pour sa personne, de confiance, d'affection. Je lui fis part de mes besoins spirituels, de mes difficultés, de mes craintes, de mes espérances, de mes luttes, de la puissance que le monde exerçait sur moi, mais aussi de la pleine et ferme résolution où j'étais de ne pas regarder en arrière, dès que j'aurais mis la main à la charrue. Notre entretien fut long. Neff répondait à toutes mes questions par l'Écriture. Sa foi, sa religion, son christianisme, sa théologie avaient leur source, leur raison d'être dans l'Écriture. Il n'était croyant, chrétien, ministre de l'Évangile, conducteur d'âmes, pasteur, qu'à cette condition. En dehors de l'Écriture, il n'y avait à ses yeux qu'incertitude. Il se courbait sur le livre, mettait tous ses soins à se laisser enseigner par lui ; il lui soumettait son intelligence, il prêtait l'oreille à son langage comme à celui d'un ami, d'un maître donnant des leçons. Il pouvait lui arriver de ne pas bien comprendre ; alors il y revenait, il écoutait avec plus de soin, il demandait à Dieu son Esprit, il ne se hâtait pas, et, d'ordinaire, à la seconde ou à la troisième fois, il saisissait mieux le sens ; dans le cas contraire, il attendait l'occasion de Dieu. Jamais il n'eut à se repentir d'avoir agi de la sorte.

Mais le moment de nous séparer était arrivé, nous nous embrassâmes ; Neff descendit la côte, moi je la remontai et je revins à la maison, rempli de courage.

XV

Au mois de juin, je fis, sur le conseil de Félix Neff, un voyage à Mens. Il avait annoncé mon arrivée à ses amis, et je fus accueilli de la manière la plus cordiale. Je vis Clavel, Baulme, d'autres jeunes gens non moins bien disposés. Je n'avais jamais vu de réveil religieux, et je fus vivement impressionné.

Je parcourus une foule de villages, où des réunions avaient été organisées. Les plus dignes, les plus éclairés et les plus capables de présider étaient à l'œuvre au jour et à l'heure. Partout on retrouvait la main de Neff, son esprit, sa méthode; c'était simple, cordial, vivant; il y avait de l'entente, de la charité, du support et un véritable amour fraternel. Les personnes des classes les plus humbles étaient reçues, traitées par celles des classes les plus élevées avec une touchante bienveillance et la plus sympathique ouverture. On était confondu, on se mêlait sans méconnaître jamais les égards que l'on se devait les uns aux autres. Cela fut pour moi la prédication apologétique la plus puissante. J'étais touché, émerveillé ; la religion revêtait à mes yeux son caractère vraiment supérieur et céleste. Je comprenais maintenant les premiers chapitres des *Actes des Apôtres* et beaucoup d'autres Écritures touchant la puissance salutaire et régénératrice de la grâce qui est en Jésus-Christ.

Clavel et Baulme me firent bonne compagnie et me présentèrent à leurs amis.

Nous fîmes ensemble l'ascension du mont Châtel. On y monte par deux sentiers étroits et raides; tout autour, c'est le rocher à pic. Au sommet est un plateau, plus long que large, couvert de gazon, qu'à ce moment de l'année ornaient de magnifiques violettes. On aperçoit de là toute la vallée du Trièves, jusqu'au-delà de Clèves à l'ouest, Lamure et le Beau-Mont au nord. C'est un panorama magnifique. On touche presque à l'Aubiou au front superbe, aux pentes escarpées, aux flancs nus. C'est le géant de ces montagnes; il a 2,792 mètres d'altitude.

Bientôt après, je repris la route du Champsaur. Cette route est malaisée, mal entretenue, pour ne pas dire pas du tout, coupée par des ravins étroits, profonds, aux bords déchirés, au fond desquels bouillonnent des torrents tumultueux. Telle est la Seloise, que l'on passe au moyen d'un pont étroit et peu solide. Il faut descendre comme dans un précipice, d'où l'on remonte par un sentier suspendu sur l'abîme. On a le vertige. Pas de parapet, pas un arbrisseau, pas le moindre buisson pour vous préserver, dans un faux pas, de rouler à quelques centaines de mètres au fond du gouffre.

En cet endroit, la Seloise rencontre le Drac, qui sort en bouillonnant entre deux murs de rochers, assez rapprochés pour qu'il ne soit pas impossible à un homme de franchir l'espace qui les sépare. Une pointe de terre avancée domine comme un cap ces deux cours d'eau impétueux. Là est le village d'Ambel, qui ressemble à un fort menaçant; plus loin, un autre village en ruines, Lesdiguières, adossé à une roche qui surplombe au-dessus du Drac.

Ce qui reste du château de Lesdiguières est encore imposant : quelques tours à peu près intactes, sauf les toitures en partie effondrées. C'est un endroit sauvage, pauvre, aride. On y entend les mugissements incessants du torrent, ou le bruit répercuté et sifflant du vent battant le rocher.

De mon voyage à Mens, je rapportais des impressions profondes et persistantes. Je tâtonnais encore, il est vrai ; je perdais, puis je reprenais courage ; la vie chrétienne m'apparaissait parfois comme un chemin raboteux et plein d'écueils. Le côté du renoncement me faisait oublier le côté de la joie intime. Le mépris du monde, les dédains en perspective m'effrayaient ; d'autres fois, ils m'enhardissaient par ce qu'il y a de noble et de glorieux à les supporter. A tout prendre, je marchais, je faisais quelques pas en avant ; il y en avait de mal assurés, de faux, mais jamais je n'allais volontairement à reculons. Neff m'écrivait ; ses lettres m'étaient précieuses et chères ; elles me faisaient l'effet d'un coup de fouet, en m'arrachant à la préoccupation de moi-même et me montrant le but à poursuivre.

XVI

Le 29 août, devait avoir lieu à Freyssinières la dédicace du temple de Violens, village situé au milieu de la combe. Je fus prié à la fête, et je m'y rendis en compagnie de mon oncle Alexandre et de plusieurs autres personnes. On y avait invité le Président du Consistoire et MM. Blanc, de Mens, Bonifas, de Grenoble, plusieurs des pasteurs des vallées vaudoises, un assez grand nombre de fidèles des églises d'alentour. On n'avait eu garde d'oublier M. le sous-préfet d'Embrun, qui n'y manqua pas. Les pasteurs invités firent défaut. Un seul, celui de Saint-Jean en Piémont, malgré son grand âge — il avait quatre-vingts ans, — se rendit à l'invitation. Neff fut consterné de l'absence des pasteurs d'Orpierre, de Mens et de Grenoble, ses meilleurs amis ; il n'y comprenait rien.

Nous étions partis de Saint-Laurent, mes compagnons de route et moi, la veille, de grand matin; nous suivîmes la voie la plus directe, celle d'Orcières et du col de ce nom. Nous déjeunâmes à Orcières, au fond de la vallée, près des sources du Drac, sur les premiers contreforts de la montagne. D'Orcières au col, c'est-à-dire à la séparation des vallées du Champsaur et de Freyssinières, il nous fallut cinq heures; nous nous reposâmes au-dessus du col, sur un plateau où se trouve un lac d'une eau transparente comme le cristal; nous prîmes là notre repas.

Nous étions pressés; il nous restait encore un long bout de chemin à parcourir; seulement, nous n'avions plus qu'à descendre. Le soleil, qui commençait à baisser, inondait les plus hautes cîmes de ses teintes dorées. Cette partie du voyage devait nous fatiguer beaucoup. On va par des sentiers à peine marqués le plus souvent, sentiers tracés par les troupeaux de bêtes à laine et les chèvres.

Plus d'une fois, on sent le pied vous manquer, sur des pierres amoncelées, mobiles et qui roulent. Ces chemins prennent à droite, puis à gauche; parfois ils disparaissent, et vous marchez sur un terrain déchiré, inégal, ou sur un gazon très court et glissant.

Le jour diminuait, nous avions hâte d'arriver; bientôt nous aperçûmes des façons de maisons couvertes d'ardoises; c'était Dormilhouse, le village des Vaudois pourchassés autrefois par les catholiques romains. L'aspect de ce village nous frappa péniblement par son air de pauvreté et de misère.

Nous rencontrâmes quelques femmes; à la question si c'était là que se rendaient les hôtes de Freyssinières, venus à la dédicace du temple, elles nous répondirent que non, que c'était beaucoup plus bas, et que nous eussions à nous hâter si nous voulions arriver avant la nuit. Nous reprîmes courage et descendîmes rapidement. Arrivés au second village, nous croyions avoir atteint le but. Il nous fut dit là, comme à Dormilhouse, que nous avions encore à marcher.

En effet, il nous fallut encore près d'une bonne heure de marche ; il était nuit quand nous arrivâmes. Nous avions passé Dormilhouse, les Mensas, les Violens, pour joindre le village des Ribes, c'est-à-dire Freyssinières, ou le chef-lieu de la commune.

Nous n'en pouvions plus de fatigue ; nous avions marché trois grosses heures de Saint-Laurent à Orcières ; nous en avions mis cinq du bas au haut de la montagne, puis trois du col d'Orcières aux Ribes.

D'Orcières à la cîme de la montagne, le chemin est très rapide, par moments presque vertical. On glisse sur le sol desséché par le soleil, sur un gazon râpé, sur des cailloux anguleux. Plus d'une fois, au lieu d'avancer on recule, ou l'on reste fixe, sans pouvoir placer un pied devant l'autre.

De l'autre côté de la montagne, nouvelles difficultés : on est entraîné par son propre poids, l'équilibre est malaisé à maintenir. Il nous tardait de prendre du repos, et nous avions grand'faim.

On avait dressé une table commune, et l'on attendait les autres voyageurs. Quelques-uns s'étaient attardés et ne devaient arriver que dans un quart-d'heure, une demi-heure, une heure.

Neff allait et venait, souhaitait la bienvenue à chacun, passant d'un groupe à un autre, questionnant celui-ci, celui-là sur tels ou tels qui n'apparaissaient pas. L'absence des pasteurs de l'Isère et du Président déçut Neff au possible ; il avait peine à s'en remettre, sa joie en avait souffert. Il eût été si heureux de les avoir !

Neff, chez lequel l'instinct religieux dominait tous les autres, avait grandement désiré de me mettre en rapport avec un jeune homme des Ribes, nommé François B... Ce jeune homme, plein d'ardeur, plus que de vraie piété peut-être, montrait un grand zèle et voulait beaucoup me voir. Neff nous fit arriver près l'un de l'autre, et dès lors il me fut impossible d'échapper de ses mains.

Il voulut m'avoir à dîner; mais il y avait mon oncle et mes autres compatriotes; nous ne pouvions pas nous séparer en arrivant là. Il nous invita tous avec instance. Neff nous engagea à accepter, et nous suivîmes. Le pauvre B... n'eut à nous offrir, à nous, affamés, qu'un bien maigre repas, tandis qu'à la table commune il y avait au moins de quoi apaiser sa faim. Nous eûmes bientôt fini, et nous revînmes au rendez-vous; mais nous n'osâmes pas nous mettre à table avec les autres convives, ayant notre hôte avec nous. Seulement, après que tout le monde se fût retiré, nous cherchâmes une auberge où l'on aurait à nous donner à manger. Nous étions capots et un peu indisposés. Personne ne s'en aperçut, Neff moins que tout autre; il eût vivement regretté ce contre-temps, dont il était un peu involontairement la cause. Nous nous gardâmes bien d'ajouter un nouveau chagrin à plusieurs autres qu'il avait eus déjà.

M. Moudon, le pasteur vaudois, devait faire le sermon de dédicace. Le temple était paré pour la circonstance. Devant la porte, on avait dressé un berceau de verdure, pour les assistants qui ne trouveraient pas de place dans le sanctuaire; tout fut occupé dedans et dehors. Neff s'était multiplié; il avait tout prévu, tout ordonné. Il était venu des gens du Piémont; il y en avait du Queyras, de Vars, du Champsaur, de tous les villages de la vallée. On avait formé un chœur de jeunes gens dont je faisais partie; je fis aussi la lecture de quelques chapitres. Neff fit l'ouverture du service; le pasteur vaudois prêcha. Il prit pour texte ces paroles bien choisies de Jérémie, chap. V, ỹ 4 et 5 : « Ne vous fiez point sur des paroles vaines en disant : C'est ici le temple de l'Eternel ; mais amendez vos voies et vos actions. »

Neff, au second service, expliqua Hébreux, VIII, 1, 2. Après avoir défini le temple matériel sous l'Ancien-Testament, il parla du temple spirituel et de Jésus-Christ comme ministre de ce temple. Cette méditation fut nourrie, bien conduite, vivante; on y respirait un souffle vivifiant. M. le sous-préfet d'Embrun, homme éclairé, fit compliment à Neff de sa prédication; elle l'avait fort intéressé.

Entre les services, on parla beaucoup religion, opinions religieuses. Les amis du pasteur vaudois défendaient sa manière de voir contre la doctrine fondamentale de la justification par la foi sans les œuvres, que Neff était venu réhabiliter dans les églises du Trièves et des Hautes-Alpes.

Ces discussions ne me furent pas inutiles; elles m'aidaient à réfléchir sur les personnes et sur les choses.

La journée fut bonne à tous égards; ce fut comme un événement pour beaucoup; c'en fut un mémorable pour les habitants de Freyssinières, qui, de mémoire d'homme, n'avaient rien vu de pareil.

XVII

Le dimanche suivant, Neff vint à Saint-Laurent. C'était le jour de la fête patronale du lieu, le 5 septembre. Ces fêtes, nommées *vogues* dans le Champsaur et le Gapençais, étaient tout un événement dans le pays. On s'y rendait de tous les villages environnants, les parents chez les parents, les amis chez les amis, et la jeunesse en masse, en bonne tenue, dans l'espoir de s'amuser.

Il y avait bal public, dans un pré, ce jour-là et le lendemain, au son du violon d'ordinaire; quelquefois aussi, mais rarement, on y ajoutait la musette ou le fifre. L'élite des jeunes gens de l'endroit se réunissait en société, dite *Société de la vogue*. Ils payaient le ménétrier, ordonnaient le bal, en avaient la police, et fixaient la cotisation que les jeunes gens de la commune devaient payer pour frais de la fête. Les jeunes gens des communes voisines en étaient exemptés, en qualité d'invités.

Dès le matin, on avait recueilli tous les plus beaux rubans des jeunes personnes qui se proposaient de danser. On attachait ces rubans à une canne d'un mètre de long, nommée la *canne de la fête*. Celui à qui la *société* accordait l'honneur de porter la *canne* devait veiller sur elle comme le porte-drapeau, dans un régiment, à son drapeau. Il faisait flotter les rubans au-dessus des danseurs et devait les préserver de toute atteinte. Quand la fête était finie, on procédait à la distribution des rubans, et chacun alors se faisait un point d'honneur d'offrir le ruban qui lui était échu à celle qui, momentanément, en avait fait l'abandon.

Plus d'une contestation s'élevait à l'occasion de ce partage ; généralement, pourtant, on respectait le choix et le désir de chacun. On ne demandait pas le plus beau, mais celui qui avait été attaché à la canne par la personne préférée. Ces fêtes étaient animées et courues ; elles laissaient des souvenirs joyeux, agréables. Mais souvent une détestable habitude en ternissait l'éclat. C'est là que venaient se débattre des intérêts d'amour-propre entre les jeunes gens du dehors et ceux du dedans. On provoquait des rixes ; une seule mauvaise tête y suffisait ; on cherchait noise sous les plus vains prétextes ; on s'efforçait d'entamer la dispute, et bientôt la lutte était engagée sur toute la ligne. On s'armait de bâtons, de pierres, et, plusieurs fois, le sang finissait par couler.

Cette fois, la fête fut plus modeste et moins bruyante ; la jeunesse protestante donna moins. Elle avait ressenti l'influence de l'Évangile. On eût craint d'offenser Neff, qui, lui, s'occupait plus du changement des cœurs que du changement des fêtes. On comprenait d'instinct le rapport qui lie le dehors au dedans. Les fêtes joyeuses du monde ne cadrent pas avec le repentir, avec le sérieux chrétien.

A chaque service, le temple fut bondé ; il n'y avait pas de place pour tout le monde. Neff fut éloquent, émouvant, il se surpassa lui-même, et produisit sur les assistants une profonde impression. La fête patronale fut saintement et dignement célébrée.

Il y eut trois services : le premier à dix heures et demie, le deuxième à trois heures, et le dernier à la chute du jour. Neff ne semblait ressentir aucune fatigue ; la prédication paraissait le délasser ; il n'était jamais plus heureux que lorsqu'il prêchait l'Évangile à de grandes assemblées attentives, et l'attention ici, loin de s'affaiblir, allait plutôt croissant. Neff avait l'art de se faire écouter et de captiver son monde. Sa voix avait pris du corps ; elle prêtait à ses paroles de la grâce et de la force ; le ton en était plein, agréable, distinct. La phrase coulait sans gêne ; elle était nette, substantielle, toujours claire. On ne s'y trompait pas. Il subjuguait ceux qu'il ne convertissait pas. On craignait de lui déplaire, même quand on ne partageait pas sa foi, et l'on cédait à ses pressants appels, à ses instantes exhortations. On devra tenir compte de cet élément, lorsqu'on voudra juger des résultats de l'œuvre de Neff. Beaucoup de ceux qui avaient l'air d'être vaincus n'avaient jamais été convaincus entièrement. C'était la semence qui tombe dans le terrain ou pierreux ou encombré d'épines.

Neff repartit, le 8, de Saint-Laurent pour Freyssinières, en prenant par le chemin d'Orcières. Le lundi et le mardi, il avait voulu visiter autant de familles qu'il avait pu. Il n'y avait aucune relâche à son action. Tout le monde cependant ne lui rendait pas justice ; on ne le voyait pas toujours venir de bon œil. Lui, feignait de l'ignorer, et il profitait de la première occasion, une épreuve, un deuil, pour établir des relations tout d'abord difficiles. C'est ainsi qu'il parvenaît à dissiper les préjugés, les répugnances, et à faire plus d'une fois de ses adversaires ses meilleurs et plus sûrs amis.

Notre intimité devenait, tous les jours, plus grande; nous étions journellement ensemble et nous reprenions nos entretiens passés. Le jour de son départ, je l'accompagnai pendant plus d'une heure de chemin. Il passa la nuit à Orcières; le lendemain, il gravit la montagne. Mais un orage se forma; un vent de tempête, la pluie, les éclairs, le tonnerre faisaient rage au-dessous des pieds de Neff, pendant qu'il avait au-dessus de sa tête un ciel serein et un soleil resplendissant. Il m'écrivit qu'il n'avait jamais été témoin d'un pareil spectacle. La montagne, ébranlée jusque dans ses fondements, semblait sur le point de s'écrouler. Neff en ressentait les trépidations comme celles d'un monstre qui s'agite dans des convulsions horribles.

XVIII

Le désir de faire des études classiques me revenait toujours avec une extrême force. J'en voulus dire quelque chose à Neff. J'avais besoin de son concours; il ne pouvait me le refuser, dans la mesure de son crédit. Il ne me dit pas non, mais il en renvoya le moment à plus tard, alléguant qu'il était nécessaire, pour l'œuvre de Saint-Laurent, que j'y restasse quelque temps encore. Il m'exprima le désir de me voir continuer l'école que je dirigeais. Je me soumis, heureux de pouvoir me rendre utile, en attendant le jour où il me serait permis de me livrer tout entier à des études ardemment désirées.

Au printemps, l'école fermée, comme cela arrivait durant toute la belle saison, je cherchai à reprendre des leçons de latin. Il y avait, à trois quarts d'heure de marche de Saint-Laurent à Saint-Julien, de l'autre côté du Drac, un percepteur qui possédait bien cette langue, ayant d'abord étudié pour la prêtrise. Je le priai de me donner quelques leçons; il y consentit. J'en fus ravi, et je commençai sans retard.

Je mis tous mes soins à bien apprendre. Je n'avais de souci que de n'aller pas assez vite à mon gré. Je ne prenais pas le temps de penser à autre chose. La nature, si belle dans cette saison et toujours attrayante pour moi, je ne la voyais plus; ses beautés m'étaient cachées par mes livres. J'entendais à peine le chant du rossignol et de la fauvette, ou le bruit varié du Drac, tantôt grave, tantôt aigu, tantôt précipité, ou bien tombant en cascades ramassées ou dispersées en gouttelettes comme une forte pluie du mois d'août.

Je poursuivais mes études avec non moins d'agrément que d'ardeur, non sans craindre parfois d'être obligé, par des éventualités imprévues, de les interrompre quand j'y ferais le plus de progrès.

Sur ces entrefaites, il fut question de m'envoyer à Mens, où M. le pasteur Dumont réunissait quelques jeunes gens et leur fournissait les moyens de s'instruire. Ce projet se réalisa, à ma grande satisfaction.

Une fois à Mens, j'entendais tous les dimanches un sermon; je jouissais de tous les avantages d'un service bien suivi et célébré sans que rien y manquât. Il y avait des réunions aux jours ouvrables, régulièrement le samedi. Je voyais des parents, des amis, des frères. Clavel et Baulme étaient partis; ils avaient été reçus dans un institut fondé par les Messieurs Haldane, d'Ecosse, et placé sous la direction de M. Henri Ollivier, de Lausanne. On y formait des évangélistes, des ministres pour la France, indépendants des églises consistoriales, alors somnolentes et relâchées tant pour les principes qu'en ce qui concerne la vie chrétienne.

J'étais à Mens depuis plusieurs mois, travaillant, veillant, dormant le moins possible, me couchant tard, me levant matin, et appelant sur mes études les bénédictions d'en Haut. J'étais content; cela allait bien. Un jour, on nous apprend l'arrivée de Neff et de quelques jeunes Vaudois de Saint-Jean. J'en fus quelque peu surpris. Neff vint à moi, et après nous être embrassés, il me dit : « Ferdinand, je viens vous chercher; vous viendrez avec moi, j'ai absolument besoin de vous; nous allons fonder une école d'instituteurs à Dormilhouse, vous avez votre brevet de capacité, cela nous va bien; nous avons déjà tout arrangé, tout arrêté; nous avons des élèves du Champsaur, du Queyras, de Vars et de toute la vallée de Freyssinières, et autant que l'école pourra en contenir. — Et mon latin, et mes études, m'écriai-je, il faudra donc y renoncer? — Non, me répondit-il, vous continuerez; vous aurez moins de temps à y consacrer, c'est vrai, mais ce ne sera que pour quelques jours; plus tard, nous verrons ce que nous ferons de vous; venez sans crainte; il le faut, nous avons besoin de vous. »

Je connaissais la valeur d'une parole de Neff; il ne promettait jamais à la légère, et à moins d'accidents imprévus, insurmontables, la parole et l'action, chez lui, ne faisaient qu'un.

Il fallut penser au départ; cela me rendait soucieux, mais j'en pris mon parti. Neff devait rester quelques jours, pour mettre ses amis des vallées à même d'apprécier le mouvement religieux qui se poursuivait dans le Trièves, et les présenter à quelques frères.

Avant de m'établir à Freyssinières, je voulus voir ma mère à Saint-Laurent. Je comptais y passer au moins une semaine; on ne me permit d'y demeurer que quelques jours.

Nous partîmes; nous étions toute une bande. Nous

avions deux chevaux pour nos bagages. Il nous fallut renoncer à prendre la route d'Orcières; la montagne était couverte de neige, et nous avions avec nous des garçons trop jeunes. Nous prîmes par Labâtre, où viennent se rejoindre les routes d'Embrun et de Briançon. Nous nous hâtions, désireux d'arriver le lendemain à Dormilhouse. A la nuit, nous atteignîmes Saint-Clément; nous avions fait soixante kilomètres. Nous étions brisés de fatigue; quelques-uns ne purent dîner et perdirent connaissance. Au lever, le lendemain, nous étions aussi brisés que la veille; il fallait pourtant se remettre en marche; nous essayâmes, et, au bout d'un quart-d'heure, nous marchions bien. Nos montures avaient été ramenées à Saint-Laurent par leurs conducteurs, nous dûmes chacun mettre sac au dos, ce qui augmentait la fatigue de la marche. Au-delà de Saint-Crépin, nous passâmes la Durance, sur quelques planches en guise de pont. Là, il nous fallut escalader une rampe raide, encombrée d'énormes blocs de rochers qui pouvaient d'un moment à l'autre se détacher et rouler sur nous. Plus haut, on rencontre un plateau avec des bois, des champs, quelques vignes abritées dans des plis de terrain au pied des monts couverts de sapins et d'épines. Un peu plus loin, on trouve le hameau de Pallon, entre la montagne et la Biaisse, où l'on pêche des truites excellentes. Ce hameau est agréablement situé au milieu des prairies, des vergers, des vignes adossées au coteau. C'est à Pallon que vivaient les époux Caïrus, originaires des vallées vaudoises; c'étaient des chrétiens fidèles, simples, animés d'une piété apostolique, d'une foi naïve, vivante, et en bon exemple à tous.

Nous côtoyâmes le torrent en amont, nous traversâmes les Ribes, les Violens, les Mensas, sans nous y arrêter, et nous atteignîmes le rocher de Dormilhouse un moment avant la nuit.

Nous eûmes la pluie, puis la neige; la route était glissante; elle se perdait plus d'une fois au milieu d'immenses rocs et parmi les horreurs d'une nature bouleversée.

On nous attendait; déjà quelques jeunes gens du Queyras étaient arrivés, d'autres devaient arriver le lendemain et le surlendemain. Neff, lui aussi, ne s'attarda pas.

Le plus pressant était de trouver à nous loger. Neff logeait dans l'auberge de l'endroit, tenue par un conseiller municipal, l'un des diacres de l'église. C'est là que nous devions prendre nos repas. Je fus logé chez M. Jean Baridon, fils de l'ancien maire et frère de M. Alexandre Baridon, des Ribes, percepteur des impôts. On fit assaut de politesse pour nous loger tous; ces braves gens étaient si heureux de nous avoir! C'était tout un événement. Nous étions au moins trente. Mais comment allions-nous vivre dans un village perdu, pauvre, dépourvu de toute ressource, emprisonné une grande partie de l'année par la neige et les glaces? Il n'y avait à Dormilhouse qu'une auberge, et à cette auberge on ne trouvait que du vin, du pain, et encore pas toujours, du fromage, un peu de lait. Il n'y avait là ni marchand épicier, ni boucher, ni boulanger, ni droguiste, ni pharmacien, ni médecin, ni blanchisseuse, aucune industrie que celle de la chasse au chamois et à la marmotte. Or, la chasse au chamois, l'hiver, est aussi dangereuse que peu fructueuse. Cet animal s'approche des maisons, quand la pâture est rare; il va partout où se trouve un filet d'eau, un peu de terre à découvert au milieu des rochers, dans une fente de la montagne. Poursuivi par le chasseur, il fuit avec une promptitude incroyable, il gravit à sauts redoublés les rampes les plus raides. Parfois aussi, il se jette sur le chasseur, quand il est acculé, arrêté par un obstacle infranchissable. A cause de ses dangers, de ses hasards, cette chasse offrait peu de ressources.

Lorsqu'on avait besoin de quelque chose du dehors, quelques hommes robustes, rompus à la peine, habitués à tous les chemins, à tous les mauvais temps, faisaient les commissions moyennant un maigre salaire.

Pour pouvoir subsister, on avait fait provision de bois, de pommes de terre et d'autres produits des jardins ; nous avions acheté un bœuf à l'une des foires de Guillestre, et nous en avions salé la viande ; des commissionnaires allaient nous chercher du pain à la Roche, à Saint-Crépin, sur la Durance ; c'est ainsi que nous attendîmes le printemps, sans trop souffrir. Nous avions tous fort bon appétit, et personne n'eut à se plaindre. D'ailleurs, là où Neff trouvait à se nourrir, aucun autre n'eût osé dire qu'il lui manquait quelque chose. Au surplus, nous étions là pour apprendre, non pour manger et pour boire. L'eau du rocher était notre vin ; la viande de notre bœuf dura longtemps et fut bien employée ; nous avions des choux, des navets tendres et sucrés, des pommes de terre excellentes. N'était-ce pas tout ce qu'il fallait ?

Notre école marchait à souhait ; nous la tenions dans un édifice qui avait été bâti pour servir de presbytère à un desservant catholique que l'on avait envoyé à Dormilhouse, où il n'y avait pas un seul individu de ce culte, pour convertir sans doute les protestants et les ramener au giron de l'église du pape. Il y avait à côté une jolie petite église, et le presbytère et l'église, après avoir vainement, pendant près de dix-huit à vingt ans, attendu leurs hôtes romains, furent, sans conteste, abandonnés à l'église protestante. Avec quelques réparations, ce presbytère offrit, au premier étage, deux belles salles pour notre école normale, et, au rez-de-chaussée, une salle pour l'école primaire. Dans l'église, Neff prêchait. La classe avait lieu de huit heures à midi, le matin ; d'une heure à cinq, le soir. Nous commencions par la prière et le chant d'un verset des Psaumes ou des Cantiques. On apprenait à lire comme il faut, à écrire le mieux possible, à calculer jusqu'aux racines carrées et cubiques, aux proportions, aux règles de trois composées, etc. On s'appliquait à bien apprendre l'orthographe et le français, la grammaire, la géographie et l'histoire ; on ne négligeait pas l'étude de l'Écriture-Sainte, et, sous ce rapport, les progrès furent tout particulièrement réjouissants.

Il y avait du zèle, l'ordre le plus parfait régnait ; chacun s'efforçait de bien faire ; on se regardait et l'on s'aimait comme des frères, et bien rarement entendait-on quelque parole bruyante ou malsonnante. On était discret, retenu, convenable.

C'était un spectacle édifiant que celui de ces trente jeunes hommes, appartenant à trois arrondissements, divers d'âge, de tempérament, d'habitudes, de costume, de dialecte, ne laisser apercevoir entre eux ni tension, ni gêne, ni opposition, ni aucun de ces contrastes de caractère et de volonté qui souvent mettent vite la division et le désordre au sein d'une même famille. Neff n'était pas toujours là ; il passait plus de temps en Queyras, à Vars, en Champsaur qu'à Dormilhouse. Il avait à visiter ses troupeaux au loin. J'avais la direction des élèves, dont plusieurs avaient plus d'âge que moi. L'un d'eux, Jean Rostan, qui devait me remplacer l'année suivante et qui a été plus tard ministre wesleyen, me servait de moniteur général, au besoin. Son frère, Mathieu Rostan, dirigeait l'école du village.

Nous pratiquions le chant sacré, et ces montagnes sauvages répétaient à l'entour nos cantiques. Rien de pareil ne s'était jamais entendu au milieu de cette nature étrange, dont le fracas des avalanches, la chute des glaces, le bruit de la foudre éveillaient seuls les échos.

Notre école était une des manifestations les plus aimables de l'œuvre de la grâce. Là, le faible n'eut jamais à se plaindre du fort, ni le plus lent à apprendre du plus intelligent. Il n'y avait de rivalité que pour mieux remplir ses devoirs d'élèves ; il n'y avait non plus aucune affectation dans le langage et les manières ; tout était simple, naturel et enjoué.

De ma vie je n'oublierai cette chère école de Dormilhouse, non plus que Dormilhouse et les bons procédés de ses habitants envers moi. Quand nous avions fini nos devoirs de maîtres et d'élèves, le soir, après souper, nous réunissions les adultes, hommes et femmes, de six à neuf heures ; nos deux salles étaient remplies. Les élèves du jour étaient maîtres à leur tour et moniteurs. L'accord, l'ordre, ne furent jamais troublés ; on apprenait, on faisait des progrès, on s'entr'aidait mutuellement.

Nous commencions et nous terminions la leçon par le

chant et par la prière. Les habitants du pays sont peu musiciens. On n'a ni le temps ni l'envie de chanter, aux prises tout le jour avec une nature impitoyable, lorsque ce n'est qu'à force de peine, de sueurs, d'efforts héroïques qu'on arrache au sol un pain insuffisant. Néanmoins, on s'y mettait, on prenait goût à la musique sacrée, et souvent nos pauvres Alpins de Freyssinières entonnaient seuls, dans leurs maisons ou au dehors, les cantiques qu'ils avaient appris à l'école ou au temple.

L'église de Freyssinières se transformait. Comme celle de Mens, avant l'arrivée de Neff, elle était plongée dans l'indifférence. Il ne faudrait pas croire que la pauvreté, la rudesse, l'ignorance empêchassent ces grossiers et incultes montagnards de rechercher les plaisirs mondains. On employait le dimanche à danser. Et quelles danses! Rien de plus primitif. L'orchestre se composait d'une musette, d'une vielle, et quand la vielle ou la musette manquait, le ménétrier encourageait les danseurs par un chant monotone et fortement scandé. On ne s'imaginerait pas la sauvagerie de ces montagnards. Si, par aventure, un étranger s'était égaré dans ces défilés sombres, les gens du lieu prenaient aussitôt la fuite en l'apercevant, rentraient furtivement dans leurs bouges, ou se blottissaient dans quelque buisson ou derrière un roc. Cela était arrivé à Neff maintes fois, dans ses premières visites; mais, au lieu de passer outre, il allait droit aux fuyards, entrait en conversation avec eux, et peu à peu gagnait leur confiance; il agissait avec eux comme on fait avec les enfants qu'un visage étranger effarouche.

L'accoutrement sordide de ces pauvres gens, leur triste

figure, — la plupart étaient affligés de goîtres énormes, de gibbosités, d'écrouelles et d'autres affections scrofuleuses, — provoquaient au dégoût autant qu'à la pitié, et suffisaient à expliquer la répugnance qu'ils avaient à être vus.

Sous l'influence de Neff, tout changea de face, et cette timidité farouche, cette indifférence religieuse, cette mondanité grotesque firent place à une piété intime et vraie, à des sentiments hospitaliers vraiment délicats, à une politesse simple, sans apprêt, un peu brusque encore chez quelques-uns, très marquée chez les croyants, et qui tendait à se généraliser. Il y eut en quelque temps des âmes profondément changées, des cœurs transformés, des chrétiens d'élite dans ce froid vallon emprisonné par les blocs de glaces, privé d'air et de lumière, et offrant à peine les ressources indispensables pour ne pas mourir de faim l'hiver. Ce changement religieux si intéressant, ce réveil si étendu, s'opéraient chez les hommes, chez les femmes, parmi la jeunesse de l'un et de l'autre sexe. Des familles, qui autrefois ne menaient qu'une vie presque végétative, subissaient maintenant la douce et sainte influence de l'Évangile.

Nous ne négligeâmes rien pour accroître, pour affermir ce réveil du Val-Freyssinières : réunions particulières, visites, efforts individuels, entretiens fréquents, tout fut essayé et non sans succès. Tantôt Neff, tantôt moi, nous descendions, accompagnés des jeunes gens les plus robustes, aux villages de la combe, malgré cinq ou six pieds de neige; nous avions à traverser d'immenses débris d'avalanches qui barraient le chemin; un épais brouillard se formait souvent et nous enveloppait de ténèbres; on ne voyait plus à se diriger, on côtoyait le précipice; on arrivait enfin harassé, ruisselant de sueur; on n'avait pas pris de rechange, on entrait dans une étable déjà comble d'assistants, chaude, où l'atmosphère était concentrée. La réunion terminée, on revenait à l'air froid, souvent par une température de 7, 8 et 10 degrés au-dessous de zéro.

Neff s'était attaché aux églises des Hautes-Alpes comme à celles du Trièves. Toutes les difficultés de lieu et de climat, il les avait vaincues. Sa nourriture était celle de tout le monde; il vivait de lait, d'œufs, sans mépriser la viande ou le poisson, quand par extraordinaire il en trouvait; il buvait de l'eau, de l'eau de neige quand celle de source manquait; quelquefois, obligé de s'arrêter dans une misérable auberge, il déjeunait ou dînait d'un reste de mouton déchiqueté et d'un aspect peu ragoûtant. Il me comptait l'histoire des missionnaires Zaremba et Bentz dans le Caucase, mangeant comme leurs hôtes de la viande d'un agneau ou d'un mouton cuit tout entier dans sa laine, et que l'on dépeçait de la main comme le chacal déchire sa proie avec ses griffes. Pourquoi aurait-il été plus difficile que ces serviteurs de Dieu?

Les privations n'empêchaient pas Neff d'être content; une seule chose le mécontentait : c'était de voir les progrès trop lents que certains faisaient dans la bonne voie.

Le dimanche, nous avions pris l'habitude de passer la veillée chez M. et Mme Jean Baridon; nous nous rangions près du foyer, on nous servait un lait délicieux. Neff restait silencieux, la tête entre les mains, et comme absorbé dans une pénible méditation, laissant échapper quelques soupirs. Il pensait à ses efforts du jour pour édifier, il passait en revue les choses graves qu'il avait enseignées, il avait devant les yeux des auditeurs distraits, peu sensibles ou même encore étrangers aux choses du salut. Il s'accusait de n'avoir pas été assez direct, assez scripturaire, assez pressant; il se rappelait qu'il n'avait pas prié avec assez d'instance, de ferveur, de foi. Je ne disais rien, je pensais aux hommes de Dieu les plus illustres, aux prophètes, aux apôtres, aux réformateurs qui avaient tous éprouvé de pareils regrets.

Neff était fort impressionnable ; il passait quelquefois d'une gravité excessive à une très grande gaieté ; il se le reprochait ensuite. La vie de garçon, les soucis qu'il avait de ses églises, la privation de toute société policée, intelligente, une vie nomade, des courses dans des lieux sauvages, arides, réputés inaccessibles, seul ou presque toujours seul, avaient donné à son existence quelque chose de tendu, de sévère qui se reflétait plus ou moins dans ses allures. Neff n'avait eu ni le temps ni l'occasion de se marier. Un de ses biographes, abusant de quelques mots chagrins échappés un jour à Neff, a prétendu qu'il répugnait par principe au mariage ; plus d'une fois, il est vrai, il en avait parlé en termes peu élogieux ; mais parce que, témoin de mariages malheureux, il s'était un peu hâté de généraliser.

A moi, il m'a parlé dans un sens bien différent ; je ne l'ai pas oublié. « Moi aussi, disait-il, je pourrais me marier, avoir une compagne, une vie de famille, un chez moi ; mais que deviendrait cette œuvre qui a toutes mes affections? Que deviendrait ma femme toujours seule, quand je serais appelé à errer de côté et d'autre? Elle serait en Queyras, lorsque je serais à Freyssinières ou en Champsaur ; et même en Queyras, elle serait à la Chalpe-d'Arvieux, où est le presbytère, lorsque je serais à Saint-Véran, à Pierre-Grosse, à Fongillarde, à Vars, à trois, quatre, cinq et huit lieues. »

Neff avait raison ; sa vie eût été pleine d'angoisses à la seule pensée de sa famille laissée seule, pendant que lui avait à affronter les mauvais chemins, le mauvais temps, d'énormes fatigues et de véritables dangers.

Il ajoutait à tous ces dires ceci : « J'ai ma mère ; je l'aime comme elle m'aime ; je serais certes bien heureux de l'avoir avec moi ; mais où, avec moi ? Je préfère qu'elle soit à Genève avec ses amis et connaissances, pendant que je ne cesse d'aller et de venir. »

XIX

L'hiver finissait, et notre école allait être suspendue jusqu'au mois de novembre. Nous devions nous séparer ; les uns allaient vers l'est, d'autres à l'ouest, d'autres au sud. Nous quittions Dormilhouse, et nos hôtes bien-aimés qui nous avaient entourés de tant d'affection et de soins. Personne de nous n'avait été malade, pendant ce rude hiver.

Les jeunes gens de l'endroit nous offrirent un banquet ; on s'était mis en frais ; on servit du chamois et de la marmotte. Mais ce repas fut surtout assaisonné de bonne amitié et d'amour fraternel ; nous étions tous heureux ; un lien vivant et permanent nous unissait les uns aux autres. Neff présidait ; il fit un discours d'occasion, senti et propre à enflammer notre zèle. Nous étions émus, nous étions dominés par la même pensée, celle de nous dévouer sans réserve au service du Seigneur partout où il trouverait bon de nous appeler.

On avait ouvert la porte à tout le monde, et le local fut plein. On pria avec ferveur, et cette bonne et belle journée nous laissa un souvenir profond.

J'avais à remercier les élèves de leur bonne tenue, de leur respect, de leur application, de leur bon accord. Je remerciai aussi l'excellente famille Baridon, dont la bienveillance et l'aménité n'avaient rien laissé à désirer.

Je quittai Dormilhouse, le cœur plein d'émotion. J'y avais fait des connaissances ; j'y laissais des amis très chers.

Nos élèves allaient se présenter aux examens pour le brevet de capacité ; plusieurs réussirent.

C'est vers la fin de mars que nous quittâmes Dormilhouse ; le temps était magnifique, depuis quelques semaines. Neff avait souhaité de me voir visiter les églises du Queyras, en retournant en Champsaur ; j'adhérai sans peine à son désir. Je partis donc, accompagné de l'un de mes amis de Saint-Laurent. Nous fîmes diligence, et, le soir du même jour, nous arrivions au moulin d'Arvieux, où nous fûmes accueillis de la manière la plus aimable par la famille Philippe.

Nous étions harassés de fatigue ; nous avions eu à fouler la neige, la boue, à descendre, à monter par des chemins scabreux et peu praticables, sur un parcours de vingt kilomètres environ. Quand on a dépassé Guillestre, on entre dans un affreux défilé nommé la Gorge ou la Combe du Queyras. La rivière du Guil coule au fond dans un lit étroit, creusé dans le flanc d'une montagne abrupte de plus de 1,500 mètres d'élévation. Il faut cinq bonnes heures pour franchir ce défilé sauvage. A peu près à moitié route, on découvre une habitation. C'est une pauvre auberge qui sert de halte au voyageur et plus d'une fois de refuge à ceux qui fuient devant les avalanches. Elle est assise sur un petit plateau. On l'appelle la maison ou l'auberge du roi

François Ier (1). Jamais lieu plus sombre ni plus sauvage. Il y a à peine assez d'air pour respirer; le soleil s'y montre à de courts moments; on n'entend que le bouillonnement du torrent et le bruit plaintif et strident du vent qui s'engouffre, au milieu du craquement désordonné des roches, des neiges, des arbres qui roulent du plus haut de la montagne dans l'abîme.

Après cinq heures de marche, on débouche au confluent des deux sources du Guil, près du château Queyras, sis sur un rocher en pyramide. Les deux torrents qui forment le Guil viennent, l'un de Ville-Vieille, l'autre de la vallée d'Arvieux.

Je visitai tous les villages du vallon d'Arvieux où il y avait des protestants. Je prêchai au Temple, je présidai des réunions, je visitai beaucoup de familles et retrouvai là quelques-uns de nos élèves. Je n'avais pas un moment de repos, depuis le matin jusqu'au soir, bien avant dans la nuit. On m'adressait question sur question; mais tout se décidait au moyen de l'Écriture. A première vue, on aurait dit qu'à Arvieux les besoins religieux étaient aussi vifs, aussi étendus qu'à Freyssinières; à y regarder de plus près, il y avait plus de curiosité religieuse que de véritable faim et soif de la justice. Je trouvai qu'il en était de même à Pierre-Grosse, à Saint-Véran, à Fongillarde, à Molines, sauf quelques exceptions.

Je fus cependant partout reçu comme un ange de Dieu. J'en étais confus, humilié. Je n'étais qu'un élève, un élève

---

(1) Histoire ou légende, on rattache ce nom à l'expédition de ce prince en Italie et à son passage dans ce défilé.

faible encore, peu avancé et non pas un maître. Le jour, il fallait prêcher du haut de la chaire ; le soir, la nuit, il fallait parler devant une table à un rassemblement de fidèles remplissant l'étable. Entre les prédications, j'avais des visites à recevoir ou à faire.

Les habitants du Queyras, bien que plus froids, plus mous en général, plus réservés ou moins empressés, furent à mon égard au-dessus de tout éloge, pour la promptitude, le zèle, le désir d'écouter et de s'instruire. Peut-être les vérités du salut n'étaient pas saisies par tous avec la même netteté qu'à Freyssinières. Il s'en faut de beaucoup, toutefois, que le ministère de Neff fût resté sans effet en Queyras ; il y avait eu de véritables conversions, et chez les autres un certain zèle avait remplacé une indifférence déplorable. On vous comprenait, lorsque vous parliez des grands intérêts des âmes, et l'empressement que l'on mettait à venir vous entendre n'était pas un signe de pure curiosité, j'en ai l'intime conviction.

Quand j'avais à quitter un endroit pour aller ailleurs, les fidèles m'entouraient, me faisaient les plus touchants adieux, m'accompagnaient de leurs vœux et de leurs meilleurs souvenirs. J'étais tout ému et reconnaissant. C'était en ma qualité d'ami de Neff apparemment qu'on me prodiguait tant de marques de prévenances, et cela seul prouvait en quelle estime et quelle amitié on l'avait lui et l'Évangile qu'il annonçait, car l'Évangile et Neff, son fidèle ministre, ne faisaient qu'un à leurs yeux.

Je n'avais guère passé qu'une semaine en Queyras, au milieu des neiges ; mais l'amitié des braves gens que j'y vis me réchauffait.

Neff nous suivit de près; il était resté à Freyssinières, pour mettre ordre aux affaires de l'école; il avait reçu des dons de Suisse, il fallait en trouver l'emploi. En arrivant, il m'apprit que j'étais admis dans l'institut Ollivier, à Paris, là où mes amis Clavel et Baulme faisaient leurs études depuis déjà plus d'un an. Cette nouvelle me remplit de joie; elle répondait au plus cher désir de mon cœur; c'était le commencement de la mise à exécution d'un projet conçu depuis longtemps, souvent traversé, aujourd'hui réalisé. Chose singulière, j'étais maintenant inquiet à l'idée de quitter mon pays, ma famille, les personnes sérieuses et croyantes du Champsaur, à qui j'avais pu être utile. J'étais partagé; il y avait en moi un double courant, et la joie d'aller à Paris, pour entrer plus tard comme ministre du Saint-Évangile dans le labourage et la moisson de Dieu, était plus ou moins diminuée par le regret de laisser derrière moi, dans les Hautes-Alpes, une œuvre analogue qui m'était chère.

A tout prendre cependant, je ne pouvais hésiter; il y avait trop longtemps que je soupirais après quelque chose de semblable; les incertitudes du passé, remplacées par un fait acquis, positif, ramenaient en moi le calme et l'espoir; et la perspective de reprendre, cette fois, mes études pour tout de bon me faisait tressaillir d'allégresse.

Je partis le 15 avril avec Neff, qui avait à visiter Mens et Grenoble.

Je pressai sur mon cœur ma mère bien-aimée, mes frères, mon oncle, mes autres parents et bien des amis rassemblés. Ma mère était en larmes. Je pleurais, moi aussi. La séparation fut solennelle, elle fut chrétienne. Ma mère était pieuse, elle aimait le Dieu que j'aimais. Mes deux frères avaient la foi au Sauveur, mon oncle aussi. Nous avions prié, nous nous étions adressé des vœux mutuels et affectueux ; nous nous étions donné rendez-vous là-Haut, au cas où Dieu n'eût pas trouvé bon de nous accorder la faveur de nous revoir ici-bas. J'étais profondément ému. Je laissais à Saint-Laurent, outre mes parents bien-aimés, des amis particulièrement chers.

Le réveil à Saint-Laurent avait été prompt et étendu. J'en avais été les prémices. Au début ma famille y faisait opposition, ne pouvant pas s'en rendre compte ; mais, peu à peu, elle et plusieurs autres personnes reçurent le baptême de l'Esprit. C'était frappant et très édifiant. Une jeune personne, à peu près de mon âge et qui est devenue ma belle-sœur, fut appelée du Seigneur, peu de temps après moi, à quitter le monde, à se renoncer elle-même pour l'amour de l'Évangile du Christ. D'autres suivirent.

Nous nous arrêtâmes deux ou trois jours à Mens, et quand Neff eut fait ses affaires, vu et édifié ses anciens élèves, ses frères et ses amis, nous partîmes à pied pour Grenoble. Je m'y arrêtai un jour.

Le lendemain, il fallut se séparer. Je prenais la diligence pour Lyon, tandis que Neff reprenait la route des Hautes-Alpes. Nos adieux furent comme ceux du père le plus affectueux et le plus tendre, et du fils le plus respectueux et le plus dévoué. Entre lui et moi, il y avait le Seigneur ; sa main était dans nos mains, et c'est en quelque sorte sur son sein que nous nous embrassâmes, en nous plaçant sous sa sauvegarde constante. Il fallut enfin se séparer ; nos bras s'entrelaçaient sur nos cous, fortement. Neff attendit le

7

coup de fouet du postillon, et de loin me fit encore un signe d'adieu. Je sentais que je perdais beaucoup en le perdant. J'avais l'air d'un pauvre orphelin, j'étais absorbé, attristé et comme en deuil. Ces sentiments furent mes compagnons de voyage.

XX

Neff était de taille moyenne, svelte et d'une attitude digne, même imposante par son regard scrutateur. Il avait les cheveux noir d'ébène, un peu crépus et ondoyants, le front droit, de beaux yeux noirs et intelligents, le nez bien fait, la bouche moyenne, le visage ovale et étroit; il avait la barbe très noire et peu fournie. Il n'était pas laid; il était même bien, quoiqu'il eût la lèvre supérieure un peu défectueuse; on y était vite accoutumé.

Félix Neff avait un caractère franc, loyal, ami de la vérité et plein d'équité; il ne cachait jamais ce qu'il savait être vrai; s'il ne pouvait mieux faire, il gardait le silence. Il était rond, un peu brusque, fort tenace, absolu même, aimant très médiocrement la contradiction; c'étaient là les défauts de ses qualités. En ce qui concerne les principes, il était ferme comme une colonne. Au reste, généreux, charitable, il ne gardait rien pour lui; souvent il ne lui restait pour s'habiller que des vêtements usés ou entamés, et cependant il était fort soigneux de sa personne, ayant d'habitude comme un air de fête.

Convaincu et tolérant, il était absolu sur les vérités fondamentales de la foi, et large au sujet des points accessoires controversés. Il aurait été baptiste en Angleterre, il était pédobaptiste dans les Hautes-Alpes ; il aurait fait partie d'une congrégation séparée à Genève, il était multitudiniste en France. Il était aussi peu calviniste rigide, qu'il était peu arminien. Il évitait, par tempérament et à force de bon sens, les extrêmes, se trouvant bien partout où le fondement des fondements était sauvegardé. On a voulu le faire passer pour méthodiste wesleyen ; c'est une erreur. Neff ne me cachait rien, il m'avait ouvert tout son cœur. Tout esprit de secte et tout acheminement vers une forme étroite quelconque lui répugnaient profondément. Il avait été désagréablement impressionné à la vue des dissidences et des luttes ecclésiastiques en Angleterre, et il m'engageait fort à faire comme lui pour n'avoir pas de regrets à éprouver plus tard. Je me suis tenu pour averti.

A ses yeux, toute considération pâlissait devant un intérêt chrétien ; celui-ci dominait tout, et il fallait tout faire et tout souffrir pour le défendre et l'honorer. Un tel homme n'était pas fait pour se ménager ; il tomba bientôt malade ; il avait abusé de ses forces. On ne brave pas impunément les fatigues de la montagne, le vent, la pluie, la neige, le froid et le chaud. Malade et alité, il n'en continua pas moins son œuvre ; ne pouvant plus sortir, il recevait ceux qui avaient besoin de lui ; il les écoutait, il les exhortait, les conseillait ; il faisait lire à son chevet, chanter, prier ; il lisait, chantait et priait lui-même le plus souvent. Il a ainsi fait pendant plus de deux ans dans les Alpes, à Mens, à Genève, à Plombières, jusqu'à son dernier soupir. Neff avait une force de volonté, une énergie de résolution incomparables. Il est mort martyr de la plus sainte des causes, après avoir beaucoup fait et beaucoup vécu en bien peu d'années. Il n'avait que trente et un ans quand il mourut.

XXI

Je passai vingt-quatre heures à Lyon. Je n'y vis rien de beau comme le Rhône aux larges bords, le Rhône grossi par la fonte des neiges et roulant majestueusement ses flots. Les rues, étroites et à perte de vue, étaient sombres même en plein jour, pendant que le soleil baignait de ses rayons ondoyants les montagnes environnantes et la cime des clochers.

Dès mon arrivée à Paris, je me rendis rue d'Enfer, n° 5, où demeuraient mes futurs condisciples. Ils dormaient encore ; Baulme entendit ma voix et me reconnut. Il me prit par le bras et m'entraîna dans sa chambre. J'étais bien arrivé ; j'étais chez moi. J'allai prendre possession de la place qui m'était réservée, après avoir béni Dieu, à part moi, de mon heureux voyage. Je reçus les bons souhaits de la chambrée.

Le directeur ne restait pas là ; je lui fis ma visite, accompagné de mes vieux amis Clavel et Baulme. L'accueil fut paternel, cordial. M. Olivier me demanda des nouvelles de

Neff, de ses travaux et des progrès de l'œuvre de Dieu dans les Alpes. M. Olivier était lui-même, du côté maternel, originaire de Freyssinières.

Il y avait dans l'institut, de quatorze à quinze élèves ; tous étaient du canton de Vaud ou de Genève, sauf Baulme, Clavel et moi. On sait que la loi promulguée dans le canton de Vaud, le 20 mai 1824, avait obligé un certain nombre de pasteurs, ministres et étudiants en théologie à s'expatrier. Les MM. Haldane avaient alors fondé en France un institut où les jeunes gens étrangers étaient reçus au même titre que les Français. Ils avaient confié la direction de leur école à MM. Olivier, dont la nuance religieuse leur était tout à fait sympathique.

Je trouvai M. Olivier malade, et ne pouvant s'occuper de sa tâche que de temps en temps. Nous ne travaillions pas avec moins de zèle et d'exactitude, mais nous travaillions seuls, n'étant guère plus avancés les uns que les autres et ne pouvant nous entr'aider. Nous faisions du latin, du grec, de la théologie, au moyen d'ouvrages choisis et mis à notre disposition par les fondateurs de l'institut.

Nous avions la faculté de suivre les cours publics à la Sorbonne, au Jardin-des-Plantes et au Collége de France, et nous en profitions. Un professeur libre nous donnait chez lui des leçons de langues anciennes, dont nous avions le plus grand besoin.

Jamais élèves n'ont mis à leurs études plus d'ardeur et une application plus soutenue. Nous travaillions en parfait accord, et nous célébrions avec beaucoup d'édification le culte domestique entre nous.

Nous menions une vie bien modeste ; on nous allouait par

mois une somme de soixante ou soixante-dix francs ; il fallait, là-dessus, se nourrir, s'habiller, se loger, se chauffer, s'éclairer, se fournir de papier, encre, plumes et livres. Nous dînions dehors pour quatre-vingts centimes, et nous déjeunions chez nous. Nous n'avions pas toujours le nécessaire, mais nous n'avions garde de nous plaindre ; nous étions contents. L'étude eût remplacé pour moi bien des choses utiles ; j'étais trop heureux d'étudier, même à cette condition.

Mes condisciples Suisses, qui avaient quitté leur pays forcément, étaient arrivés à Paris avec une certaine exaltation, une certaine étroitesse de vues religieuses même. La plupart poussaient jusqu'à la superstition les opinions de M. Malan ; ils étaient absolus, cassants, intraitables. Je voulus être moi ; je crus devoir faire quelques remarques tempérées ; elles furent mal reçues. J'entendis prononcer tout bas les mots de jésuite, de jésuitisme. J'arrêtai la discussion.

Le dimanche, nous assistions au culte, célébré dans le salon de M. François Olivier. C'est lui qui présidait, notre directeur étant empêché de nous réunir chez lui à cause de son état de santé. Il y avait à ce service quelques étrangers ; il était simple, nourri, rigidement orthodoxe, à la manière des Écossais. On chantait les cantiques de M. Malan, qui venaient de paraître ; le chant était bien conduit ; nous sortions du culte toujours édifiés.

Quelquefois, rarement pourtant, nous assistions à une petite réunion de M. le pasteur Méjanel, qui entretenait avec les MM. Olivier des rapports de bonne amitié chrétienne. M. Méjanel pratiquait le principe des églises triées.

Il n'aurait pas reçu à la Cène des chrétiens même à lui bien connus, qui n'auraient pas été de son église. Nous n'y eussions pas été admis. Je trouvais cela étrange, violent. Il y avait chez ce chrétien une piété profonde et vivante; mais il n'eût pas perdu, si sa piété avait été plus éclairée et plus large.

Plus souvent, avant midi, nous allions boulevard Montparnasse, à la maison des missions dirigée par M. Galland, de Genève, ancien pasteur à Berne. M. Galland nous recevait avec sa bonté et sa bonne humeur habituelle. Clavel, Baulme et moi, nous lui avions été recommandés par Félix Neff, qui le connaissait et l'appréciait beaucoup. Ce service, à la maison des missions, était franchement évangélique et d'une saine et riche édification; il nous agréait beaucoup. Court et substantiel, vigoureux et onctueux à la fois, il allait à l'âme. De là, nous nous rendions à l'Oratoire; l'école du dimanche de M. Frédéric Monod, tenue dans la rotonde au-dessus, était, elle aussi, une source d'édification. Nous assistions aussi quelquefois à la prédication qui se faisait dans le temple. C'étaient M. Marron, M. Monod père, M. Juillerat, et, par occasion, M. Frédéric Monod, pasteur adjoint et catéchiste, qui présidaient le service.

M. Marron était un moraliste emphatique et déclamateur; il laissait à l'écart les grandes doctrines de la chute, du relèvement, ou du péché et de la rédemption. Il était de son siècle et ne le dépassait pas.

M. Monod père était un prédicateur distingué; il avait la voix sonore, le geste sobre et naturel; il était grave, éloquent, correct, mais un peu froid. Il intéressait plus l'esprit que le cœur, plus l'intelligence que la conscience.

M. Juillerat était peut-être plus dans la tradition de la Réforme ; il était plus près de la prédication huguenote et orthodoxe ; les grands dogmes chrétiens traversaient ses discours ; mais ses discours manquaient de vie, d'onction, d'à-propos. Les auditeurs ne se sentaient pas forcés à se replier sur eux-mêmes ; c'étaient, comme disait Neff, des coups tirés par-dessus la tête.

M. Frédéric Monod touchait à l'esprit évangélique, au réveil ; il parvenait à édifier les âmes plus exigeantes et plus avancées.

L'église luthérienne n'avait que deux pasteurs, MM. Goëpp et Boissard. Il n'y avait donc à Paris, en 1826, que six pasteurs nationaux et quelques pasteurs ou ministres dissidents.

XXII

Entre autres impressions que me faisait éprouver cette grande ville de Paris, j'étais profondément ému à la vue de ces masses d'êtres vivants, d'âmes immortelles, errant par les rues, les boulevards, les places, indifférents à leur salut. J'éprouvais un sentiment d'une indicible tristesse religieuse, qui m'ôtait toute joie. Je n'entendais pas un seul mot, où que je fusse, ayant trait au salut des âmes. J'assistais à des cours de deux mille étudiants, je traversais, le dimanche, des foules compactes sur les quais, des allants et des venants par centaines et par milliers, et pas un ne me semblait préoccupé des grands intérêts du royaume de Dieu ; il n'y paraissait pas, et l'on ne pouvait saisir une parole qui en rappelât le souvenir ni qui y eût le moindre rapport.

J'étais à Paris depuis plusieurs mois, lorsque nous reçumes des lettres de MM. Neff et Blanc, où ils rappelaient que nous étions destinés, Clavel, Baulme et moi, à aller à Montauban après avoir acquis les connaissances préliminaires qu'il faut posséder pour entrer dans une faculté de théologie. Dans l'institut Olivier-Haldane, on n'étudiait pas en vue du baccalauréat ès-lettres, on apprenait un peu de tout ; on devait principalement étudier les matières religieuses dans la Bible, dans des ouvrages spéciaux aussi ; c'était tout. On voulait des jeunes gens intelligents, appliqués, mais pieux avant toute chose. On devait passer trois ans à Paris, et on pensait que cela devait suffire pour polir, fortifier, compléter des jeunes gens qui avaient déjà quelque commencement d'études.

Les lettres de MM. Neff et Blanc nous firent réfléchir, et nous dûmes en parler à M. Olivier, que nous croyions informé de la chose dès le début, et qui ne l'était pas ; on avait oublié de le prévenir ! Il y avait eu malentendu à cet égard.

Quoi qu'il en soit, M. Olivier se montra peiné. Il n'avait pas entendu la chose ainsi. Le dessein de son comité était bien qu'après trois ans nous recevrions, comme plusieurs déjà, l'imposition des mains, si nous en étions dignes et si nous y étions résolus. Il nous dit qu'il allait faire savoir ce qui se passait aux MM. Haldane, qu'il préjugeait la réponse et que très probablement on nous dirait qu'il fallait quitter la maison sans grand retard. Nous écrivîmes à nos protecteurs en Dauphiné, afin de les tenir au courant de cette affaire ; ils demeurèrent fermes. La réponse d'Écosse arriva telle que l'avait pensé M. Olivier ; nous fûmes donc mis en demeure de prendre un parti. Nous n'hésitâmes pas, nous suivîmes l'avis de MM. Neff et Blanc, et vers la fin de septembre nous quittâmes Paris pour nous rendre à Montauban.

Je ne quittai pas Paris sans regret ; tout ce que Paris contenait de moyens d'instruction se retraçait à moi. Les bibliothèques, les livres sans nombre, les cours de tout genre auxquels il fallait renoncer me revenaient comme un souvenir cher, mais aussi comme un regret pénible, parce que je n'avais aucun espoir de retrouver l'équivalent ailleurs. Chose singulière, et qui explique l'espèce d'orgueil des Parisiens pour leur ville et leur mépris pour toute autre, il me semblait que la province était une région déserte, deshéritée, un séjour misérable en comparaison de Paris.

En y réfléchissant mieux, ces impressions s'affaiblissaient. De quoi s'agissait-il après tout? De faire des études pour le saint ministère, des études régulières et plus complètes. Cela manquait à Paris. Alors je reprenais courage, mais non sans voir poindre devant moi un temps de labeurs plus pénibles. J'avais tout à faire. Il fallait se préparer à l'épreuve du baccalauréat ès-lettres, être admis dans l'auditoire de théologie, étudier durant cinq ou six années au moins. Tout cela ne laissait pas que de m'inspirer de la sollicitude. Et puis, je savais que tout n'était pas au mieux à la Faculté, que l'enseignement y était divisé, contradictoire. Je me sentais défaillant à cette pensée; cela m'inquiétait jusqu'au regret, mais j'élevais mon cœur à Dieu, et je reprenais courage. Ces impressions diverses se reproduisaient dans le cours de mon voyage.

Au bout de quatre longs jours, nous aperçûmes enfin Montauban. Du milieu de la plaine, la ville semble bâtie sur une éminence et a un air imposant; de près et quand on la parcourt, c'est comme un grand village. Les rues, désertes, laissent voir à peine de loin en loin quelques allants et venants; on marche sur un pavé de cailloux inégal, qui abîme les pieds. La cathédrale, monument massif, sans grandeur, en forme de croix grecque avec une façade ornementée d'un goût douteux, domine cependant la ville avec avantage.

J'avais à voir le doyen de la Faculté ; c'était le seul professeur qui fût alors à Montauban ; les autres étaient en vacances. Il n'était pas chez lui ; en l'attendant, je me promenai dans les couloirs de la Faculté.

Il y avait dans le fait que j'étais dans une Faculté de théologie quelque chose de solennel pour moi. C'est donc ici, me disais-je, que s'enseigne la science évangélique et que se forment les futurs ministres et pasteurs des églises protestantes de France ! C'est d'ici que doit rayonner l'Évangile de la grâce, la connaissance du Dieu Sauveur Jésus-Christ sur le protestantisme réformé ! C'est ici que professeurs et élèves travaillent à l'envi aux progrès chrétiens, à la prospérité d'un culte autrefois proscrit mais selon Dieu, et digne d'être relevé, honoré, propagé ! Je me faisais de cette école une idée haute ; je croyais qu'entre les maîtres et les disciples il régnait des rapports aimables de bienveillance, d'égards mutuels, une vraie déférence de la part des uns et un véritable intérêt de la part des autres, et, chez tous, un amour profond pour la vérité de Dieu et pour le salut des âmes. Je me sentais là comme dans un sanctuaire. Je me croyais dans les murs d'une école de prophètes et de saints. Tout m'y parlait de Dieu, de Jésus-Christ ; j'étais ému.

A la vue de M. Bonnard, doyen, je déclinai mon nom. Il avait reçu des lettres de Neff à mon sujet. Il me conduisit dans son cabinet, me demanda des détails sur les travaux et les succès remarquables de Neff, me parla avec une cordiale bienveillance qui me toucha ; cela me fut un vrai délassement après les fatigues d'un long voyage. M. Bonnard était plus le père et l'ami que le chef des étudiants. Son obligeance n'avait pas de bornes, et son caractère humble et timide faisait ombre à sa dignité ; il n'usait pas de son autorité et de son droit dans la mesure voulue ; beaucoup ne l'en louaient pas.

Une chose qui me frappait peu agréablement, c'est que la Faculté du protestantisme français eût été placée à Montauban, ville de province de quatrième ordre, qui n'a ni autre Faculté, ni école supérieure, ni cours publics. Ce n'est pas non plus un centre protestant vraiment important. Je sais bien qu'on peut faire d'excellentes études dans une ville autre que Paris, que Genève ; de bons professeurs et de bons ouvrages, aidés d'un travail sérieux, consciencieux, peuvent mener loin. Toutefois, il faut tenir compte des circonstances, des habitudes, des mœurs, de la tradition scolaire et scientifique. Le stimulant fait défaut chez nous. La centralisation en est en partie cause. Les hommes d'élite, de talent, aspirent plus haut, et, à moins d'un dévouement considérable, ils se tiennent éloignés d'une ville de quatrième ordre où rien ne peut attirer que le seul désir de faire le bien.

Des hommes comme MM. Stapfer, Vinet et Vincent refusèrent de répondre aux vœux ardemment exprimés des étudiants de mon temps. Si la Faculté, au lieu d'être à Montauban, avait été à Paris, je suis sûr que ce triple refus ne nous eût pas affligés comme nous le fûmes.

Une Faculté, l'unique en France pour notre Église réformée, devrait marquer de toute manière par ses qualités supérieures ; elle devrait être la ville des Écritures située sur la montagne, par la science et par la foi. La théologie digne de ce nom est la science des sciences. Elle ne procède pas comme les sciences proprement dites, qui ont à chercher principes et résultats, prémisses et conséquences. La théologie est dans l'Écriture, mais elle tient à tout, elle embrasse tout, elle répand sur tout sa lumière, comme elle profite de toute lumière venant du dehors, de l'histoire, de la philosophie, des sciences de la terre et du ciel que peut atteindre l'observation.

Les montagnes qui percent la nue ont pour contreforts des monts moins élevés ; la théologie est comme ces montagnes, les autres sciences en sont les contreforts.

XXIII

Cependant, la reprise des cours approchait ; les étudiants revenaient de vacance, quelques nouveaux se montraient. Nous fûmes 140 cette année-là. Hélas ! je m'attendais à voir des jeunes gens graves, tout au moins à l'air convenable et recueilli ; il devait y avoir chez eux quelques signes d'une vocation sérieuse, un respect manifeste pour le nom d'étudiant en théologie ; mais rien de tout cela, ou presque rien. On se montrait léger, mondain, frondeur, peu croyant, ou même pas du tout croyant. Aucune retenue dans les conversations, rien de sacré dans les paroles ; mais des pensées et des expressions plutôt profanes et inconsidérées. On n'aurait pas trouvé moins parmi des étudiants en droit, en médecine ou autres J'en étais scandalisé. Je savais bien que la qualité d'étudiant en théologie ne donne pas la foi, ni l'amour de ce qui est saint et juste. Néanmoins, rencontrer si peu d'étudiants propres à faire honorer et aimer l'Évangile me navrait l'âme. Le pastorat, pour la plupart, était une position sociale douce, respectée, honorable ; voilà tout. On n'allait pas au-delà ; plusieurs ne comprenaient pas qu'il y eût autre chose, ni qu'au-dessus de ce fait matériel, social, domestique, il pût y avoir quelque chose de meilleur. L'élément spirituel, chrétien, vivant, éternel, était ou ignoré ou passé sous silence.

Si nous parlions d'appel divin, de vocation d'en Haut, du sceau de l'Esprit, on restait ébahi, ou l'on répondait par des paroles impertinentes et tout à fait hors de propos. De cela on ne s'était point mis en souci ; c'était comme une chose qui se passe dans un autre univers.

Mais je devais, dans la suite, voir pis encore, si possible.

En attendant, au lieu de discuter, il fallait travailler à outrance. Outre les leçons des professeurs, il y avait celles des répétiteurs. Ces répétiteurs étaient des étudiants, nommés au concours par la Faculté, et fort versés dans les matières à enseigner. Mes amis et moi, en retard sur nos autres condisciples, nous étions surchargés. A peine avions-nous le temps de prendre nos repas et de dormir quelques heures la nuit. Nous nous couchions tard ; nous nous levions à trois heures du matin. Nous avions obtenu la faveur de travailler dans le salon des étudiants ; au matin, il y faisait encore chaud de la veille. Nous apportions nos lampes, et là, nous étendions sur une grande table livres et cahiers ; rien ne venait nous distraire, et, en conscience, nous faisions tout ce qu'il était possible de faire.

Cette année d'études fut bravement employée. Je ne m'étais donné aucun repos ; il n'y avait ni semaines, ni jours de vacances pour moi. Ma bourse et ma conscience me stimulaient ; le désir d'être ouvrier pour Dieu, plus encore. Et puis, j'étais assuré de la bénédiction divine, et cela doublait mes forces.

Au mois d'août, je partis pour Toulouse avec mes amis ;

nous étions quatre Dauphinois qui allions subir les mêmes épreuves. Tout alla bien ; j'étais étonné de moi. Je fus reçu bachelier ès-lettres. Je n'en pouvais plus de bonheur. Quand je fus remis de mon émotion, ma première pensée fut pour Dieu ; mon cœur s'éleva vers lui plein de reconnaissance ; c'est à lui que je devais mes succès ; il m'avait gardé et préservé de maladie ; il m'avait assisté à l'examen. Je sentis que je devais, que je voulais me vouer à Dieu de nouveau sans réserve.

Des trois amis qui subirent les examens avec moi, deux furent reçus. L'échec de l'un d'eux nous causa un regret amer. Nous reprîmes le chemin de Montauban, moitié joyeux, moitié tristes.

J'étais, pour ce qui me concerne, au comble de la joie ; mais à côté de ma joie, il y avait en moi une lassitude que toute ma joie ne pouvait adoucir. Je n'en pouvais plus, j'étais las de corps et d'esprit ; mon âme était affaissée de fatigue.

Je devais subir un examen d'ascension en théologie au commencement de novembre ; il fallait repasser les matières des cours donnés à l'auditoire de philosophie. Pour rien, je n'aurais voulu ne pas être reçu. Il fallut surmonter la répugnance que l'on a, quand la tête souffre, à étudier du latin, du grec, à parcourir les leçons qu'on a suivies déjà. Le devoir, le besoin, la convenance, tout me pressait à ne pas rester en arrière, à ne pas faire le moins quand j'avais fait le plus.

Le jour de l'examen arriva, et je fus admis en théologie. Nouveau succès, nouvelles actions de grâces à l'auteur de tout don parfait.

En soi, il faut bien le dire, les études comme telles dessèchent le cœur ; elles obligent à une tension d'esprit qui édifie médiocrement. L'analyse est la méthode presque toujours employée, et la vérité divine s'évapore à force de passer à travers l'alambic de la raison, si bien qu'on ne sait plus où la prendre. Il y a plus. Les cours se donnaient sans égard aux connaissances religieuses des étudiants. La plupart avaient à peine la connaissance du *Credo*, en s'asseyant sur les bancs de l'école. Pour un grand nombre, le culte domestique n'avait jamais été pratiqué. Et tout à coup, l'on se trouvait en face des sujets les plus délicats, des problèmes religieux qui demandent la conscience la mieux faite et la plus exercée pour être saisis et résolus. Pour les professeurs, la science n'est jamais faite ; il semble qu'il faut tout reprendre depuis le fondement du fondement, et faire en théologie ce qu'a fait Descartes en philosophie, jeter loin tout l'ancien bagage pour refaire tout à nouveau. Qu'attendre d'un jeune homme sans expérience, qui vient de quitter les bancs du collége, devant lequel on va faire passer les théories les plus disparates, les systèmes les plus contradictoires? Comment s'y reconnaître et se tirer de là? Il a été surpris, peut-être scandalisé ; peu à peu, il se remet de son émotion, il se rassure à l'exemple des autres, il s'enfle et devient raisonneur, sceptique, railleur, souvent incrédule. Voilà le pauvre étudiant en théologie qui n'a pas apporté avec lui la démonstration d'esprit dont parle l'Écriture et qui s'enlace dans les rets d'une science faussement ainsi nommée.

Qu'il importe d'avoir des écoles préparatoires de théologie, où ne devraient entrer que des jeunes gens bien qualifiés pour le saint ministère. L'institut des missions ne serait-il pas un exemple à suivre ? On n'y est pas reçu sans garantie. Ici, une garantie n'est pas plus impossible que là. Je parle au point de vue du droit vrai, non du fait.

XXIV

Neff avait su nos succès; il en fut tout joyeux et nous écrivit une lettre de félicitation des plus encourageantes; ce cher ami, comme un véritable père en la foi, nous donnait des conseils au sujet de nos études. Il redoutait l'influence de la spéculation pure, de la philosophie. Il nous recommandait surtout l'étude des langues, des mathématiques, des autres sciences, mettant celle des Écritures au-dessus.

Les études philologiques et historiques ont avec les Écritures un rapport étroit. Mais les sciences psychologiques, morales, métaphysiques ont avec le christianisme un rapport plus direct encore. Une philosophie matérialiste, sensualiste, nie le christianisme en le sapant par la base. Une philosophie spiritualiste est au christianisme un appui. Si parfois l'étude de l'ontologie a jeté quelques esprits dans les nuages du panthéisme et du nihilisme, elle peut aussi conduire à une appréciation plus vraie des choses. Aujourd'hui, l'étude des sciences dites naturelles est pour les fatalistes un rempart au haut duquel ils braquent leurs batteries et d'où ils donnent la main aux partisans du panthéisme. Tout sert l'incrédulité; elle abuse de tout. Elle fait du jour la nuit ; elle transforme en mal le bien, et se joue sans merci du bon sens, de la raison, de la logique même, par des sauts téméraires et impossibles.

Quoi qu'il en soit, l'étude de la philosophie est utile, ne serait-ce que comme méthode et discipline de la pensée et du raisonnement. Elle apprend à procéder avec ordre, à fournir une voie sûre à l'investigation. Une saine manière de philosopher peut faire ressortir tout ce qu'a d'abusif une philosophie intempérante, hasardée, qui mêle le vrai et le faux et qui tire des conséquences erronées de prémisses incomplètes et hypothétiques.

Admis en théologie, il fallait dorénavant remplir les obligations qui résultaient de ce succès. Je me promis bien de n'y pas manquer. Les leçons se donnaient de neuf heures du matin à une heure ; nous étions moins surchargés de ce côté-là, mais il y avait à travailler tout le jour pour faire ses cours convenablement.

Nous assistions tous les matins à un culte domestique qui se faisait dans l'auditoire de théologie. Quelquefois un professeur le présidait, le plus souvent ce devait être un étudiant des volées supérieures. Ce culte n'avait d'ordinaire que cinq ou six auditeurs ; il était délaissé, froid, solitaire. Un culte à deux, un culte individuel peut réunir toutes les qualités du culte en esprit et en vérité, mais un culte public ou supposé tel, réduit à si peu, vous glace.

Le cours de dogme roulait, cette année-là, sur les bases même de la théologie. Les étudiants avaient la faculté d'interpeller le professeur, qui s'y prêtait de bonne grâce. La leçon se passait souvent en escarmouches peu utiles ; les étudiants prolongeaient la discussion tantôt pour obtenir des éclaircissements, tantôt pour se désennuyer, tantôt pour faire parade de savoir. L'heure passait ainsi plus vite. L'application, le sérieux, le respect n'y marchaient pas toujours en première ligne. On traitait ces hautes matières avec des égards assez vulgaires, j'allais dire profanes, ou pire encore, selon l'occurrence. Le sentiment de Dieu, de sa présence, de l'honneur qui lui est dû, y faisait défaut d'ordinaire. On ne se courbait pas humblement devant l'Écriture divinement inspirée ; on s'en passait ou on la citait comme on aurait fait de Platon, d'Aristote ou de Cicéron. Le point le plus élevé, l'importance majeure des Écritures, aux yeux du professeur, c'est qu'elles mettent à l'abri de tout doute, d'une manière irréfutable, l'existence de Dieu, la vie à venir, un jugement futur.

On comprend combien, avec une pareille base, le cours de dogme devait être superficiel, pauvre et maigre. Les questions n'y étaient prises ni d'assez haut ni d'assez loin.

Et puis, il faut bien le dire, le socinianisme ignore les richesses inscrutables des Écritures. Leurs filons profonds et abondants ne tombent pas dans le domaine de ses théories faciles et pâles. Au moyen de ce triste système, l'Écriture est amoindrie, tronquée ; une de ses parties, et non des moindres, est passée sous silence. Il semble qu'elle n'est là que pour parade, et qu'on peut parfaitement s'en départir sans inconvénient.

C'est le propre de toute doctrine hétérodoxe d'en arriver là. L'Écriture est peu du goût des novateurs. Ils appellent intempérant, abusif, l'usage fréquent qu'en font les fidèles les plus soumis ; et eux-mêmes la citent, chaque fois que besoin en est, avec une assurance qu'ils seraient blessés de voir révoquer en doute ou simplement atténuer. Ils veulent pour eux ce qu'ils refusent aux autres ; l'Écriture est une norme, elle a une autorité divine si elle appuie leur sentiment, sinon non.

On a recours alors à toute sorte d'échappatoires : ou bien tel texte n'est pas authentique, ou il n'est pas bien traduit, pas bien rapporté; ou il doit être remplacé par une variante, ou annulé, ou tenu à l'écart comme n'ayant pas une autorité suffisante.

Le cours de théologie ne pouvait présenter beaucoup d'intérêt; il offrait des surprises par ses négations hardies. De ce côté, le professeur faisait montre d'une franchise qu'on n'eût pas rencontrée ailleurs. On lui en tenait compte.

Il était du reste obligeant, bienveillant même, presque familier avec ses élèves, ne se fâchant jamais, dans les chicanes qu'on pouvait lui faire dans les débats, aux leçons. C'était un bon et brave homme, un homme excellent. Je souffrais de le voir établi sur un mauvais fondement et marcher dans une mauvaise voie, car j'éprouvais pour son caractère de l'estime. Je n'avais eu qu'à me féliciter de mes rapports avec lui.

Le professeur d'histoire ecclésiastique avait moins de valeur et plus de prétention. Son cours, en général, avait un médiocre attrait et il était moins suivi. Ses leçons étaient hérissées de dates, de faits pas toujours étroitement liés, de considérations extérieures sans pénétration philosophique. Il y manquait le coup d'œil profond et large, cet élément sympathique qui vous transporte au milieu des hommes et des choses dont on a à retracer l'histoire vraie. L'esprit du vrai christianisme ne vivifiait guère le cours. On aurait pu ignorer que le christianisme est la plus étonnante création de Dieu ; qu'il a opéré la révolution la plus merveilleuse et la plus bienfaisante ici-bas, qu'il a changé l'esprit des peuples par un affranchissement religieux et moral.

Quant au cours de morale chrétienne, il consistait en des sermons ou portions de sermons prêchés autrefois et raccordés ensemble. Le professeur de morale était très âgé ; il avait eu la réputation d'un orateur distingué à Lyon, à Montauban. La morale chrétienne plonge par toutes ses racines dans le dogme chrétien, comme la morale des philosophes dans la métaphysique. La morale ou la science des mœurs suppose un législateur suprême. Privée de ce point d'appui, elle manque de sanction, de base ; ce n'est plus qu'un effet sans cause.

La morale chrétienne diffère de la morale dite naturelle, comme un monument renouvelé, réédifié, diffère de ce monument tombé en ruine. La morale chrétienne a pris la place de l'autre, comme ce qui est plus parfait a pris la place de ce qui était devenu imparfait. Celle-ci avait été obscurcie et altérée du fait de l'homme ; Dieu l'a reproduite éclatante de splendeur et d'autorité en la croix de Jésus-Christ. On peut dire, avec saint Paul, qu'ici la vérité de Dieu abonde à sa gloire par notre mensonge et à sa justice par notre injustice.

Ce cours était déserté, ou peu s'en faut ; il en était de même du cours de prudence pastorale, du même professeur. Le doyen faisait le cours d'hébreu. Il aimait cette langue, mais n'avait pas toutes les ressources nécessaires pour la bien enseigner. Ce cours n'était fréquenté que par quelques étudiants.

La Faculté comptait six professeurs; l'un d'eux consacrait son temps aux étudiants de l'auditoire de philosophie; c'était le fils de l'illustre Daniel Encontre. Il était docteur en médecine et professeur. C'était un homme pieux et d'une modestie exemplaire.

XXV

Pendant le temps de mes études, je passai deux fois les vacances dans mon pays. La première fois, j'eus pour compagnon de voyage Jean Rostan, de Vars, mon ancien élève à Dormilhouse, qui m'avait remplacé comme sous-directeur à l'école de Freyssinières. La seconde fois, je fis le voyage du Dauphiné avec deux condisciples qui venaient de terminer leurs études.

J'arrivai à Saint-Laurent un des premiers jours d'août, dans la matinée. Je ne pourrais dire l'impression de joie que me fit éprouver la vue de ma vallée; tout y était comme autrefois, et tandis qu'en Languedoc et en Provence le sol était blanc, la végétation terne ou brûlée, tout en Champsaur respirait la fraîcheur; la campagne était verte, la végétation vigoureuse, et les arbres couronnés d'un feuillage immaculé et éclatant.

J'étais fatigué de mes études; mes examens de fin d'année y avaient aidé, puis par-dessus s'y étaient ajoutées les fatigues de la route si longue, qu'elle exigeait plus d'une semaine; j'avais besoin de repos. Mais je me sentais renaître au milieu d'un air pur, embaumé, d'un paysage varié, orné, et en présence de ces lieux de mon enfance, me rappelant mille incidents pleins pour moi d'intérêt.

Je descendis par le chemin le plus court, le long d'un cours d'eau ombragé. Je débouchai sur le verger, et là, je m'assis sur l'herbe, contemplant de l'autre côté du ruisseau la maison paternelle. J'étais ému, heureux, presque agité d'un trouble véritable et inconnu.

La première personne que j'avisai près du ruisseau, courbée à cueillir quelque chose, c'était ma mère. Je restai assis pour mieux la voir. Un sentiment de profond respect et d'amour me disait de ne pas la surprendre brusquement, car je n'avais prévenu personne de mon arrivée prochaine. Je me retins ; j'attendis qu'elle eut fini sa tâche. Elle s'achemina vers la maison sans m'avoir aperçu. Je la suivis ; je franchis en un saut le ruisseau, ce vieux ruisseau sur le bord duquel j'avais si souvent pris mes ébats. J'arrive auprès d'elle ; je l'appelle ; elle ne me reconnaît pas, m'appelle « Monsieur », et me demande qui je suis. Je me nommai. Elle me tendit ses bras ; je me jetai à son cou, et nous pleurâmes de joie ; puis à ses larmes se mêlèrent des larmes d'anciens souvenirs, tristes pour elle et pour moi. Pauvre mère ! elle était suffoquée par l'émotion. Je lui donnai mon bras, et nous nous dirigeâmes vers la maison qui m'avait vu naître, qui avait vu naître mes frères, qui avait vu mourir mon père, ma grand'mère, un frère et une sœur, et qui devait voir mourir un autre de mes frères, après mon retour de Montauban.

Je trouvai mon frère aîné marié, il avait épousé une jeune personne pieuse, digne, intelligente, à qui Dieu m'avait donné de faire du bien au sujet de son âme. Ce mariage avait eu ma plus cordiale approbation. Je vis bientôt tous les autres membres de la famille, et mon cœur s'ouvrit à tous les sentiments que je nourrissais pour elle. Ce fut un instant précieux. Il est des moments où le souvenir de chez soi prend des proportions considérables. Ce souvenir était plein de beauté et de fraîcheur; il était une réalité aussi. J'étais là avec tous mes bien-aimés, non comme un membre établi ailleurs et passant, mais bien un membre effectif, partie intégrante de la famille. J'étais au comble de mes désirs; quelque chose du vrai bonheur circulait dans mon âme et m'animait dans une mesure plus large. Un besoin pressant d'amour filial me poussa vers la tombe de mon père; je me penchai sur elle, et mes yeux se remplirent de larmes, puis je les élevai au Ciel par-delà le temps et la mort, vers la résurrection. J'étais soulagé, et mon amour filial s'en accroissait en s'épurant. Oh ! quelle puissance n'y a t-il pas dans les liens du sang si rapprochés ! Je l'ai éprouvé souvent.

Je vis mes anciennes connaissances; je visitai tous les lieux que j'aimais à fréquenter autrefois; tout reprenait un air de fête, un air nouveau à mes yeux. La vie des champs a ses peines, elle a aussi ses douceurs, ses agréments. Je goûtais ceux-ci avec délice. Je me livrais tout entier aux pures émotions de cette nature si chaste, si belle et si variée.

De bon matin, j'allais humer l'air suave de la vallée; je suivais les cours d'eau, frais, ombragés, retentissant du chant agreste de la fauvette, du pinson et du rossignol. Je gravissais les hauteurs. On trouve chez moi des *serres* (sierras) qui vont d'Orient en Occident, parallèlement. Du haut de ces *serres* vous assistez à ces levers de soleil si splendides qui dans mon pays n'ont rien d'égal ; vous voyez poindre les premiers rayons à travers les échancrures des montagnes, comme des flammes ondoyantes qui s'accroissent à mesure que l'astre du jour s'élève sur l'horizon ; c'étaient quelques jets brillants de lumière, c'est bientôt comme une gerbe d'or ; l'atmosphère en est embrasée, et le soleil, comme un char étincelant, s'avance et monte avec une imposante majesté.

Ces récréations, ces promenades, ce repos me faisaient du bien. Il fallait se détendre, oublier un peu la vie de l'école, très occupée. Quand j'étais las de me reposer, j'aidais mes parents dans certains travaux. Je prenais plaisir à battre le blé, à charrier les gerbes, le foin ; cela me retrempait. Je ne négligeais pas mes études ; je lisais, je méditais, j'écrivais des essais de sermon. J'avais pris avec moi un livre qui m'a aidé et fortifié. C'était un ouvrage du professeur Diodati, de Genève, intitulé : *Des rapports du christianisme avec la perfectibilité de l'être moral*. C'est un ouvrage précieux, qui dénote un savoir étendu, de bon aloi, un jugement sain, pénétrant, une foi chrétienne non hésitante, non appauvrie en ce qui touche les dogmes essentiels du christianisme. Il y a là aussi une véritable connaissance de l'ordre moral et religieux, et des points de contact que le christianisme et l'homme ont ensemble. Il est difficile de joindre à tant de modération, de sagesse, tant de fidélité évangélique. Ce livre m'a été d'une grande utilité alors.

XXVI

Je n'avais pas retrouvé Neff dans les Hautes-Alpes; j'en éprouvai un vif regret. Il était à Plombières, dans les Vosges, pour sa santé, délabrée et sans remède. Il avait quitté les Alpes, puis Mens en avril et juin de l'année 1827. Je lui avais écrit, désirant grandement le revoir; il y mit opposition, comme une autre fois alors qu'il était à Genève, et je ne bougeai pas.

Neff, sur des propos peu bienveillants, des rapports exagérés et inexacts, nous battait froid à Clavel, à Baulme et à moi. Dans le cours de nos études, nous avions éprouvé certains scrupules, certains doutes sur l'étendue des doctrines relatives au décret divin, à la prédestination. Certaines conversations et prédications que nous avions ouïes de la part d'un des pasteurs de Montauban avaient fait naître ces hésitations. Nous étions plus rapprochés de Neff làdessus que de ce pasteur. Nous nous en ouvrîmes à un digne pasteur de Mens, qui certes nous aimait beaucoup, mais qui professait, à ce qu'il semble, un calvinisme un peu rigide. Il en prit de l'ombrage, nous répondit comme à des jeunes gens qui prennent une fausse voie. Nous écrivîmes de nouveau, sans bien comprendre, à notre ami. Nous fûmes peut-être imprudents; mais nous méritions quelque sympathie et indulgence, vu notre inexpérience et le milieu où nous nous mouvions. On prit l'alarme, on écrivit à Neff comme si tout était compromis, perdu. De là la froideur, de là l'abandon presque où nous laissèrent ceux-là mêmes qui nous avaient le plus servis, le plus entourés de soins.

Certes, nous n'étions pas à la veille de tomber dans l'hérésie; nous n'avions garde d'oublier notre foi, nous nous y tenions fermes. Mais je ne nie pas qu'il n'y eût un certain travail dans notre esprit, un certain trouble religieux dans notre âme à tel ou tel moment de nos études. Nous ne refusions pas d'entendre nos adversaires et de nous mesurer avec eux, d'examiner le rationalisme des Paulus, des Betschneider, des Wegschneider et autres, dont on faisait grand bruit à la Faculté.

Neff fut très attristé; nous le fûmes autant que lui; nous souffrions cruellement de cette atteinte portée à une affection mutuelle si chrétienne. Il est mort avec plus ou moins de regret de nous avoir aidés et encouragés à faire des études à Montauban; cela seul nous navrait le cœur.

Cette expérience nous a été utile; nous avons appris à être plus indulgents et moins prompts à décourager autrui dans des circonstances analogues.

Nous avions mis toute cette affaire entre les mains du Seigneur, il ne nous a pas abandonnés; au contraire, il nous a conduits jour après jour, et a fait passer devant nous toute sa bonté miséricordieuse.

Ma seconde visite à ma famille l'année suivante rencontra des difficultés. J'avais perdu mon frère, le plus jeune, qui venait de se marier à Mens avec une personne pleine de piété, de bon sens, d'entrain religieux et de dévouement. Il avait entrepris le commerce et tout allait bien, lorsque, dans un voyage à Saint-Laurent-du-Cros, il tomba malade et mourut. Il avait placé en Jésus toute sa confiance, et par intervalles, lorsque la maladie le serrait de moins près, il confessait sa foi au Sauveur et l'assurance d'aller s'asseoir à côté de lui, là-Haut, pour toujours à son appel.

A la veille de partir pour Montauban, le jour de la Toussaint, comme tout était prêt pour mon départ, et que nous étions réunis le soir autour de l'âtre, nous entendons des pas précipités, des paroles bruyantes dans la cour; on ouvre brusquement la porte en nous disant que notre seconde maison brûle. Ce n'était que trop vrai, le toit était enveloppé de flammes, les maisons voisines brûlaient. On avait fait sortir le bétail, mais il fallut faire la part du feu; on se borna à empêcher d'autres maisons de brûler. On sauva bien peu de chose; rien n'était du reste assuré.

Au lieu de partir, je demandai un prolongement de congé au Conseil de la Faculté. Je remplissais à Saint-Laurent la charge de suffragant, et je fus en même temps d'un grand secours à ma famille pour la reconstruction du bâtiment incendié qu'il fallait mettre en état de tenir à l'hiver.

Cet hiver de 1829 à 1830 fut excessivement froid, depuis Noël surtout jusqu'au 20 février. Dans mon pays, le thermomètre descendit jusqu'à 21 degrés au-dessous de zéro. Tout se gelait; on était tenu chez soi en chartre privée, bon gré mal gré. La glace vous couvrait la barbe, on avait de la peine à respirer.

Mon congé allait finir; je me mis en route malgré une

recrudescence du froid. De Gap à Aix, je faillis mourir ; j'éprouvais par moments un assoupissement dangereux ; je perdais connaissance ; je n'avais plus ou presque plus le sentiment de moi-même. Je ne savais où nous étions, ni trop ce que nous faisions. A Aix, à l'arrivée, je ne pouvais pas descendre de voiture ; je ne savais plus ni marcher, ni me tenir debout ; j'eus toutes les peines du monde à me transporter à l'hôtel ; je n'avais envie ni de manger ni de boire, mais uniquement de repartir pour Nîmes. Je pensais que le temps serait moins adverse d'Aix à Nîmes ; mais dans la nuit, avant d'arriver à Tarascon, nous eûmes à essuyer un vent de tempête horrible ; c'était le mistral dans sa fureur ; il emportait des masses de neige. Le chemin en fut bientôt encombré, la diligence chargée. Les chevaux ne pouvaient tirer, ils étaient jetés, ainsi que la voiture, sur le rebord de la route. Nous dûmes tous mettre pied à terre, pousser de toutes nos forces la voiture, pour ramener les chevaux dans la route. Il faisait un froid à fendre les pierres, le vent vous coupait la respiration, la neige tourbillonnante vous aveuglait. Nous ne vîmes ni n'entendîmes personne pour en avoir du secours. Je ne sais combien de temps nous restâmes là, mais plus d'une fois nous perdîmes l'espoir d'en sortir. A la fin pourtant, hommes et chevaux emportèrent la diligence ; nous reprîmes nos places, et fouette cocher.

Nous arrivâmes à Nîmes tous plus morts que vifs. Un bon feu, un bon dîner nous restaurèrent assez pour que nous pussions reprendre la route de Toulouse, sans retard. Le vent de bise à Nîmes était comme des lames de couteau, ainsi qu'on dit chez moi. Nous avions six forts chevaux, mais le soleil ayant paru et l'air s'étant adouci, la glace et la neige fondantes détrempèrent le grand chemin au point qu'en plusieurs endroits la diligence enfonça sans qu'il fût possible de l'en sortir, si ce n'est à force de temps et à l'aide de chevaux de renfort. Partout, sur la route, nous trouvâmes les oliviers gelés; fleuves, rivières, ruisseaux pouvaient être passés à pieds secs, tant la glace était épaisse.

Je bénis Dieu en arrivant à Montauban; je l'avais instamment prié de Gap à Aix. Mon âme était triste, sèche au milieu de l'ébranlement de la diligence, sur une route mal unie et par un froid excessif qui permettait à peine de penser et de se reconnaître. Oh! quelle nuit, que cette nuit-là!

Le consistoire d'Orpierre avait obtenu la création d'une place de pasteur pour l'église du Champsaur, à la résidence de Saint-Laurent-du-Cros. Le président, M. le pasteur Aldebert, avait fort insisté pour me faire accepter ce poste. J'avais encore trop de temps à la Faculté, je connaissais le proverbe « Nul n'est prophète en son pays », je refusai; mais on revint à la charge. Ma pauvre mère désirait vivement me voir donner mon adhésion, tous mes parents de même. On me rappelait que j'avais fait quelque bien, que mes efforts du temps de Neff avaient été fructueux, que les fidèles m'honoraient, me respectaient, et qu'il n'en serait pas de moi comme disait le proverbe; bref, je cédai bien qu'à regret et non sans quelque répugnance. M. Aldebert en fut très satisfait; il pouvait tout au sein du Consistoire, et dès ce jour, je pouvais me considérer comme le pasteur de Saint-Laurent-du-Cros.

Sans cette unanimité de suffrages, je n'eusse pas accepté l'appel ; mes scrupules d'avoir cédé aux désirs des miens dans une mesure quelconque me revenaient. Je me disais : « S'il n'y a là qu'une œuvre d'hommes, qu'une affaire mondaine, Dieu n'en permettra pas la réalisation. » Cette réserve faite, je prenais part à la joie de ma mère. J'aurais été désolé de la contrarier, mais j'aurais été encore plus désolé de compromettre en rien le ministère de la Parole dans l'église de mon lieu natal.

Cependant, je poursuivais mes études avec courage. Je voyais arriver la dernière année avec l'ardent désir de faire l'œuvre à laquelle Dieu m'appelait. J'employais tous mes moments ; j'étais heureux dans mes examens. Mais j'étais loin d'être satisfait des sermons que je prêchais devant la Faculté. J'y avais mis des soins pourtant, j'en avais dressé le plan, l'ordonnance le mieux possible, et pendant que je les apprenais, j'en découvrais les lacunes, l'imperfection, ils me déplaisaient, me devenaient insipides ; je n'avais pas le cœur de continuer. Alors je souffrais d'un vrai découragement. J'étais tenté de déchirer mon cahier et d'en jeter au vent les débris. Je souriais de voir certains de mes condisciples choisir un papier de luxe pour y écrire un pauvre sermon vide de fond autant qu'ambitieux de forme. A cette époque, l'école romantique, inaugurée par Châteaubriand, faisait rage à la Faculté. On transportait dans le sermon cette désinvolture de goût risqué, ces velléités étranges d'une littérature manquant de mesure et de cette sobriété noble, sévère des orateurs classiques de la chaire.

Le style de la chaire est un style à part ; il doit y avoir

entre la chaire et lui accord, harmonie de forme et de fond. Il ne doit pas y avoir dissonnance.

Le sermon, c'est un acte tout chrétien. Il ne lui sied pas de revêtir des allures fières, prétentieuses, redondantes. Le langage ne doit pas dépasser l'objet du langage ; l'expression, l'idée ; et ici, l'idée c'est ce qu'il y a de plus substantiel, de plus spirituel, de plus intime, de plus saint, ce qui prête le moins aux fausses jouissances d'une oreille prétentieuse et d'un esprit frivole.

XXVII

Les études théologiques, qui duraient d'ordinaire quatre ans, furent réduites à trois. Je pus bénéficier de la moitié d'une année. Il fallait être prêt en avril. Je le fus.

Ma thèse traitait de la nécessité de l'expiation. Je m'étais aidé de la *Raison pratique,* de Kant, d'un travail sur la peine de mort, de M. Guizot, etc. D'après Kant, il y a une loi éternelle du droit, une loi morale qui distingue absolument le bien du mal, le juste de l'injuste, la vertu du péché. La justice est une chose en soi immuable et non changeante, elle oblige, elle crée le devoir. Le devoir violé, c'est le péché ; le péché est un démérite, il est digne de châtiment, comme la vertu de récompense. Le châtiment doit être infligé dans la mesure de l'offense, et par cela seul qu'il y a eu offense. Le châtiment est but et non moyen. Il est nécessaire que le coupable soit puni, sans égard à quoique ce soit que d'être puni.

Ma thèse fut vivement attaquée par le professeur de dogme et par celui d'histoire ecclésiastique. Le professeur de philosophie l'approuva presque complètement. Le premier des trois consacra à la réfuter sa leçon du matin.

Il me tardait d'en finir. Je demandai et on m'accorda, non sans difficulté, de subir mes grands examens dans une séance. Je fus reçu.

Nul mortel au monde ne pouvait être heureux autant que moi. J'avais ôté une montagne de dessus mes épaules. Je me rappelais mes études si souvent interrompues, l'ardent désir que j'avais eu depuis mon enfance de m'instruire, puis d'entrer dans la carrière du saint ministère; je me rappelais les soucis, les labeurs, les tristesses, comme il y en a dans toute vie d'étudiant pas riche et placé dans un milieu propre à froisser sa foi, à diminuer, à éteindre ses sentiments chrétiens. Toutefois, il m'a été donné de reconnaître que ce temps d'études à la Faculté avait eu son bon côté. Elles ont, ces études, servi à élargir mon esprit et à rendre mes convictions plus éclairées, plus fermes, plus compréhensives. On apprend à mieux étudier les questions, à les tourner et à les retourner, à découvrir le fort et le faible d'une doctrine, d'une théorie, d'un système. On apprend aussi à mieux connaître le cœur humain et le monde, et à mieux apprécier le bonheur inestimable d'avoir été religieux, pieux, converti avant les études.

En sortant de la Faculté, j'avais l'âge exigé et au-delà pour la consécration. Je désirais me faire consacrer sans retard, et cela dans le temple de la Faculté. J'avais prié M. le pasteur Chabrand, de Toulouse, de faire le discours d'usage et de présider à la cérémonie. J'avais pour cela, comme on le verra, une raison particulière. Je reçus l'imposition des mains de la compagnie des Anciens, et l'accolade fraternelle suivit immédiatement. J'étais enrôlé sous la bannière du ministère évangélique, selon mes plus ardents désirs.

Jusque-là, je n'avais pas assez pris garde à la signification de cette cérémonie. J'avais lu dans les Écritures qu'on imposait les mains à ceux qui croyaient, et alors ils recevaient le Saint-Esprit. On imposait les mains à quiconque remplissait un message, et plusieurs fois, selon les cas, à la même personne. On imposait les mains aux anciens, aux diacres, aux serviteurs, au moment où ils étaient reçus à ces charges.

Un apôtre imposait les mains à des frères qui devenaient anciens ou pasteurs; ces anciens, à leur tour, consacraient des évangélistes comme Timothée et Tite, et ceux-ci consacraient des frères pareillement. « N'impose les mains à personne avec précipitation, » écrivait Paul à Timothée; l'apôtre chargeait Tite d'établir des anciens de ville en ville. L'imposition des mains portait sur le choix fait, de la part de l'église ou des apôtres, ou des anciens ou des évangélistes, d'un membre ayant à remplir une charge ou une mission. C'était un acte confirmatif appelant sur le candidat la bénédiction de Dieu d'une manière spéciale. L'imposition des mains du temps des apôtres suppose un choix fait, un appel d'en Haut. Sans cet appel, la science, les agréments extérieurs sont parfaitement insuffisants. L'imposition des mains ne crée pas, elle suppose exister ce qui est.

Un poste de pasteur, on s'en souvient, m'attendait. Mon acceptation répondait à un désir des fidèles de Saint-Laurent, du président du Consistoire, de ma famille, de mes amis, à celui de Neff plusieurs fois manifesté. Je m'étais fait à cette idée comme à un devoir. J'avais même refusé de me laisser nommer ailleurs.

Sachant donc que je devais bientôt me mettre à la tête de mon église, j'avais songé à me marier. Je désirais une femme qui pût s'associer à mon ministère, dans la mesure de sa foi, de ses autres aptitudes et surtout de sa conduite réellement chrétienne et édifiante. Autant je plaçais haut le ministère évangélique, autant je plaçais haut les qualités morales et religieuses de l'aide du pasteur. C'était chez moi une conviction mûrie, arrêtée. Je n'aspirais pas à trouver une femme riche, mais une femme marquée du sceau d'un appel divin. Je voulais une compagne qui fît aimer et respecter l'Évangile ; c'était le premier motif ; il précédait tous les autres, il devait les dominer de bien haut.

Un mariage malheureux, troublé, désuni à l'endroit chrétien, me semblait un malheur irrémédiable et un scandale.

Un de mes condisciples m'avait fort recommandé une des demoiselles de M. le pasteur Chabrand, de Toulouse. Il n'y avait pas de richesse, mais toutes les garanties personnelles et évangéliques que je pouvais désirer dans une compagne. Après bien des hésitations, je hasardais une demande, et au bout de quelque temps je fus trop heureux de voir ma demande accueillie. J'étais au comble de la joie. Toutefois, à mesure que le jour du mariage approchait, j'étais préoccupé. Un double courant me traversait l'esprit, un courant de joie, un courant de crainte. Je plaçais dans le mariage un élément d'apaisement, d'espoir, de bonheur réel ; en même temps, j'y voyais un élément de soucis et de redoutable responsabilité. Marcher à un dans la vie n'est ni toujours commode, ni toujours fructueux. Marcher à deux, c'est encore moins simple, moins facile ; il y a deux volontés, deux manières d'être, de sentir, d'agir. Le trait d'union peut être une fois ou l'autre malaisé à trouver. Je me sentais capable d'aimer, capable d'estime, d'égards, de sentiments dévoués, capable de confondre nos deux êtres en un seul ; mais j'étais prompt, vif, brusque peut-être. Je pouvais sortir de mon assiette, brusquer les convenances, l'harmonie, sauf à en ressentir soudain un vrai regret. Il y avait donc lutte en moi. Je n'étais pas, grâce à Dieu, toujours ainsi ; j'avais de la gaieté, et je me sentais joyeux et heureux. Je faisais grand cas de ma fiancée. Elle était simple, candide, sans prétention, sans bruit, toujours d'humeur égale et transparente. Elle semblait douée du plus heureux caractère, du plus aimable tempérament et toujours maîtresse d'elle-même. Intelligente, elle faisait ce qu'elle voulait de ses mains et avait un coup d'œil géométrique qui ne s'est jamais démenti ; sa taille était au-dessus de la moyenne, son maintien aisé et naturel et sa physionomie des plus agréables. Elle était à la fois belle et jolie femme. Son visage était la fidèle image de la femme intérieure ; la grâce de Dieu était sur elle ; sa piété était sincère et vivante ; ce que je n'avais su découvrir alors, c'était la sûreté de jugement et une volonté résolue, une décision ferme et persévérante, et un vrai courage.

Le jour des noces arriva ; c'était le 28 avril. J'avais, jour pour jour, 28 ans moins un mois.

Au temple, M. Chabrand officia, il domina son émotion. Nous étions émus et pénétrés du sentiment de nos devoirs mutuels; nous venions de nous donner définitivement l'un à l'autre; nous nous sentions sous le regard de Dieu et sous l'influence du Saint-Esprit.

Maintenant, je n'étais pas seul; j'avais une aide, une compagne de ma vie; nous étions une seule chair. Dualité, unité! unité, dualité! le mariage est élevé à un haut degré de gloire en devenant le type ou l'image de l'union entre le Christ et l'Église. Le mari figure Jésus-Christ, la femme figure l'Église. Nous avions à vivre dans l'amour, dans le respect, dans la soumission, dans tous les sentiments de réciprocité affectueuse, digne et sainte.

Le mariage m'apparut comme une belle, une admirable institution. C'est l'Écriture qui lui donne sa véritable physionomie, son sens vrai. L'homme a été créé à l'image de Dieu, la femme a été prise de l'homme. Au commencement, Dieu créa un homme et une femme. L'homme vient le premier, puis la femme. La femme est à la fois égale et subordonnée au mari. Le mari est le chef de la femme, mais le mari n'a pas en sa puissance son propre corps, mais c'est la femme; de même la femme n'a pas en sa puissance son propre cœur, mais c'est le mari. Les rapports du mari et de la femme sont subordonnés au Seigneur; une magnifique synthèse couronne ces rapports. L'homme n'est point sans la femme, ni la femme sans l'homme au Seigneur; car comme la femme vient de l'homme, de même l'homme vient de la femme; mais tous deux viennent de Dieu. Que l'homme ne sépare donc point ce que Dieu a joint.

Ces vérités bibliques font du mariage une chose honorable et sainte.

Je ne saurais dire l'impression que produisit en moi le

fait du mariage considéré de si haut. Je sentais que je ne m'appartenais plus, mais que j'appartenais à ma femme et à Dieu d'une manière plus intime. Je sentais que je m'étais enrichi par des liens nouveaux et nombreux, mais je sentais aussi doubler ma responsabilité et mes obligations journalières. J'avais à prendre soin d'un autre moi-même comme de moi-même ; tout nous devenait commun, mais sans absorption, sans confusion. L'œuvre que j'avais à faire devenait notre œuvre. Ma chère femme en comprenait l'importance, le caractère sacré. Nous priâmes ensemble dès ce jour régulièrement.

XXVIII

Je devais immédiatement après mon mariage aller occuper la place de pasteur à Saint-Laurent-du-Cros, mais un contre-temps survint. Je reçus une lettre du président du consistoire d'Orpierre, dont les sentiments à mon égard étaient changés. Il voulait que je me fisse entendre avant de soumettre ma nomination au ministre. M. Aldebert n'avait consulté en cela ni le consistoire, ni l'église, ni personne ; il agissait de son chef. Je répondis qu'il me connaissait, que toute l'église me connaissait, que je ne pouvais me rendre compte des conditions nouvelles qu'il mettait à un appel depuis plus d'un an adressé et accepté.

Sur ces entrefaites, je reçus un appel pour un poste de suffragant dans les environs du Mas-d'Azil (Ariége), avec la garantie d'en être nommé pasteur dès que ce poste serait converti en église proprement dite.

M. Aldebert en fut instruit, mais ne répondit pas ; alors j'acceptai l'appel du consistoire du Mas-d'Azil, et je partis sans retard pour me rendre dans mon église.

C'était aux derniers jours de juin ; le temps était magnifique. Avant d'arriver au Mas-d'Azil, on longe le vallon de

Campagne et des Bordes jusqu'à Sabarat, vallon étroit entre des coteaux assez élevés. Au fond coule l'Arise, petite rivière qui dérobe ses gracieux méandres sous des bosquets d'arbres. Sur les pentes, on voit des vignes, des prairies ornées d'arbres fruitiers ; sur les hauteurs, ce sont des chênaies dont le feuillage au printemps est d'un vert tendre qui vous charme.

A Sabarat, ce vallon devient une gorge, et à l'endroit dit le Cabaret, la route est creusée dans le roc ; ce passage franchi, on voit la gorge s'élargir, on gravit la montée, et, de la cime, on aperçoit le Mas-d'Azil au fond d'un entonnoir. C'est un bourg qui compte un peu moins de trois mille âmes, qui rappelle le triste souvenir des persécutions religieuses. C'est un agréable séjour ; et c'est là que nous devions résider, car c'était le centre de mon champ de travail et le seul lieu où il nous fût possible de trouver à nous loger.

Les églises que je devais desservir étaient l'une au levant, l'autre au couchant du Mas-d'Azil, à la distance de cinq kilomètres ; les membres de mon troupeau étaient dispersés dans une foule de villages ou de hameaux, à plus d'une lieue à la ronde. Les chemins étaient mal tracés, plus mal entretenus et très malaisés à gravir ou à descendre.

La campagne, à Camarade, est montueuse, agreste, solitaire et d'un terrain peu fertile et pierreux. Le genêt, la bruyère, la fougère et des chênaies y occupent une place considérable. Les bas-fonds sont en culture. Il y vient du blé, des légumes, un peu de chanvre et de maïs, des pommes de terre, et ici et là de très petites étendues de vignes. On y élève des troupeaux de brebis, des vaches et des oies. La commune est très pauvre ; les habitations y sont éparses, clairsemées et d'une sordide apparence.

L'état religieux du troupeau laissait beaucoup à désirer. Le pasteur du Mas-d'Azil, qui lui avait donné quelques soins, s'était fait aider par un ancien prêtre dont l'œuvre n'avait pas été bénie ; un de mes amis y avait passé aussi quelques mois, mais sans avoir pu obtenir le moindre résultat.

On avait un temple qui pouvait contenir cent cinquante personnes, et il était loin de se remplir, sauf à Pâques. L'ignorance était telle, qu'en dehors des personnes de quelques maisons bourgeoises, très peu pouvaient lire. Jamais je n'avais vu rien de pareil nulle part. J'en étais offusqué et scandalisé ; mais tout cela n'égalait pas la tristesse que j'en ressentais jusqu'au fond de l'âme. Mon sentiment moral et religieux en souffrait profondément.

Nous voulûmes y fonder une école pour les enfants ; les écoliers ne venaient pas ; l'instituteur avait à peine quatre ou cinq élèves. Quant aux catéchumènes, il m'était presque impossible de les réunir ; c'était la pluie, ou la neige, ou la chaleur qui les empêchait de venir. J'allais dans les maisons chercher les gens et les engager à venir aux services religieux ; la première et la deuxième fois, ils n'osaient s'y refuser ; plus tard, mieux ou plus mal avisés, ils sortaient par une porte quand ils me voyaient entrer par l'autre. Je mettais tous mes soins à être à la portée de chacun et à me faire comprendre ; on me comprenait pour se fâcher. Quelques âmes cependant, âmes d'élite, avaient reçu quelques bonnes impressions. Gabre me donnait plus de satisfaction que Camarade. Un grand nombre de familles, et des meilleures, descendaient d'anciens gentils-hommes verriers, et, comme leurs ancêtres, ils fabriquaient le verre; ils étaient plus aisés, plus instruits et plus polis que les paysans, dont ils se distinguaient par tradition de corporation et d'origine; car noblesse oblige. Ils avaient conservé l'habitude du port d'arme et ceignaient une espèce de dague.

Les verriers avaient moins souffert que les autres du relâchement religieux de ces temps; les bonnes traditions s'étaient conservées; il y avait chez eux de la piété. Le bienheureux Henri Pyt, de Genève, avait visité les églises de l'Ariége et produit chez plusieurs un réveil. Gabre y avait eu part. Cette église avait, au reste, fourni des martyrs : le 19 avril 1762, les trois frères de Grenier avaient scellé de leur sang leur foi évangélique, sur l'échafaud, à Toulouse, en même temps que le pasteur de Montauban, Raoul Rochette. Ils moururent avec un calme chrétien et un courage héroïque qui émut profondément la multitude venue pour contempler ce spectacle.

Je prêchai tout d'abord dans le temple de Camarade; il y eut foule. Je fus frappé du petit nombre de personnes qui prirent part au chant. J'appris que beaucoup ne savaient pas lire. Mon étonnement devint alors de la tristesse et un sujet de préoccupation pour l'avenir de mon ministère, dans l'Ariége.

Camarade est un pays inégal; ce sont partout des monts, des sierras, des vallons étroits, des coupures, des plis de terrain profonds, des sentiers dégradés, à travers un sol rocailleux où l'on s'accroche à des buissons; je n'avais pas trouvé pis dans les Hautes-Alpes. Mais ces inconvénients étaient peu de chose auprès de l'ignorance, de l'indifférence religieuse de l'église. La religion du plus grand nombre se bornait à savoir qu'on était protestant, descendant de protestants, qu'on avait été baptisé par tel ou tel pasteur du Mas d'Azil ou des Bordes, qu'au lieu d'aller à la messe on allait au temple plus ou moins régulièrement. Tout était là ; et l'on eût été surpris, peut-être scandalisé, si l'on avait mis en doute que cela pût suffire. A Camarade, le langage chrétien était tout à fait incompris ; il ne restait que les termes les plus élémentaires de la religion dont on fît usage. Les paysans de Gabre, propriétaires et métayers, à l'exception des verriers, n'avaient ni plus de piété ni plus d'instruction.

Vu les distances et la dissémination des fidèles dans un grand nombre de villages et de hameaux, l'église de Gabre avait deux temples : l'un au chef-lieu de la commune, l'autre à peu près au milieu ; l'un était le temple d'été, l'autre le temple d'hiver. Le fait de ces deux temples pour les mêmes auditeurs, bien que consenti et voulu de tous, était devenu un sujet de divisions, de récriminations, et faisait au pasteur une position difficile. Les partisans du temple d'été se plaignaient ; il leur paraissait incommode de faire en hiver la moitié du chemin lorsqu'en été ils n'avaient pas besoin de se déplacer. Mais il eût été fort onéreux aux fidèles disséminés dans les villages les plus écartés de se rendre au chef-lieu de la commune, point tout à fait excentrique, par le plus mauvais temps et des chemins souvent impraticables.

Au surplus, s'il y avait un tort quelque part, c'était d'avoir deux temples au lieu d'un ; on avait été d'un commun accord pour les construire ; il était oiseux de disputer là-dessus désormais. Ce conflit nuisait à l'édification, et je m'en affligeais.

Le Mas d'Azil était le chef-lieu de la consistoriale des églises de l'Ariége. Les plus rapprochées étaient Sabarat, les Bordes, Gabre, Camarade ; les plus éloignées étaient, à l'est, Saverdun, Mazère, Labastide ; à l'ouest, Pointis, petite colonie de verriers, et, au centre, Carlat-le-Comte, patrie du sceptique Bayle.

De mon temps, ces églises étaient desservies par sept pasteurs ; ce n'était pas trop, vu les distances. Les pasteurs, moins un, étaient orthodoxes ; mais le zèle manquait, la prédication et les autres soins pastoraux laissaient à désirer ; on s'adressait aux auditeurs, non comme à des pécheurs perdus qui ont à se convertir, à chercher anxieusement et sans retard le Sauveur, mais comme à des chrétiens ou à des demi-chrétiens, qui ont à faire quelque chose assurément, mais en qui quelque chose est fait.

Cette manière d'agir sur les âmes les laissait dans leur sommeil naturel ; aucun ne demandait ce qu'il faut faire pour être sauvé, pour fuir arrière la colère à venir. Le sentiment du péché, de sa misère propre, était chose inconnue ; la rémission des péchés, le salut, la grâce, la rédemption qui est en Jésus-Christ, la régénération ou la création nouvelle, la transformation des âmes, tout cela était mis sur l'arrière-plan. On ne prêchait pas le salut comme on crierait à des gens qu'un incendie va envelopper, qu'un débordement va surprendre : Sauvez-vous du milieu de cette génération perverse ; si vous ne vous convertissez pas, vous périrez. On vivait sans éprouver aucune crainte à l'égard de son salut, on faisait son négoce, on cultivait sa terre, on allait au culte comme qui n'a rien à redouter devant la justice de Dieu ; on ne sortait du temple jamais plus remué, plus convaincu, plus édifié un jour que l'autre ; on avait rempli son devoir, on avait fait la part de Dieu, on allait faire celle du monde. On recommençait son train de vie où Dieu n'entrait pour rien, où les intérêts éternels n'avaient pas de place. On n'était guère que formaliste dans ses actes religieux. Les jouissances de la foi, de la piété, l'intime communion de l'âme avec le Sauveur, l'ineffable espérance du chrétien, le fait de se savoir pardonné, sauvé, la force spirituelle du croyant, son désir constant de glorifier le Seigneur et d'honorer son Évangile, je ne découvrais rien de pareil dans les masses protestantes, mais seulement chez quelques fidèles, bien rares en dehors des verriers croyants.

Je sentais mon cœur bouillonner au dedans de moi. J'aurais voulu visiter beaucoup de monde, parler de l'infinie miséricorde de Dieu à tous, aux riches, aux pauvres, aux bourgeois, aux ouvriers, aux campagnards. Je profitais des occasions, j'étais pressant, je tâchais de n'être pas indiscret, et je fus bientôt accusé d'avoir trop d'ardeur, de porter le trouble dans les consciences, de faire autrement que mes collègues.

XXIX

Nous avions au Mas d'Azil de vrais et bons amis; plusieurs familles importantes nous honoraient de leur amitié. La foi y était rare, celle qui unit à Jésus et qui fait surmonter le monde; pourtant, la religion était honorée, la religion traditionnelle, pas celle qui veut que nous devenions comme de petits enfants et que nous renoncions à nous-mêmes et au siècle présent. Des conversations sérieuses, même des discussions, se produisaient entre nous. Cette religion du cœur, du renoncement, du salut par la grâce, cette religion qui sape toute espèce de pélagianisme par sa base; cette religion qui nous prosterne devant Dieu et qui veut que nous devenions de nouvelles créatures, cette religion-là ne leur allait pas.

Je fis au Mas d'Azil une expérience propre à m'encourager. Il y avait un enterrement à faire; M. Vieu étant absent, me pria de le remplacer. La femme d'un colonel en retraite venait de mourir. Ce colonel avait la réputation d'un incrédule et d'un moqueur. J'étais anxieux; je priai beaucoup. Je lus une partie du chapitre XVe de la première épître aux Corinthiens; j'ajoutai quelques réflexions, je fis la prière, et je partis après avoir exprimé ma sympathie de condoléance au colonel en deuil. Il me serra la main sans mot dire. Au bout de quelques jours, on me rapporta qu'il avait été profondément touché. A quelque temps de là, on frappe à ma porte, j'ouvre, et je vois le colonel, les yeux pleins de larmes ; lui me prend la main, m'embrasse et me fait entendre des paroles qui m'émurent et m'édifièrent profondément. Je n'y avais pas compté ; j'étais revenu de cette cérémonie funèbre peu content de moi ; je ne savais trop ce que j'avais dit, seulement je me souvenais que je n'avais pas affaibli la vérité. Ce fait m'a encouragé et m'a rappelé plus d'une fois qu'il est bon de n'attendre de secours, de grâce que de l'auteur de tout secours et de toute grâce.

Il y avait encore quelques autres personnes auprès desquelles j'avais eu quelque accès ; il y avait surtout notre chère C. F..., qui d'abord se cramponnait à ses œuvres, à son honnêteté, sa probité, à la manière exacte et digne dont elle avait servi comme femme de confiance pendant bien des années dans la meilleure maison de l'endroit. Elle n'avait aucun doute sur l'excellence de sa piété ; bien que formaliste, elle se croyait d'autant meilleure chrétienne, qu'elle n'avait jamais trompé la confiance qu'on avait mise en elle ; qu'elle avait échappé à tout écart de jeune fille, qu'elle était d'une moralité irréprochable. Il fallut bien du temps, bien des conversations, bien des remarques, bien des passages scripturaires cités, expliqués, avant que son pauvre cœur ne revînt de son aveuglement, de la conviction où elle était de la bonté et de la presque suffisance de ses mérites. Aussi, dès qu'elle eut compris tout ce que peut valoir l'effort de l'homme devant Dieu, et que l'amour, l'humilité, la reconnaissance avaient été absents de ses vertus, de son culte, qu'elle avait été tout ce qu'elle avait été sans le repentir, sans la foi, sans la conversion, sans un Sauveur qui rachète et le Saint-Esprit qui éclaire et régénère, elle céda et fit trêve à ses prétentions, à sa propre justice, elle rejeta toutes ses vertus comme une perte pour gagner Jésus-Christ. J'ai vu la lutte, le travail, j'ai vu la résistance, puis j'ai vu la défaite, et par la défaite, le triomphe de la grâce en cette personne, comme on voit tout cela chez un homme grand, savant, mondain, chez un sage qui a en profonde aversion la croix de Christ, mais en qui la croix de Christ parvient à la souveraine puissance, au souverain succès.

La masse des protestants ne connaissait de la religion que la partie la plus extérieure, la forme la plus dénuée de ce qui est esprit et vie. Au fond régnait une incrédulité utilitaire et peu morale. Le monde, les jouissances, les soucis du temps présent, c'était là tout.

A l'époque de la première invasion du choléra en Europe et en France, je présidai des réunions qui furent sérieuses, nombreuses et bénies pour quelques-uns. Oh! quelle force cet événement donnait aux paroles et aux choses. Je me sentais entraîné; l'émotion me dominait et les paroles se pressaient sur mes lèvres. Cela dura autant que la menace et l'épreuve; au fur et à mesure que le fléau s'éloignait, les impressions s'affaiblissaient, et le dernier état ramenait au premier à peu près tout le monde.

Mes braves verriers me donnaient plus de joie; au milieu d'eux, je respirais un meilleur air; j'étais écouté et compris ; nous nous édifiions ; ils y contribuaient directement, largement ; nous nous comprenions sans effort ; notre truchement, c'était la parole de Dieu ; notre divin interprète, le Saint-Esprit invoqué, et, d'accord toujours avec la parole inspirée, nous nous demandions : Qu'est-il écrit ? Nous avions l'absolue conviction qu'au point de vue moral et religieux nous avions tout à apprendre de la parole de Dieu. Nulle vérité de cet ordre n'avait ailleurs sa cause, sa forme, son expression comme dans le Saint Livre.

Ces chers verriers, du moins quelques-uns, causaient morale, religion, théologie comme l'eussent fait des docteurs. Leurs sympathies chrétiennes les rapprochaient du calvinisme. Ce mot et la chose qu'il représente sont en médiocre estime de nos jours. Nous croyons, nous, que, à part quelques exagérations, quelques vues à angles un peu trop aigus, quelques conséquences trop logiquement déduites, le calvinisme évangélique est loin d'avoir fait son temps, et que, pour retremper les âmes, il faudra s'inoculer les conceptions les plus directement scripturaires. Je n'ai rencontré nulle part ailleurs que chez Calvin ce bon sens chrétien, ces pensées pleines, droites, ce jugement sain, cette ample connaissance du plan du salut, cette pénétration admirable, cette manière de faire prompte et bonne justice des erreurs de tous les temps, cette harmonie, cette fermeté, cette sérénité de vues qui révèlent le savant, le grand docteur, l'éminent théologien de la Réforme. A mes yeux, il y a du prodige en un pareil homme, surtout quand on songe au temps où il a vécu, au milieu dans lequel il s'est formé, se dégageant seul de ses langes traditionnels séculaires pour revêtir, à l'image de saint Paul, l'homme nouveau, comme aucun autre réformateur ne l'avait fait ni ne devait le faire.

A voir tout cela, je ne m'étonne pas des succès immenses de la Réforme. Laissez faire ceux que Calvin effarouche, que sa doctrine offusque, qui désirent en adoucir les couleurs; qui transposent les rapports du divin et de l'humain dans l'œuvre de la foi, de la grâce, du salut, ils iront loin dans les atténuations, les corrections, jusqu'à devenir des disciples infidèles.

Calvin était homme; il a dû laisser des traces d'homme jusque dans ses meilleures œuvres; je veux m'en souvenir assez pour mettre entre lui et saint Paul, ou tout autre écrivain inspiré de Dieu, la distance qui sépare l'organe immédiat de Dieu d'un organe médiat qui a tout à puiser dans les saints oracles de l'Ancien et du Nouveau-Testament.

C'est aux Saints Livres que nous revenions toujours, mes chers verriers et moi. Faire usage des meilleurs moyens pour arriver à la saine intelligence des textes, c'est un droit autant qu'un devoir : l'Écriture reste la même, qu'elle soit bien ou mal comprise, et c'est elle qui a le droit absolu, constant, de se faire obéir comme de commander. Malheur à celui qui lui fait violence, qui la tourne, la tronque ou la frelate comme une denrée sans valeur.

L'Écriture a droit à tout le respect, à toute la vénération de ses lecteurs; dès qu'on y manque, on n'est plus en mesure de l'entendre, de la comprendre ainsi que Dieu a voulu qu'elle fût comprise et entendue. C'est la méthode que nous suivions, que j'ai toujours suivie avec mes auditeurs et mes amis.

L'homme n'a pas droit de contester contre ce que Dieu a

dit, a révélé dans son infinie bonté. Dieu seul est véritable et tout homme est menteur. Dieu est le maître souverain de l'homme ; l'homme est l'humble serviteur de Dieu. A l'un le droit d'ordonner, à l'autre le devoir d'obéir, et cela au sens absolu.

Nous n'eussions eu garde de nous élever contre de tels principes, qui sont ici comme des axiomes religieux. Mes chers verriers voulaient y rester fidèles comme moi.

Je faisais de fréquentes visites à l'église et à mes amis de Gabre, et toujours avec un nouveau plaisir et un nouveau profit. Il y avait deux chemins : l'un longeait l'Arise, jusqu'à la mine d'Alun ; c'est celui que je prenais d'ordinaire. Près de la mine, l'Arise tourne brusquement à gauche et coule dans un étroit passage ; plus loin, on rencontre deux gorges qui forment un angle droit. La rivière et le chemin se perdent par moments dans la ramée, au temps des feuilles. Je ressentais un vrai plaisir à parcourir ce vallon, au printemps surtout, au moment du réveil de la nature. On chemine à l'ombre, loin de tout bruit, discrètement. Les eaux de l'Arise sont calmes et muettes, mais quand il fait du vent, un bruit grave suit le va et vient des arbres que ce vent agite. Au printemps, on entend le bruissement répété, assourdissant parfois des insectes ; c'est vivant, c'est animé, ce n'est pas la nature morte ni en état de repos et de sommeil ; tout s'affirme. Ces coteaux ornés, couverts d'arbres, étaient une véritable cité d'oiseaux ; les rossignols y étaient très nombreux. Je m'arrêtais, je prêtais l'oreille, je voyais le jeu de cet instrument vivant, j'admirais ses modulations si pleines, si variées, si résonnantes. Ces musiciens des bois n'étaient nullement effrayés par la présence de l'homme. Je les approchais ; j'aurais presque pu, en étendant la main, les saisir sur une branche ; ils me considéraient curieusement, ils continuaient leurs jolis chants avec liberté et sécurité ; ils semblaient m'inviter à leur concert afin de provoquer ma muette admiration et le plaisir ineffable que je goûtais dans cette solitude enchanteresse. Je me livrais à mes impressions, laissant la nature agir et me parler de son adorable auteur et des marques admirables de sa sagesse, de sa puissance et de sa bonté partout multipliées sous nos yeux. Je voyais Dieu comme face à face dans ses œuvres. J'en étais attendri, et je me remettais en marche plein de courage et d'enthousiasme.

Au gros de l'été, on était presque suffoqué dans le fond de ces vallons étroits et privés d'air. Le soleil dardait sur ma tête ses brûlants rayons. J'avais hâte ou de chercher l'ombrage, ou de passer.

Je m'arrêtais d'ordinaire à Gabre plusieurs jours de suite ; l'hospitalité m'était offerte partout et d'une manière très aimable. Je logeais chez M. Lafrégeyre à Cosnavère, ou, à Montauriol, chez M. Sablon, son beau-frère. M. Robert Lafrégeyre était magistrat et ancien du Consistoire. Il jouissait de l'estime publique, malgré quelques envieux. Au Consistoire, il occupait parfaitement sa place, et, comme maire de sa commune, il avait reçu des éloges mérités de ses chefs hiérarchiques. M. Sablon, proche parent par son père du général Verbizier de Saint-Paul, était un chrétien simple, droit, intègre de cœur, un père de famille, un époux excellent, un ami sûr. M. Lafrégeyre avait beaucoup de bon sens et d'intelligence, une foi ferme et éclairée, une piété vivante et pratique. Il était frère aîné de trois autres frères et de deux sœurs, tous disciples sincères du Seigneur Jésus. Sa mère vivait encore ; elle était veuve, mais son espérance était d'aller rejoindre son mari rappelé avant elle de ce monde au sein du Père.

Cette famille était une famille d'élite entre les chrétiens de Gabre.

XXX

Dix mois environ après notre arrivée au Mas d'Azil, Dieu nous donna, à ma femme et à moi, une petite fille ; c'était le 6 avril 1832. Ce don de Dieu fut accueilli avec reconnaissance et bonheur. Je lui donnai le nom de ma sœur, Adélaïde. Chère enfant! sa destinée était préparée et fixée d'en Haut à notre insu. Elle devait vivre assez pour que nous pussions apprécier son caractère, ses aptitudes, ses qualités, et pas assez pour en jouir longtemps.

La vue de cette enfant, lors de sa naissance, produisit sur moi un effet impossible à décrire. C'était mon sang, ma chair, mes os, que cette frêle créature; sa vie, son être étaient comme un écoulement des miens et aussi de sa mère, devenue une même chair avec moi. J'admirais ce chef-d'œuvre de la sagesse, de la puissance et de la bonté de Dieu; elle m'offrait la matière d'une méditation pleine de mystère. Je me rappelais Job, David dans plus d'un de ses psaumes.

L'amour paternel naquit avec l'enfant; j'en eu conscience en ce jour, pas avant. C'était un élément nouveau dans la vie; le cœur s'ouvrait à des sentiments inconnus, ardents, dominateurs, presque tyranniques. On n'était plus maître de soi; tout me ramenait à cette ombre d'existence, mais existence aimée plus que toute autre, à cause même de ses limites. Je ne me lassais pas de la regarder. Le moindre mouvement de ses doigts, de son visage, de sa bouche me révélait un être qui vit, là caché dans ses langes comme dans un suaire, et j'avais besoin de bien me convaincre qu'il respirait encore, qu'il respirait toujours. Quel instinct sûr, à défaut d'intelligence, dans cet être d'un jour! Sans éprouver ce que nous appelons la faim, la soif, elle cherchait à se nourrir, elle se fixait à la mamelle qu'on lui présentait jusqu'à son rassasiement. J'étais ravi d'étonnement. J'étudiais avec sollicitude ces divers actes de la nature dont j'essayais de surprendre le secret. C'est ici que l'action de la divine Providence est visible et merveilleuse! C'est Dieu qui a façonné dans le mystère ce petit corps dont la structure confond, et qui a déposé là une âme, et dans cette âme des facultés précieuses et si élevées, les germes d'une intelligence, d'une conscience qui nous rapprochent de l'infini.

Mais dans ce petit enfant il y a pourtant un germe fatal, car il fait partie d'une race tombée, d'une lignée qui descend du premier Adam, déshérité du paradis et devenu mortel. L'enfant sera soumis à la loi des pères, car nous mourons tous en Adam. L'Évangile est le remède à ce grand mal, car l'Évangile nous unit au second Adam par la foi; et le second Adam est un esprit vivifiant; comme tous meurent en Adam, tous revivront en Christ. C'était là, en présence de ma fille, une pensée consolante; et cette pensée devait admirablement se réaliser un jour en elle.

Nous priâmes beaucoup pour elle ; nous demandâmes pour elle non des richesses, une haute position, non de la gloire, ni même de longs jours, ou les aises de la vie ; nous demandâmes la bénédiction d'en Haut, la grâce du Seigneur, les richesses de la foi, une vie cachée avec Christ en Dieu, des jours consacrés à la gloire du Seigneur ; nous demandâmes à Dieu de la marquer de son sceau, de la mettre au rang de ses élus, et de nous donner de répandre la bonne semence dans son cœur par nos paroles et notre exemple.

En grandissant, cette chère enfant nous témoignait à sa mère et à moi une affection empressée, joyeuse. Si je ne la prenais pas dans mes bras, elle pleurait jusqu'à se désoler, elle me cherchait du regard, se penchait du côté où j'avais disparu, et si je revenais, elle se trémoussait, poussait des cris et se montrait pleine de joie. C'est ainsi sans doute que font tous les enfants de cet âge envers ceux qui les aiment et qui en prennent soin.

XXXI

Outre Gabre, Camarade, et par occasion le Mas d'Azil, j'avais à prêcher à Pointis ; c'est une petite colonie de verriers. Pointis touche à une forêt de bois taillis de chênes, où la verrerie s'approvisionnait pour ses fourneaux. Pointis est à 28 ou 30 kilomètres du Mas d'Azil, près d'une jolie petite rivière, la Salat, rivière aux eaux de cristal et très poissonneuse. Pointis est bâti sur un terrain élevé, maigre, terrain vague, planté d'ajoncs mêlés de touffes de bruyères et de fougères.

A l'époque des *campagnes* (c'est ainsi qu'on nommait la saison consacrée à la fabrication du verre), il y avait à Pointis un troupeau choisi, une petite congrégation accrue des ouvriers du dehors, mais la plupart parents de ceux qui ont leurs domiciles autour de la verrerie. Il y avait culte tous les soirs et tous les matins ; on se réunissait chez l'ancien, qui avait toutes les allures d'un patriarche. On n'avait pas de temple alors ; une des chambres de l'oncle Robert, ainsi l'appelait-on, suffisait habituellement à l'assemblée. J'ai passé là des jours bien agréables. On aimait à s'édifier ;

la concorde et la paix régnaient; le pasteur était honoré, écouté, fêté.

Dans le cours de l'année 1833, le 25 avril, la suffragance que je desservais fut convertie, par ordonnance royale, en place de pasteur. J'avais droit à cette place d'après un contrat couché sur le registre des délibérations consistoriales, qui me la garantissait du moment où elle serait créée. Je fus en effet nommé après que le Consistoire eût ordonné un nouveau groupement d'églises, qui unissait les Bordes et Camarade d'un côté, Sabarat et Gabre de l'autre.

Je devenais le pasteur de la section des Bordes et Camarade, ayant ma résidence aux Bordes. Je n'étais plus ni suffragant ni pasteur de Gabre; j'en éprouvai un vif regret. J'avais là des amis précieux; je n'en ai eu de meilleurs nulle part; j'aimais Gabre comme mon lieu natal, plusieurs familles comme ma famille; j'y avais des catéchumènes attentifs, intelligents selon Dieu. Être séparé de ce cher troupeau me causait une fort grande peine; je ne pouvais m'y faire. Il est vrai que je le retrouvais en partie à Pointis, qui devenait une autre annexe des Bordes; aussi, c'est avec un plaisir extrême que je m'y rendais aux époques voulues, et plus souvent encore.

Nous nous préparâmes, ma femme et moi, à nous transporter dans ma nouvelle résidence; ce n'était pas chose aisée; il n'y avait pas là de logement, donc pas à choisir. Nous dûmes nous contenter de quelques chambres à un premier, où l'on montait par un escalier étroit, raide, usé, sans rampe. La meilleure chambre, placée au-dessus d'une écurie de mulets, nous servait de salon; la seconde était vieille, avec un plancher disjoint; entre les deux, un très petit appartement sans fenêtre, obscur et servant de cuisine. On avait promis de bâtir à côté quelques autres pièces ; mais ne voyant venir ni maçon, ni charpentier, ni menuisier, nous acceptâmes d'un ami un autre petit logement qu'on n'avait pas osé nous offrir au début. Il n'y avait place que pour peu de monde ; nous étions trois, nous fûmes bientôt quatre.

Le village des Bordes, chef-lieu de commune, est bâti sur la gauche de l'Arise, entre Sabarat et Campagne, adossé au pied du coteau qui monte vers Camarade ; de l'autre côté, il y a la plaine, puis au-delà un coteau encore.

Les produits du pays sont variés : on y récolte du blé, du maïs, du vin qui est renommé dans l'Ariége. On y trouve beaucoup d'arbres fruitiers, et les pêches des Bordes jouissent d'une réputation méritée, aussi bien que les poires.

Les paysans y sont mis sans recherche ; ils vont nu-pieds, et les femmes comme les hommes, les jeunes filles comme les garçons. Cela m'offusquait. Dans mon pays, on ne supporterait pas de pareilles habitudes ; un mendiant déchaussé est le *nec plus ultra* de la misère.

Un certain nombre de hameaux sont groupés autour des Bordes. Les protestants y sont nombreux et aisés. Le temple est vaste et peut contenir de six à sept cents auditeurs.

L'état religieux de cette église était réduit aux maigres proportions d'un formalisme séculaire. Il y avait eu là des conducteurs peu soucieux de l'honneur de l'Évangile et du salut des âmes. L'un d'eux même s'était fait catholique romain ; cela lui avait peu servi, car on avait fini par le laisser s'éteindre dans le dénûment et la misère.

On assistait au culte, comme le catholique à la messe; le culte célébré, on avait fait ce que l'on devait. Cette église était comme un champ négligé couvert de mauvaises herbes étouffant les quelques grains de bonne semence qui y étaient répandus; elle avait à peine la force de vivre.

A mon arrivée aux Bordes, je ne découvris de réellement pieux qu'un vieillard et son fils. Celui-ci avait été amené à l'Évangile par Henri Pyt; le père, nature religieuse, avait trouvé dans l'Écriture, dans les psaumes surtout, un aliment pour son âme. Il ne se rendait pas un compte exact des vérités du salut, mais il savait qu'il y avait un salut de Dieu et de Christ. Cela avait suffi à le conduire dans une voie de progrès intéressante. Je l'écoutais avec grande édification.

J'avais été menacé, si je venais aux Bordes, de voir plusieurs familles retirer leurs bancs du Temple et n'y plus venir. Les bancs ne furent pas retirés, mais on resta quelque temps à bouder et à se tenir éloigné. Je fis à ces familles ma visite d'entrée comme aux autres. On ne me reçut pas toujours bien; mais à la première bonne occasion, je recommençai. La glace commença à se rompre ici et là, et les choses prirent une meilleure tournure. Une de ces familles, la plus hostile peut-être, devint la plus accueillante, la plus amie, et après mon départ des Bordes, notre correspondance n'a cessé qu'à la mort de celui qui m'écrivait.

Il y avait aux Bordes un instituteur de l'école de Sorèze, homme déclassé, aigri et malheureux, violent et emporté, ne mettant jamais les pieds au temple et professant une incrédulité manifeste. Il disait toute sorte de mal de moi, sans me connaître et sans que je lui en eusse donné le moindre motif. Il fit tous ses efforts pour entraver mon ministère. On le craignait plus qu'on ne l'estimait, et ses efforts n'étaient pas toujours vains au milieu d'une population ignorante et timide. Quelques jeunes gens de mœurs peu sévères marchaient à sa remorque.

Pendant ce temps, je faisais ma tâche et plus d'un ouvrait son cœur à l'Évangile.

J'alternais; quant à la prédication, entre les Bordes et Camarade. Des Bordes à Camarade il y a de 8 à 10 kilomètres, à travers un pays agreste. A mi-côte, je m'arrêtais souvent, soit pour prendre un moment de repos, soit pour embrasser du regard le vallon des Bordes. J'admirais ce joli paysage aux lignes suaves, aux agréables contours. Je respirais d'aise au sein de cette nature privilégiée. Mon cœur et mon imagination ne faisaient qu'un pour louer le céleste Créateur qui embellit comme il veut et quand il veut les contrées de la terre, qui lui sont comme un objet de prédilection. Je me livrais à l'adoration, et cela diminuait l'amertume que me causaient l'état religieux et moral de cette pauvre église de Camarade et la haine outrée de mes adversaires des Bordes. Pauvre église de Camarade, ignorante et indifférente! On envoyait les petits enfants naissants au baptême avec le parrain et la marraine et la sage-femme, sans le père ni la mère, ni aucun autre proche parent. C'était pitoyable; cela m'humiliait et me fendait le cœur, sans espoir de remède à ce mal. Il y avait là un oubli des plus simples convenances religieuses. Je me plaignais, je signalais le mal, je le combattais par l'Écriture et le bon sens; rien n'y faisait. On se taisait, on ne répondait pas non ; c'était oui, lorsqu'on répondait, mais le oui valait le non et le non le oui.

Cependant, aux Bordes, il y eut un revirement favorable en ma faveur. On osait se rendre au Temple, on venait nous voir malgré tout ce que faisaient les adversaires pour intimider les membres du troupeau mieux disposés. Je ne me plaignais pas. Je laissais chacun libre d'agir à sa convenance et sous sa responsabilité personnelle.

XXXII

Au printemps de l'année 1834, le 28 avril, le jour même anniversaire de notre mariage, ma chère femme mit au monde notre deuxième enfant. Ce fut un garçon ; sa sœur avait deux ans et vingt-deux jours. Nous l'appelâmes Nathanaël, avec le secret espoir de le voir devenir un vrai israélite sans fraude. Il m'avait semblé, lors de la naissance de notre chère Adélaïde, qu'il n'y aurait pas de place pour un autre enfant dans nos cœurs, tant l'amour pour cette chère Adélaïde était grand et complet. Nous l'aimions de toutes les puissances de notre âme, et au jour venu, notre cœur trouva sans effort le moyen de se dilater, de s'étendre, et il n'y eut pas moins de place pour son frère que pour elle. La Providence divine me remplit d'admiration. J'adorai la main de Dieu si sage, si puissante, si libérale. J'étais ému là, à genoux aux pieds de mon créateur et père, et mon cœur débordait de reconnaissance et de bonheur. Le bon plaisir du Seigneur fut imploré sur notre enfant ; nous le lui offrîmes, nous le lui vouâmes sans réserve, comme un Nazaréen de Dieu. A quel autre l'eussions-nous consacré ?

En le donnant à Dieu, nous faisions notre devoir. Mais en le lui donnant, nous le recevions deux fois. Dieu nous le rendait avec usure et comme orné de dons meilleurs de sa main. Ce nouveau-né faisait nos délices. Nous faisions approcher sa sœur de lui, et dans le secret, prosternés près de son berceau, nous les placions l'un et l'autre sous la sauvegarde et devant la face de Celui que nous aimions à nommer le père de famille, notre Père céleste et tout-puissant.

Deux enfants exigeaient deux fois plus de soins, mais ces soins on les prodigue sans fatigue et surtout sans ennui. Le temps ne va pas assez vite pour les renouveler; on est toujours prêt, on devance l'instant. La sollicitude des parents pour les enfants a fourni aux auteurs sacrés les plus belles, les plus touchantes images pour nous représenter l'amour sans bornes du Dieu qui est amour.

Nous devions rester aux Bordes encore deux années. Je n'avais aucun parti pris de quitter; ce pays m'agréait beaucoup. Le climat était sain; nous comptions de bons, de très bons amis dans les environs. Nous en avions aux Bordes sans le savoir; quelques-uns s'étaient manifestés. Il n'était pas dans mes goûts ni dans mes principes de changer de poste. D'autre part, il est vrai, par suite du climat peut-être, je souffrais de migraines qui s'aggravaient; plus d'une fois, au moment de monter en chaire, j'étais pris de vertige; j'étais alors incapable de présider au culte. Cela me revenait souvent.

Les adversaires aux Bordes faisaient force menaces et beaucoup de bruit; ils devaient m'arrêter à mon retour de Camarade ou d'ailleurs, me surprendre et me rouer de coups ou me jeter à l'eau. Moi je riais de ces fanfaronnades dont plusieurs s'effrayaient, ma femme surtout. L'état de l'église de Camarade m'était en outre une véritable épine ; je ne savais que faire ni quel biais prendre pour le faire cesser. Je me demandais si un autre ne réussirait pas mieux, s'il n'y avait pas devoir de m'éloigner. Cette pensée m'obsédait ; par moments elle prenait des proportions exagérées peut-être.

J'en étais là, lorsqu'on m'offrit le poste de l'île d'Oléron. Le pasteur, très âgé, n'officiait plus et avait établi son domicile à Marennes. La place d'Oléron n'était à ce moment qu'une suffragance, mais indépendante du titulaire. J'acceptai, sous la condition expresse de devenir pasteur titulaire à la mort du vieux pasteur en résidence à Marennes. Je donnai donc ma démission au Consistoire local des Bordes et à celui de Camarade, puis au Consistoire de l'Ariége.

Beaucoup refusèrent tout d'abord de croire à mon départ; on voulait me retenir, on insistait, le temple se remplissait d'auditeurs, on y mettait plus d'empressement, on protestait contre les opposants, on s'en voulait de ne m'avoir pas protégé par une sympathie plus ouverte, plus vive, plus soutenue.

Mais j'avais préjugé la question par mes lettres à M. Cambon, qui agissait au nom de l'église d'Oléron. Il m'était difficile de reculer. Je ne sais si c'est une qualité ou un défaut de ne pas revenir en arrière quand on a fait plusieurs pas en avant. Je confesse ici que c'est là mon cas. Revenir en arrière me semble de la faiblesse, de la timidité, de l'hésitation, une hésitation charnelle ; cela m'a paru ainsi dans une foule de cas, soit chez autrui, soit chez tel ou tel de mes proches et chez moi-même quelquefois. Il peut assurément y avoir erreur, faute dans les deux cas extrêmes. Quoi qu'il en soit, dans cette circonstance je ne crus pas devoir reculer et je donnai ma démission définitivement. Il y eut redoublement d'insistance pour m'y faire renoncer ; je résistai. La pensée de plus en plus prochaine de quitter mes amis de Gabre, de Pointis, du Mas d'Azil, de Camarade, des Bordes, me devenait pénible à proportion. J'eus un grand mal au cœur en entendant les prières, les supplications d'une foule de personnes m'enjoignant presque de rester. L'émotion me gagnait. Je doutais parfois si j'avais bien fait.

Le jour du départ arriva ; c'était peu de jours avant Pâques, en avril. On nous accompagna en procession à moitié route des Bordes à Sabarat, où nous devions prendre la diligence pour Toulouse, par le vallon du Fossat. La diligence fut comble ; nous ne pûmes partir ce jour-là. Les excellentes dames Lafont nous offrirent l'hospitalité avec une cordialité chaleureuse. Le lendemain, il n'y eut pas plus de place que la veille. On sut aux Bordes que nous n'avions pu partir ; on ne cessa durant ces deux jours de nous venir voir. Parmi les visiteurs, il se trouva des individus qui avaient fait chorus avec mes adversaires ; ils m'en témoignèrent leurs regrets. Nous emportions les vœux de presque tous les membres de l'église ; c'était une précieuse consolation.

Je déclare que si, avant de donner ma démission, j'eusse vu et su ce que je venais de voir et d'apprendre, l'idée d'aller ailleurs ne me serait pas venue. J'étais surpris, ébahi, ébranlé ; mais, à ce moment, j'aurais craint de me jouer de ma parole et de Dieu en revenant en arrière.

Il est de ces moments, dans la vie, où il est malaisé de dire si c'est bien d'aller en avant ou de rebrousser ; cruels moments ! On a l'âme en suspens, on craint d'agir mal, quelque parti que l'on prenne ; et l'on porte, comme burinée sur son cœur, une énigme dont on redoute plus que l'on n'espère la solution.

A quelques jours de là, nous arrivions à Marennes, où nous attendait M. Cambon. Le temps était superbe, mais le lundi un temps pluvieux et froid survint, et nous eûmes vent debout et une mer agitée pour passer du Chapus à l'île d'Oléron. Il fallut louvoyer pendant plusieurs heures ; nous étions mouillés et transis en débarquant au Château-d'Oléron.

Ces bords de la mer sont d'un aspect triste ; on dirait un pays maudit et désolé. Il est plat, bas, monotone, privé d'arbres et de verdure. C'est un pays de sel et de pêche. Marennes, qui est un chef-lieu d'arrondissement, a tout l'air d'un gros village ; il est dépouillé de toute grâce au sein d'une nature en apparence aride. Il n'a de remarquable que son beau clocher, avec sa flèche élancée, que les navires voient de loin au large.

Au Château, une voiture nous attendait ; le mauvais temps continuait et nous avions hâte d'arriver. L'ancien consistorial d'Oléron nous offrit l'hospitalité avec une bienveillance des plus touchantes. Cela nous fit du bien au cœur. Hélas ! nous avions quitté notre résidence, nos amis, presque notre famille ; nous étions des inconnus au milieu d'inconnus ; moment toujours triste et pénible. Nos hôtes se montrèrent des plus aimables, mais nous ne voulions pas abuser de leur bon accueil, et nous prîmes au plus vite possession du logement qu'on nous avait arrêté.

Nous étions donc à Oléron, au sein de l'église ; j'étais installé et en pleine activité pastorale ; cela m'allait.

L'île d'Oléron est un ovale : Saint-Pierre en occupe le centre, le Château et Saint-Denis les deux extrémités, avec Saint-Trojan formant un angle au sud-est vers Maumusson. La route départementale coupe l'île par le milieu, du Château à la tour ou phare de Chassiron. Elle a 25 à 30 kilomètres de parcours. Le sol est uniforme, mais en plusieurs lieux bien cultivé et productif. On y récolte de l'orge, un peu de blé, beaucoup de vin, des pommes de terre et de beaux légumes. Les arbres fruitiers n'y manquent pas. Une industrie alors florissante, presque nulle aujourd'hui, c'était la fabrication du sel. Saint-Pierre est un bourg très agréablement situé, au milieu des prairies et de jardins admirablement tenus. Près de la mer, l'aspect est tout autre, les arbres manquent, l'herbe est maigre, le sol sablonneux. La mer, il est vrai, supplée à ce que ses bords ont de triste et d'appauvri. C'est le mouvement, la vie, c'est immense et sans limite ; la vue se perd dans de vastes horizons ; on s'absorbe à contempler des abîmes ; on suit la marche pleine de majesté des flots amoncelés et poussés vers le rivage, lorsque la mer monte ou que le vent vient du large. C'est grand, c'est imposant. On croirait que les vagues, comme des montagnes en marche, vont couvrir la terre et tout entraîner, mais elles s'arrêtent à l'endroit marqué par le Créateur, se brisent à vos pieds avec un bruit sourd de canon et ramènent une masse de galets qui grincent à vous étourdir.

J'avais à faire mes visites d'entrée. Je commençai par les membres de mon troupeau. Je visitai ensuite les familles catholiques, et tout d'abord M. le curé et ses vicaires. J'avais déjà salué les autorités. Les protestants sont peu nombreux à Oléron ; il n'y a qu'un petit temple, qui est loin d'être toujours plein. Avant les persécutions, il en était autrement ; il y avait plusieurs lieux de culte, les protestants étaient en nombre ; ils sont clair-semés aujourd'hui et diminuent toujours. La plupart résident à Saint-Pierre et à Arceau, assez gros village au milieu des marais salants.

XXXIII

Avant mon arrivée à Oléron, on avait répandu de mauvais bruits sur mes principes religieux. Ces bruits étaient gratuits il est vrai, mais on en tirait de fausses conséquences. On voulait prévenir contre moi les âmes et les alarmer. A cette époque, tout était dans un mot; c'était le mot *méthodiste* ou *méthodisme*. Il suffisait à effrayer les simples; c'était un épouvantail jeté entre le pasteur et le troupeau. On m'avait signalé comme un méthodiste outré et intraitable. On vit bientôt que l'on m'avait fait plus noir que je ne l'étais. J'agis du reste avec une parfaite franchise; je ne dissimulai rien; je n'outrepassai pas non plus les bornes de mes convictions. Je me montrai tel que j'étais, préoccupé avant tout du salut des âmes. J'en appelai aux Saintes Écritures, que l'on ne saurait jamais trop écouter, trop suivre de près, et dont jamais on ne s'éloigne peu ou beaucoup sans préjudice pour son âme et pour son salut éternel. Je savais du reste les rumeurs que cause l'Évangile partout où il est prêché purement et fidèlement; je savais que la sagesse de Dieu est une folie aux hommes, et que Dieu sauve les hommes par la folie de la prédication;

je savais que c'est là la discipline chrétienne et non un accident qu'il est aisé de tourner. Entre l'homme naturel et la prédication de la croix il y a un abîme, mais un abîme que cette même prédication a pour mission de franchir et de combler; je savais d'une manière irrécusable que la parole de Dieu ne retourne pas à lui sans effet, et ma confiance, qui ne m'avait jamais abandonné, demeurait ferme.

J'expliquais l'Écriture par l'Écriture; je m'efforçais de mettre la parole de Dieu au-dessus de tout, de lui accorder la première place, d'en rendre fidèlement le sens pour m'y soumettre tout d'abord et pour y soumettre mes auditeurs sans réserve. Où Dieu dit oui, il n'est permis à personne de dire non. Un jugement de la parole est un jugement suprême; une déclaration biblique est sans appel.

Le pasteur qui s'appuie sur l'Écriture, et qui s'abrite derrière elle, occupe un poste imprenable et est revêtu de la force d'en Haut. J'en faisais l'épreuve tous les jours. Je m'arrangeais de manière à laisser à l'Écriture le soin de nous instruire et de nous dire tout le conseil de Dieu. J'eusse eu horreur d'en retrancher ou d'y ajouter, et quand je ne comprenais pas, je le disais franchement et je m'arrêtais devant le mystère, en attendant de pouvoir en acquérir l'intelligence, moyennant le secours de l'Esprit de Dieu, si Dieu le trouvait bon.

La pensée de vouloir être plus intelligent, plus sage et plus sobre que Dieu, me faisait reculer. Je lui demandais de m'apprendre ligne après ligne toutes ces choses que l'œil n'a point vues, que l'oreille n'a point entendues, qui ne montèrent point dans l'esprit de l'homme, et que Dieu a préparées pour ceux qui l'aiment.

On comprit bientôt que j'étais un ministre de la Parole, un ami de la Bible ; que j'y puisais toute ma science religieuse et que d'après moi tout se devait décider au moyen du Saint-Livre. Je ne pouvais plus être qu'un sectateur de la Bible et non un sectaire, comme on l'avait ouï-dire, affublé du surnom de méthodiste ou de tout autre surnom méprisant et injustement appliqué.

On m'adressait des questions, on avait besoin de se renseigner ; une certaine confiance, mêlée d'hésitation encore, s'établissait et allait croissant. La doctrine du salut par grâce ou de la justification par la foi sans les œuvres, faisait naître dans les esprits le plus de difficultés et de répugnances. Il me fallait un certain temps pour en triompher. Je distinguai dans le troupeau plusieurs membres très attentifs et de plus en plus sérieux. J'avais avec eux des entretiens particuliers, et je voyais peu à peu les préventions tomber. On comprenait que la religion est autre chose qu'affaire du dehors, que pratiques extérieures, simple fréquentation du culte, tout entière dans le baptême, la cène, les prières répétées des lèvres et de la bouche. Pour en venir là, il fallut quelque temps et on n'en était pas encore au culte en esprit et en vérité. On ne parvient pas de plein saut d'ordinaire au côté positif, vrai, substantiel ; cela exige un long travail de l'âme, des luttes entre la chair et l'esprit ; il y faut le repentir sincère qui brise notre orgueil, le sentiment douloureux de notre misère qui rejette loin de nous la propre justice.

J'avais bon espoir. Une influence chrétienne générale se faisait sentir ; il y eut un moment où tout le monde en fut témoin, même les catholiques romains. On n'avait rien vu de pareil, disait-on ; et qu'allait-il advenir si un pareil courant religieux se maintenait et s'accroissait ; c'en était fait des fêtes mondaines et des amusements publics.

La femme de l'ancien consistorial et une de ses filles me faisaient toujours un excellent accueil. La mère était très intelligente, elle lisait beaucoup et possédait une certaine instruction, et de rudes épreuves la portaient à réfléchir sur la figure de ce monde qui passe. Le salut entièrement gratuit était sa principale pierre d'achoppement. Plusieurs autres personnes subissaient cette influence de l'Évangile ; le bien se faisait.

A mesure que cela avait lieu, l'opposition de plusieurs s'accentuait davantage. Une jeune personne intelligente, d'un caractère élevé, active et pleine de sens, combattait auprès de ses amis l'Évangile que j'annonçais. On avait en elle une grande confiance. Je tâchais de la voir, mais elle me recevait froidement. J'appris cependant un jour qu'elle était travaillée dans sa conscience. Elle s'était efforcée de démolir là où j'édifiais, et pour y mieux réussir, elle avait recours aux Écritures. Ce avec quoi elle pensait vaincre, fut ce avec quoi elle fut elle-même vaincue. A mesure qu'elle cherchait dans les Écritures des armes contre moi, ces armes se retournaient contre elle. Elle s'en étonnait, s'en affligeait, mais à l'évidence elle se rendit, et dès ce moment elle me montra un visage bienveillant et ami.

XXXIV

Il y avait dix-huit mois que j'étais à Oléron, lorsque l'Église de l'Ile-de-Ré devint vacante. On me proposa ce poste ; mes amis me pressèrent. Mon refus entraînait la nomination d'un pasteur hétérodoxe, et ce choix donnait à ce parti la majorité dans le consistoire. On insista. Je répondis négativement encore. Cependant le consistoire réuni à Rochefort, ne tenant aucun compte de mes refus répétés, me nomma. Il me fit un devoir d'accepter ; les membres orthodoxes du consistoire d'Oléron m'y engageaient aussi dans un but d'intérêt général, tout en regrettant amèrement mon départ.

Je cédais, mais à contre cœur. Sous beaucoup de rapports, nous étions si bien à Oléron, nous y avions de si bons amis et si sûrs ; le bien s'y faisait ; devait-il s'en faire autant à Ré ? Saint-Pierre, comme Gabre et le Mas d'Azil, était devenu pour nous une patrie d'adoption. Nous étions cinq maintenant ; Dieu nous avait donné un autre enfant le 4 juillet 1836 ; c'est Joseph. On ne voyage pas aisément avec des enfants si jeunes. Il me semblait qu'on m'arrachait de force à mon cher troupeau.

Plus le jour du départ approchait, plus mon regret de

partir augmentait. Je voulus revoir les lieux intéressants du pays. J'avais visité plus d'une fois, avec un de mes compatriotes établi à Saint-Pierre, une campagne cachée dans les arbres et comme blottie dans le mystère. Il y avait des bosquets, des prairies, au milieu une sorte de bassin naturel où jaillissait une belle source d'eau vive, la seule de l'île. Chaque fois que je revoyais cette source, c'était avec un nouveau plaisir. On la voyait sourdre en bouillonnant ; elle roulait ses eaux rapides dans un canal recouvert de verdure avec un bruit saccadé et varié de tons. Je m'assis sur ses bords ; je contemplais ce mouvement ascendant de la source, cette eau limpide, si fraîche et si agréable à boire. Elle animait ce petit coin du monde où elle faisait ouïr son clapotis ; on ne s'y sentait pas seul ; divers oiseaux chantant ou gazouillant faisaient leurs nids tout près, et tout cela faisait de ce lieu charmant un lieu de prédilection pour un solitaire qui médite et qui se complaît à écouter la voix de la nature. Je voulus aussi revoir la mer, celle qu'on nomme dans l'île la mer sauvage. Quel attrait a la mer ! On se perd en rêveries en laissant jouer en soi une imagination montée que tout alimente et provoque. On voit se former au loin, là où le ciel et l'eau se touchent, comme des montagnes qui croissent et s'élèvent, puis déferlent en lançant au loin sur le rivage une blanche écume et une masse d'eau qui a hâte de rentrer dans son lit après un bruit de tonnerre qui ébranle le sol.

Le jour de nos adieux était venu. J'avais prêché, le dernier dimanche, un sermon approprié à la circonstance ; beaucoup de larmes avaient coulé. Je m'étais accusé de bien des négligences, de trop d'apathie, de manque de zèle ; et c'était vrai à mes yeux, au jugement de ma conscience chrétienne. Je faisais l'aveu de mes défaillances, de mes misères. Je m'en plaignais plus que de celles de l'église. Je regrettais qu'elle et moi nous eussions si mal répondu aux appels, aux grâces du Seigneur. Je m'en voulais de n'avoir pas toujours été tout droit au but. Je savais que je n'avais été ni assez vigilant et priant, ni assez brûlant du zèle de la maison de Dieu. Je confessai mes manquements en toute franchise et simplicité, et je m'adressai à la conscience de mes auditeurs, au nom du Dieu de l'Évangile, le conservateur de ce troupeau. Il me fut donné de parler avec affection ; l'émotion me gagna ; je croyais devoir descendre de la chaire ; mais je pus continuer. Il y eut de mes auditeurs à moi, et de moi à mes auditeurs une communication en quelque sorte électrique. Nous étions courbés de cœur, d'âme et de corps devant le Saint. Je demandai à Dieu de bénir, d'enrichir de ses meilleurs dons ce cher petit troupeau, de le faire croître, de s'y choisir beaucoup d'âmes, de les marquer toutes du sceau de son élection.

La pensée de partir, de bientôt m'éloigner de cette île, de Marennes, de la Tremblade aussi, où j'avais de si bons amis, retournait ma volonté contre moi-même et m'ôtait le courage d'aller plus loin.

Nous étions en octobre ; mon remplaçant était arrivé. Je n'eus pas besoin de rester six mois depuis le jour de ma démission au sein de l'église que je desservais, selon les usages et coutumes en pareil cas. J'étais libre et on me réclamait à l'Ile-de-Ré.

Dans ces occasions, le temps nous manque et nous déborde à la fois ; on souffre et mille détails vous absorbent, et les visites d'amis tristes augmentent votre tristesse ; on voudrait les voir, et leur vue est comme un trait qui élargit la plaie. La chère famille G..... nous avait offert l'hospitalité de la dernière heure ; nous étions entourés de nos amis et nous échangeâmes de nombreuses poignées de main et des baisers. Des catholiques vinrent nous souhaiter de nombreuses bénédictions et nous exprimer le regret qu'ils avaient de notre départ.

Qu'allait-il advenir de mon pastorat à Ré ? On m'avait dit ses habitants fiers, peu commodes, difficiles à satisfaire ; on y avait des habitudes du grand monde, c'était une ville de garnison importante, et un centre commercial avec le Nord, au temps des guerres, surtout avant la perte de Saint-Domingue.

Pour moi, je n'avais d'autre effroi que celui de n'être pas fidèle à mon devoir.

Nous avions frèté une chaloupe pour Saint-Martin, les messieurs Bonnard père et fils avaient voulu nous accompagner. Nous mîmes à la voile de très grand matin par un temps superbe et un vent suffisant pour nous pousser rapidement vers les passes de l'Ile-de-Ré. Du Château-d'Oléron à Saint-Martin-de-Ré on compte environ 15 lieues marines. Nous étions à quatre heures du soir à une lieue de Saint-Martin, sans pouvoir avancer d'un pas, étant à mer basse ; le vent avait faibli, et nous avions marché d'une manière variable depuis Sablenceaux. Avant d'arriver à une portée de fusil du stationnaire de l'île d'Aix, le vent enflait les voiles et amoncelait les eaux de la mer. Nous fûmes un moment fort secoués ; puis le vent se calma. Des troupes de marsouins entouraient le navire comme pour nous souhaiter la bienvenue, ils se suivaient à la file, gambadant et faisant des bonds énormes hors de l'eau. Nos enfants s'amusaient beaucoup à les voir faire, et nous-mêmes nous prenions intérêt à ce jeu nouveau. Des goëlands ou grandes mouettes volaient solitaires ou par troupes au-dessus de nous ; ils étaient rapides ou lents, tournaient sur eux-mêmes en nous montrant des ailes d'argent au revers.

Nous avions mis neuf heures pour arriver à Saint-Martin ; nous dûmes rester plusieurs heures à bord pour attendre le flux et pouvoir entrer au port.

Pendant que nous attendions, nous aperçûmes, aussi loin que la mer s'était retirée, quelque chose qui semblait se mouvoir ; c'était une file longue que le patron de la barque nous dit être des gens qui allaient pêcher à mer basse des coquillages, surtout des huîtres. C'est une fête pour les gens du peuple ; ils vont à la mer et n'ont qu'à prendre, ils ne reviennent jamais les mains vides, surtout aux syzygies. Le flux alors et le reflux sont des plus marqués. La mer monte très haut et descend très bas. Dans le premier cas, elle est magnifique et peut causer des dommages ; elle remplit tous les chenaux, couvre les berges, refoule fleuves et rivières bien haut ; elle offre un aspect grandiose et imposant. Dans le second cas, au contraire, l'Océan semble disparu ; vous voyez au loin le lit de la mer, on aperçoit à peine l'eau, l'horizon est déprimé, amoindri.

Aussitôt que notre chaloupe put flotter, nous essayâmes de nous approcher du port ; il se faisait tard. Pour arriver à terre, nous eûmes recours à des marins qui nous prirent sur leurs épaules et nous posèrent en lieu sûr. Nous nous sentîmes heureux d'être arrivés au but.

XXXV

Arrivés sur le quai, la première personne que nous vîmes venant à nous fut M. Foucault, l'un des diacres de l'église, chef de bataillon du génie en service à Saint-Martin. Il se douta qui nous étions, nous souhaita la bienvenue, et après nous avoir donné quelques directions nécessaires, nous quitta après nous avoir invités à dîner.

Nos effets furent transportés sur-le-champ et répandus pêle-mêle dans les appartements que nous allions occuper. Le serrurier, le menuisier furent là à point, ils ouvrirent nos caisses, dressèrent nos lits, et nous eûmes la satisfaction de coucher dans la maison qui nous était réservée, cette nuit même.

La famille Foucault nous fit le plus gracieux accueil; le dîner fut fraternel, sans gêne. Nous y fîmes la connaissance de M. et Mme Rousselle, deux membres de la famille; Mme Rousselle était demi-sœur de M. Foucault, son mari avait occupé à Saint-Martin la place de lieutenant-colonel du génie. Les Foucault étaient protestants, non les Rousselle, mais les enfants étaient partagés. Dans ces familles mixtes, les fils suivaient le père, les filles la mère.

A Ré comme à Oléron, Marennes, la Rochelle, les mariages mixtes foisonnent; personne ne s'en émeut, c'est la règle plus que l'exception. C'est un fait grave qui a pour cause le relâchement religieux, un manque de fidélité à son culte. On comprend un mariage de protestant à protestant de diverses dénominations au sein des églises de la Réformation. Les différences sont le côté moindre, les ressemblances, les affinités abondent. Il y a trop loin du catholique à nous, pour que tout se passe sans dommage, sans danger pour la foi. Le catholicisme c'est le prêtre, et le prêtre est plus un intrus qu'un ami ou un conseiller chrétien. Le prêtre qui n'a pas, qui ne peut pas avoir de famille, ne saurait être un ami sincère de la famille. Puis, la religion du prêtre diffère grandement de la religion de l'Évangile; elle en est le contre-pied souvent. Le prêtre est dominateur par principe, exclusif, intolérant, et damne lorsqu'il ne convertit pas; il fomente la guerre dans la famille du catholique contre le dissident. Le mariage mixte met les contractants dans une fausse position; ils ne sont guère ni protestants ni catholiques, et si la lutte ou la division n'éclate, ce sera une déplorable indifférence qui s'établira, c'est-à-dire l'abaissement, la négation de la religion même.

Le mariage mixte unit deux âmes séparées religieusement; il faut faire abnégation de sa foi si l'on ne veut pas élargir la séparation déjà existante; et, laisser ses convictions de côté, sur l'arrière plan, n'est-ce pas un suicide spirituel? Il faut peu avoir l'expérience des vraies conditions de la famille pour ne pas voir dans les mariages mixtes un élément de faiblesse, un dissolvant de l'union, une menace, une cause de ruine spirituelle surtout. Là où le père, la mère, les enfants ne peuvent prier Dieu ensemble, rendre ensemble à Dieu leurs hommages, leur culte, est-ce bien encore la famille? Comment établir, maintenir, cultiver l'accord si nécessaire des cœurs, l'harmonie intérieure, quand le lien le plus moral, le plus intime, le plus fort, fait défaut, quand ce qui devait rapprocher sépare? Quelle contradiction, quand, parmi les enfants, les uns vont à la messe, à confesse, tandis que les autres vont écouter la parole de Dieu lue et méditée, et regardent la messe comme une grossière erreur, comme une idolâtrie qui se substitue au culte en esprit et en vérité. La religion catholique et la religion réformée sont en une foule de points le contre-pied l'une de l'autre ; l'esprit qui les anime, la manière d'être et de sentir qui en résulte en font plutôt deux religions qu'une seule et créent un antagonisme qui va jusqu'à la répugnance religieuse et morale du croyant.

Le fait répété des mariages mixtes rendait mon ministère doublement malaisé. J'avais besoin d'une grande prudence, jointe à une franche simplicité. Je savais bien que l'Évangile dépasse et domine toutes les différences, et qu'il est, au moins en théorie, la règle du catholique comme du protestant ; je pouvais donc en appeler à l'Évangile, non pour faire de la controverse proprement dite, mais pour proclamer la bonne nouvelle du salut et les grandes vérités qui s'y rapportent. Aussi, les objections qui m'étaient faites n'étaient ni protestantes ni catholiques ; c'étaient les objections de l'homme naturel, de tout homme inconverti, à quelque religion qu'il appartienne. La vérité chrétienne ne manque ni de bon sens, ni d'étendue, ni de grandeur, ni d'autorité ; elle a infiniment de quoi désintéresser les sousdissidences, les rancunes de sectes. Elle se prend en nous à ce qui bat au profond de nous-mêmes ; elle va jusqu'aux sources de la vie et dépasse, comme le ciel dépasse la terre, toutes les différences de temps, de lieu, de climat, de condition, de personnes, de religion. La vérité chrétienne est la vérité par excellence, la vérité suprême et finale ; elle redresse, corrige, illumine les religions humaines et s'assimile, en les transformant, en les sanctifiant, les éléments sains des autres religions.

XXXVI

Nous étions à Ré ; nous nous étions arrangés de l'ancien logement de mon prédécesseur ; il était situé à moitié distance du port à la porte de la Couarde, à l'ouest. La vue donnait sur des jardins, puis sur des remparts, enfin sur la mer ; nous avions devant nous un horizon vaste et varié.

Saint-Martin est bâti en amphithéâtre ; c'est une place forte, avec sa citadelle, ses remparts, ses larges fossés, ses portes fermées la nuit. Il y a un port marchand d'une entrée difficile.

L'église de l'île de Ré compte un petit nombre de protestants et possède deux temples, un à Saint-Martin, l'autre à la Flotte. Autrefois, on célébrait encore le culte à Sainte-Marie, sur le bord du pertuis d'Antioche, à Ars, chef-lieu de canton sur la mer au nord-ouest, près de la tour de la Baleine, et à Loye, sur la rade de ce nom. J'ai visité les derniers protestants de ces localités ; il n'y en a plus aujourd'hui, et ceux de la Flotte diminuent rapidement. Il est à craindre qu'avant longtemps il ne reste plus dans cette île ni église, ni pasteur.

On se demande, non sans inquiétude, à quoi tient cette

dépopulation parmi les protestants. D'abord à ceci, que les protestants ne sont pas là propriétaires du sol ; ils n'ont pas de racines dans le pays ; les jeunes gens s'en vont ; les jeunes filles restent et se marient avec des catholiques ou ne se marient pas. Depuis que j'ai quitté l'île, les principales maisons protestantes de la Flotte sont devenues vides ; les habitants en ont disparu, comme en un jour d'orage les plus beaux fruits des arbres d'un verger. Il en a été à peu près de même à Saint-Martin.

Du temps des persécutions, l'île de Ré servait d'étape à ceux des nôtres qui fuyaient la patrie, se dirigeant vers l'Angleterre, la Hollande ou le Danemark. Plus d'un s'y attardaient, et, selon les circonstances, s'y fixaient définitivement. De la sorte, le nombre des protestants s'était accru, comme l'attestent les archives paroissiales qui ont pu échapper à la destruction. Plusieurs protestants ont porté et portent des noms qui sont d'origine étrangère, à Ré. Les ports nombreux, les facilités d'une fuite par mer engageaient une foule de religionnaires à prendre par là. Ils étaient ensuite recueillis par des navires étrangers, qui les transportaient en un pays plus hospitalier, devenu la patrie adoptive d'un grand nombre.

L'île de Ré et l'île d'Oléron se ressemblent ; même forme à peu près, même culture, mêmes produits, même nombre d'habitants. Les gens de Ré, en général, sont plus résolus que ceux d'Oléron ; ceux-ci sont plus faits à la dépendance. Cela s'explique, dit-on, par les rapports qu'ont les propriétaires de marais salants avec leurs sauniers. Cela vient plutôt de ce que Ré a été un pays militaire et plus commerçant. L'ignorance est grande dans les villages ; le catholicisme y tient sous sa sujétion une foule d'âmes. Il en est cependant qui ne seraient pas fâchés de lui échapper, mais faute de connaître quelque chose de mieux, ils y restent. Si, comme cela devrait être, les protestants étaient plus chrétiens, les catholiques désaffectionnés de Rome se tourneraient vers nous.

XXXVII

Il y avait parmi les protestants de Ré des esprits divers comme partout. Il y en avait de prévenus, il y en avait de favorables. L'hérésie socinienne y avait déteint sur plusieurs ; il y avait des orthodoxes formalistes, des orthodoxes non croyants, des incrédules, des indifférents paraissant au temple à Noël et à Pâques seulement, des mondains, des vicieux, beaucoup de gens très ignorants, des marins qui n'avaient cru en Dieu qu'au plus fort de la tempête, pour l'oublier aussitôt après. Il y avait des familles mixtes dont les enfants savaient à peine à quel culte ils appartenaient ; ceux d'un culte pratiquaient les prières de l'autre et *vice versa*. Les protestants récitaient le *Pater*, l'*Ave Maria*, les prières pour les morts, faisaient le signe de la croix, croyant faire acte de bons protestants. On se plaignait de mon enseignement trop évangélique. Je voyais les opposants, et, avec le secours du Saint-Esprit, la difficulté qu'ils éprouvaient à concilier le salut par grâce et la sanctification et à laver cette doctrine du reproche d'être contraire à la morale cessait bientôt de les obséder.

J'avais remarqué une jeune personne d'une famille plus

qu'aisée autrefois, mais fort réduite. Elle était modeste, sérieuse et triste; elle aimait à s'occuper des choses relatives à son salut. Elle était inquiète au sujet de son avenir temporel; elle était menacée de perdre la vue à force de broder et de coudre. Un jeune officier l'avait remarquée, mais il était catholique. La jeune personne était issue d'un mariage mixte; la répugnance à contracter un tel mariage dans un pays où il y en avait tant était atténuée à ses yeux. Malgré nos conseils, le mariage eut lieu. Je fus appelé à le bénir. Après l'acte liturgique, j'adressai aux époux une allocution de circonstance; je donnai la bénédiction, je descendis de chaire et tendis la main aux nouveaux mariés. L'époux vint à moi tout ému et me sauta au cou en m'exprimant sa joie et sa reconnaissance et en m'assurant que dès ce jour sa vie était changée, qu'il avait vu la vérité, qu'il avait maintenant un Sauveur, qu'il était chrétien. Ce fut une véritable révolution spirituelle. Et ce que me dit ce jeune officier s'est réalisé !

Une dame pratiquant la bienfaisance, bonne, digne, faisant preuve d'intelligence, de tact, de savoir, ayant les habitudes de la bonne société, profondément religieuse, sincère, n'avait que des vues insuffisantes sur le salut. Elle bâtissait sur ses bonnes intentions, sur la pureté de ses motifs, sur ses mérites, qu'elle aurait désavoués dans la conversation, l'édifice de son avenir éternel. Son mari et ses fils étaient catholiques; sa fille, qu'elle devait avoir pour elle, à qui elle était libre d'enseigner sa religion, était morte à l'âge de sept à huit ans. La pauvre mère ne s'en consolait pas. Cette épreuve l'avait rendue sérieuse. Elle trouva enfin la paix dans un salut accompli, fait sans elle, mais tout pour le croyant qui se jette au pied de la croix et qui, comme le brigand, demande grâce. Cette vue d'un salut consommé sur la croix, elle le retrouvait avec une clarté croissante dans l'abaissement et dans les souffrances, dans l'effusion du sang de Jésus-Christ. Elle avait la foi, elle se savait sauvée, et son cœur nageait dans la joie du Saint-Esprit.

J'étais ravi de la candeur, de la franchise de ses aveux, de ses doutes surmontés, de toutes les pierres d'achoppement qu'elle avait trouvées dans son chemin, mais dont elle était délivrée. Elle en donnait gloire à Dieu et à Jésus-Christ avec une vive reconnaissance.

Il y aurait à citer bien d'autres cas de personnes se rapprochant de la vérité, et qui étaient la joie de mon ministère.

J'avais aussi accès auprès des catholiques romains. J'en appelais à la conscience, aux besoins du cœur; je ramenais mes interlocuteurs à la Bible. La Bible, leur disais-je, est le livre des livres, la parole de Dieu, sa révélation ; il ne laisse rien ignorer, touchant la science religieuse et morale, de tout ce qui est nécessaire au salut. Elle nous enseigne la vérité, la vérité de Dieu en langage parlé, détaillé, humain, et non en langage vague, général, indéterminé comme celui de la nature, ni abstrait comme celui de la philosophie; le langage de la Bible est le langage du droit suprême, du devoir absolu, le langage du bon sens, du sentiment, du cœur, de la conscience. Dieu nous y révèle sa justice, sa clémence, son amour, son support; la Bible est le livre de ses appels miséricordieux, de ses jugements. Dieu nous y parle comme créateur, conservateur, bienfaiteur, dominateur, sauveur et père plein de mansuétude et de compassion. Ce caractère unique élève le langage, l'enseignement de la Bible bien au-dessus de toutes les autres religions et de toutes les philosophies. En présence de la Bible, l'homme connaît son origine, son histoire à travers les siècles, sa condition, sa destinée, le grand mystère de piété et la réponse qu'il y a à faire à cette émouvante et inévitable question : Que faut-il que je fasse pour être sauvé?

XXXVIII

La Flotte était l'annexe de Saint-Martin. J'alternais pour les services et je présidais deux services chaque dimanche. La congrégation était moindre qu'à Saint-Martin, et tout le monde ne se rendait pas ; c'était la mode chez plusieurs de faire ainsi ; triste mode ! elle est souvent l'avant-coureur de maux cruels.

Et bien ! là même, mon travail ne fut pas vain. Il y avait chez plusieurs un changement de vie très sensible. L'amour de Dieu, l'affection fraternelle n'étaient plus de simples mots, c'étaient des réalités ; les mots avaient passé avec la chose dans les mœurs, les habitudes ; cela se sentait et se voyait.

Mes courses à la Flotte étaient pour moi une source de bénédictions intérieures, nonobstant ce que j'y trouvais de peu encourageant dans le nombre des fidèles si restreint, dans le manque de zèle chez la plupart, d'hostilité chez quelques-uns. Je ne revenais jamais sans avoir pu m'entretenir avec quelque âme de la seule chose nécessaire, sans m'être réchauffé à la chaleur de paroles échangées qui nous mettaient en présence du Soleil de Justice. Mes visites aux malades, aux affligés m'étaient un baume. Je ne me trouvais nulle part aussi bien que dans les maisons de deuil.

La route que j'avais à faire n'était pas longue ; il fallait, à pied, une heure à peine. Je ne la faisais pas autrement. J'avais la mer à droite, les vignes à gauche et quelques maisons au milieu de bouquets d'arbres d'un bel effet. D'habitude, je lisais en marchant mon Nouveau-Testament grec; cette lecture me pénétrait, me ravissait, me remplissait d'aise et me fournissait une édification qui me transportait en quelque sorte dans les lieux célestes. Je m'arrêtais par moment pour mieux savourer cet aliment de mon âme ; tout ce qui m'entourait, la terre, la mer, le firmament, était comme imprégné de ce que je ressentais, de ce dont j'étais plein et qui débordait de mon être.

Je m'exclamais sur l'heureux sort du chrétien ; sa vie me paraissait le plus riche don de Dieu. Être chrétien est le plus haut degré de gloire auquel un pauvre pécheur puisse parvenir ; cela rendait légères les contradictions et les épreuves. Cela me faisait aimer l'âme des contredisants, des impénitents, et des requêtes brûlantes s'élevaient de mon cœur pour leur conversion et leur salut.

Ces courses répétées me rappelaient celles que je faisais du Mas d'Azil à Gabre. C'était dans le même esprit et plein des mêmes pensées, et sous l'influence des mêmes impressions. Dans l'Ariége, il n'y avait pas la mer à contempler, mais le gazouillement de nombreux oiseaux, le bourdonnement de toutes sortes d'insectes et le murmure d'une eau courante. Mais ici et là, il y avait toujours le même Dieu de la nature et de la grâce.

Mon bonheur valait tous les bonheurs de la richesse, de la puissance, de l'élévation mondaine, des aises de la vie, de la gloire, de la science, des plaisirs charnels. Je n'aurais pas échangé mon sort contre celui du plus fortuné des hommes ; et cependant j'occupais une position humble ; nous avions peine à vivre, ma femme, moi et nos quatre enfants, car Dieu nous avait dotés d'un troisième garçon, né le 28 novembre 1838. Je coupais mon bois, je bêchais mon jardin, j'arrosais, je plantais, je récoltais, et tout cela sans souffrance pour mon pastorat. Dieu est fidèle ; il nourrit les oiseaux de l'air, il orne le lis des champs, il sait dispenser leur pâture à l'insecte, au vermisseau. Il savait me trouver, et me faire trouver par des messagers de ses commandements. Je me souvenais alors des corbeaux d'Élie, et j'admirais, en adorant, les voies de la divine Providence ; ma confiance en elle ne fut jamais trompée.

Un de mes amis avait des enfants ; j'en avais plus que lui. Il était caressé par la fortune ; j'étais pauvre. Il me contait ses soucis, me parlait de ses craintes pour l'avenir temporel de ses enfants ; il me parlait des dépenses du ménage comme si quelque chose devait lui manquer. Je l'écoutais, silencieux. Il avait à élever ses fils, à les faire instruire ; et combien tout cela allait lui coûter. Alors moi : « Et vous me dites cela, vous ! à moi père de famille sans ressource, à moi devant qui se dressent des difficultés cent fois pires. Il est un père dans le ciel en qui je me confie ; il ne m'a jamais manqué, et j'espère qu'il ne me manquera jamais si je suis fidèle à mon tour. » Alors, cet ami, comme s'il sortait d'un rêve, s'écriait : « C'est vrai, vous avez bien raison, et il ne me sied pas de me plaindre. »

J'étais aussi heureux que mon ami plus fortuné, et après l'avoir entendu, je n'eusse pas changé mon sort pour le sien. J'aimais à regarder au-dessous, non au-dessus, et je me retrouvais bien haut par rapport aux déshérités des biens de ce monde. Combien qui étaient moins bien partagés, ou plus à plaindre. Comment oser murmurer quand il en est beaucoup qui ont encore moins que nous.

Quant à nous, toute notre fortune c'était nos enfants; et elle abondait.

XXXIX

Je lisais avec un extrême plaisir les ouvrages de Vinet. Ses discours les premiers parus firent sensation. C'était nouveau, savant, brillant même. Ce n'était pas l'ancienne méthode du sermon ; c'était original et plein d'actualité. Vinet avait frappé juste, et ses premiers discours eurent plusieurs éditions en peu de temps. Il a énormément écrit depuis lors, et dans tous ses ouvrages, quelques divers qu'ils soient quant à la matière, on retrouve le même talent, la même touche, le même sérieux honnête, la même pénétration, le même coup d'œil, la même foi.

Esprit étendu, indépendant, profondément religieux, il a été moraliste, littérateur, philosophe, toujours pénétré, animé du sentiment chrétien le plus aimable et le plus résolu. Nul n'a mieux observé que lui les convenances. Sa polémique est vigoureuse mais loyale ; quand il est agressif, il n'oublie jamais les égards que se doivent les combattants. Il n'a jamais blessé avec intention, s'il a blessé quelqu'un. Il a été aussi bienveillant qu'on puisse l'être à l'égard de ceux dont il avait à réfuter les théories, les doctrines. On ne trouverait pas ailleurs une controverse marquée par tant d'équité; jamais il n'a marchandé à ses adversaires l'estime qu'ils pouvaient lui inspirer. Il ne sacrifiait jamais la louange à la critique, et la sienne n'avait rien d'amer, ni sa louange rien de forcé, ni d'emphatique. On aurait pu se plaindre de son indulgence, rarement de sa sévérité.

Son style est grave, son expression ferme, sa période substantielle; et si la phrase n'est pas unie, facile comme chez nos meilleurs écrivains français, elle est sobre, pleine, frappante, nerveuse, riche de choses et d'idées.

Le talent de Vinet comme écrivain manquait peut-être de souplesse, d'onction, les fines nuances lui faisaient défaut, les tons suaves n'adoucissaient que rarement les tons graves et vigoureux.

Et pourtant, que d'agréables surprises il ménageait au lecteur par l'à-propos, le bien dire, les qualités supérieures de l'écrivain et du penseur!

Vinet ne parlait pas pour ne rien dire, il disait souvent beaucoup de choses en peu de mots, et il aurait fait bon marché des mots au profit des choses; il ne s'efforçait pas moins de rendre mots et choses concordants, adéquats. Et si sa langue n'était pas harmonieuse, pas limpide comme celle des grands maîtres de notre pays, elle était à son tour plus accentuée, plus mâle et non moins noble que la plus noble.

Vinet avait le sens du bon et du beau moral, et rien ne lui échappait quand il rendait compte d'un ouvrage sérieux. Il le faisait avec les termes les mieux appropriés, il pesait le fond et la forme, il en faisait ressortir la moralité avec un art supérieur. La conscience littéraire et morale était pleinement satisfaite. Le côté moral est bien ce qui lui importait le plus, et personne n'a rendu à la conscience un hommage plus fidèle et plus élevé.

C'est de ce point de vue qu'il a combattu les erreurs les plus dangereuses de son temps, l'utilitarisme, le socialisme, le panthéisme, et la subordination de l'individu à la société spirituelle et temporelle.

De l'étude de la conscience et surtout de la conscience religieuse, Vinet a été conduit irrésistiblement à la séparation de l'Église et de l'État.

Son beau livre de la *Manifestation des convictions religieuses*, commencé dans son mémoire sur la *Liberté des cultes*, est sorti de cette étude agrandi.

Vinet a aussi marqué comme théologien. Pouvait-il en être autrement? Mais sa théologie était moins dogmatique qu'éthique. Vinet était préoccupé du danger qu'il y a à séparer le dogme de la morale, la foi du devoir. L'antinomianisme, dont il était l'infatigable adversaire, autant par tempérament que par principe, l'offusquait. Pour le mieux atteindre et en avoir plus sûrement raison, il faisait du dogme la morale et de la morale le dogme. Il y avait mélange, absorption plutôt que prémisses et conséquences, que cause et effet, que principe et application du principe. Il ne marquait pas assez la différence. Avec son esprit positif, son âme loyale et franche, son cœur droit et anti-formaliste, il dépassait le but et ne tenait pas assez compte des rapports, des différences véritables qui lient la doctrine point de départ et la doctrine point d'arrivée, ou de la théorie et de la pratique, si ces mots sont l'un et l'autre de mise ici.

Avant d'agir, la foi reçoit; elle est encore la foi quand

elle a reçu. La foi s'applique d'abord à un fait qui est hors de l'homme; elle est objective, puis subjective. L'objet de la foi saisi devient justification par grâce, et la justification obtenue devient joie et paix, reconnaissance, amour, et tout cela pour glorifier Dieu. Avant de moissonner il faut semer, avant de sanctifier il faut en avoir obtenu les moyens. La mauvaise volonté précède la bonne, le cœur charnel précède le cœur spirituel. Il y faut celui qui sauve, qui rachète, qui nous réconcilie avec Dieu, il y faut le pardon, la rédemption.

Deux choses me frappent : la profonde piété, l'amour chrétien dominateurs en Vinet; mais cette piété, mais cet amour moins scripturaires que chez beaucoup d'autres adorateurs en esprit et en vérité du Dieu trois fois saint; c'est une garantie, qu'une religion selon la Bible.

Il y a quelque part une pensée de Vinet qui est caractéristique. Il s'agit de la prédication, du sermon. Il va jusqu'à dire qu'un texte biblique n'est pas nécessaire, que l'on peut s'en passer. Je cite de mémoire, mais cela est écrit dans son homilétique. Je crois, moi, que si l'on agissait ainsi, la prédication serait vite appauvrie, une espèce de brouillard flottant, un hors-d'œuvre en bien des cas.

Qu'est-ce qu'il y a de plus substantiel, de plus riche, de plus précis qu'un texte scripturaire ? Et qu'est-ce que doivent annoncer les orateurs chrétiens ? Et qu'est-ce que doivent écouter et recevoir les auditeurs, si ce n'est ce que Dieu a bien voulu nous révéler ? Est-ce que la parole écrite n'est pas, comparée à toute conception humaine, comme le soleil comparé à un lumignon.

Vinet a partout essayé d'établir entre les données chrétiennes et les besoins religieux primitifs de l'homme une relation qui en effet existe et dont on ne s'était peut-être pas assez occupé. Folie de l'homme naturel, le christianisme est assurément la sagesse de Dieu et du croyant, mais non de l'incroyant, quel qu'il soit.

On a beaucoup discuté sur la théologie de Vinet; cela seul démontre qu'elle a manqué de précision, qu'elle est restée flottante, qu'elle a pu être comprise en des sens différents. On a fait de lui un chef d'école, malgré les divergences qu'il y a dans ses disciples à son sujet. Je m'incline devant ce génie religieux. J'ai passé de bons moments à le lire; j'ai pour lui un profond respect; je le place parmi les plus illustres et les meilleurs, mais je n'abdique pas; je garde mon indépendance et je m'applaudis quand je me rencontre avec lui comme avec tout autre interprète de la vérité divine.

Je lisais les sermons trop rares mais supérieurs d'Adolphe Monod. On était en plein dans l'élément biblique et l'on ne s'apercevait pas que le prédicateur en éprouvât aucune gêne. Il s'y mouvait à l'aise comme l'aigle dans les airs. Est-ce que la Bible ne touche pas partout du ciel à la terre? Y a-t-il une place dans l'univers religieux et moral qu'elle ne soit appelée à remplir? Toute grande idée se rattache à une déclaration de l'Écriture, et on est émerveillé de la convenance de cette idée contenue dans cette déclaration avec cette déclaration même.

Le style de ces discours était le vrai style de la chaire: sobriété, noblesse, clarté, mouvement, éclat de génie, force vibrante, mesure, sévérité, fidélité. Nul n'a dans ce siècle surpassé comme orateur Adolphe Monod.

Cependant mon petit troupeau de Ré me devenait toujours plus cher; la bénédiction divine était évidente. Les difficultés locales étaient moindres; le véritable inconvénient, c'était le petit nombre de protestants à évangéliser, les mariages mixtes dont l'habitude était si bien établie qu'il était parfaitement inutile de chercher à en détourner personne.

XL

Dans le courant de l'année 1842, je reçus un appel du Comité de la Société des *Intérêts généraux du protestantisme français*, qui m'invitait à prendre la direction d'une colonie agricole de jeunes détenus protestants.

Cette Société avait été créée à la suite d'une série d'articles remarquables de M. Agénor de Gasparin, publiés dans le journal l'*Espérance*. Ces articles avaient produit une sensation profonde dans les églises. On s'apercevait enfin que le protestantisme n'était pas traité par l'administration comme il y avait droit, et qu'il importait de s'affirmer. C'est le but que se proposait la nouvelle Société.

Un Comité fut institué ; il prit pour devise : l'*Évangile et l'Église*.

Aux yeux du Comité, l'une des œuvres les plus pressantes fut la fondation d'un établissement pénitentiaire pour les jeunes détenus de notre culte, disséminés dans les prisons du royaume, mêlés aux adultes condamnés, privés des secours religieux protestants, comme aussi d'air, de lumière et d'un travail au dehors fortifiant et salutaire.

Un établissement de ce genre existait depuis quelques années déjà, près de Tours, dans un lieu appelé Mettray.

Cet appel du Comité me jeta dans un cruel embarras. Je sentis se réveiller en moi la répugnance que j'avais à changer encore une fois de poste. Je me rappelais tous les regrets qui avaient accompagné chacun de nos déplacements ; ce n'était pas uniquement affaire de sentiment, mais de conscience aussi. L'appel du Comité de la Société des *Intérêts généraux du protestantisme* était pressant ; le Comité était plus sûr de moi que moi-même. J'hésitais. Pour accepter un changement de position, il me faut la conviction qu'il est dans l'intention de Dieu que ce changement ait lieu, et j'avais à m'en convaincre. Aurai-je ou non les qualités d'un directeur de jeunes détenus ? Il y avait là un élément spirituel, mais, à côté, un élément matériel, un élément d'affaires dont j'avais peu l'habitude. Le saint ministère était ma vocation, ma vocation bien déterminée, ma vocation de choix. M'en éloigner, c'eût été me dépayser pour me plonger dans l'inconnu. Puis, il y avait douleur à quitter nos bons amis de Ré. Des liens comme ceux qui nous unissaient ne pouvaient ni se rompre ni se relâcher sans déchirure. Cette séparation nous rappelait les précédentes, mais celle-ci l'emportait peut-être sur toutes.

Enfin, après bien des hésitations, des réflexions, des prières, après les conseils de nos amis, nous acceptâmes. Je dis nous, car ma femme devait avoir à la colonie sa charge, ses labeurs et non les moindres.

Le Comité me chargea aussitôt de visiter l'enclos et la maison qu'il avait achetés à une portée de fusil de Sainte-

Foy (Gironde), pour y placer l'établissement projeté. Il m'engagea fortement aussi à faire le voyage de Mettray, pour avoir une idée de cette belle colonie et y étudier tout ce qui pourrait nous renseigner pour la nôtre.

Je me rendis à Sainte-Foy; je vis la propriété dont on avait fait l'acquisition en vue d'y établir la colonie. C'était sur la rive droite de la Dordogne, de l'autre côté de Sainte-Foy, un enclos comprenant champ, pré et jardin, une vigne de la contenance de trois hectares avec une belle maison, non encore achevée, au milieu.

Je visitai aussi Mettray; je fis la connaissance de ses directeurs, de son agent comptable, qui me fut très utile, de son aumônier, qui me toucha par sa confiance et son désir de faire du bien aux colons. La colonie me parut dirigée avec intelligence et fermeté. Tout se faisait militairement; la hiérarchie était bien conçue et fonctionnait comme un engrenage artistement agencé. Les directeurs faisaient l'office de pédagogues, de catéchistes, pour l'enseignement éthico-religieux. Ils avaient alors une médiocre confiance dans l'enseignement du prêtre en général. L'aumônier ne l'ignorait pas et il s'en plaignit à moi à l'occasion d'une visite que je lui fis.

Le côté chrétien au vrai sens du mot ne marquait pas. On ne se servait pas des Saintes-Écritures; on avait l'*Imitation de Jésus-Christ*, et, je crois, *Royaumont*. M. l'aumônier aurait voulu que le *Nouveau-Testament* en prît la place, et il me demanda comme un service d'engager les directeurs à le lui permettre et à lui accorder et plus de confiance et une plus large mesure d'action.

Cependant, le Comité de Paris me pressa de hâter mon

départ pour me rendre au plus tôt à la colonie, où les jeunes détenus pouvaient arriver d'un jour à l'autre. J'avais deux motifs pour rester encore quelque temps à l'Ile-de-Ré : les fêtes de Pâques arrivaient, et je tenais à les passer avec mon cher troupeau ; puis une de nos bonnes amies, Mme R..., était dangereusement malade. Je cédai pourtant à la fin aux instances du Comité et je pris congé, non sans grand regret, de cette chère église de Saint-Martin, où j'avais trouvé tant de bien pour mon âme dans les grâces dont Dieu avait comblé mon œuvre.

XLI

Enfin nous arrivâmes à la colonie, aux environs de Pâques, en 1843. Tout était à faire; nous nous mîmes à l'œuvre avec ardeur. Cela n'allait pas toujours vite, ou très bien. Nous avons passé de longs moments d'un ennui pénible, anxieux; nous nous hâtions, attendant chaque jour l'apparition soudaine des jeunes détenus. Aucun ne vint pourtant. On nous assurait de Paris qu'il ne pouvait plus y avoir de retard; et les retards se suivaient, sans que nous pussions en comprendre la cause. Nous étions à l'affût de quelque ordre officiel; nous interrogions à droite, à gauche. Silence partout, silence persistant. Nous n'en continuions pas moins de bâtir, d'organiser dortoirs, réfectoires, cuisines, four, salle pour le culte et la classe. J'avais la satisfaction, le dimanche, d'offrir mon concours à mes collègues et de prêcher. Cela me faisait du bien et je ne restais pas oisif. Cependant, les colons n'arrivaient pas. Divers bruits nous faisaient craindre un changement dans les dispositions de l'autorité à notre égard, et un prochain refus officiel. Je n'y croyais pas; mais il y avait obstacle assurément. D'où provenait-il? Le Comité lui-même crut un moment à l'avortement de notre projet. Une main cachée paralysait nos desseins. Serait-elle assez forte pour nous enrayer complètement? Cela n'était pas impossible. Nous doutions.

La dernière heure de l'année 1843 avait sonné, et pas encore de colons. En attendant, nous achevions les travaux commencés les plus pressants, avec espoir de les utiliser bientôt.

Au printemps de 1844, le dossier d'un jeune détenu nous arriva enfin. C'était un peu plus qu'une simple promesse; c'était un commencement de réalisation. Le courage nous revint.

Le 20 avril, M. le pasteur N. Roussel, venant de Marseille, nous amenait deux colons. Ils étaient grands et mal famés, originaires, l'un d'Alsace, l'autre de Bavière, d'où leurs parents les avaients conduits en Algérie. Plusieurs autres suivirent, et à la fin de l'année nous en comptions 13; c'était là tout ce qu'on aurait à nous confier, d'après les prévisions du ministère de l'intérieur. Cependant, nous en comptions 36 dans le courant de l'année 1845 ; à partir de cette époque, les entrées nouvelles s'accrurent graduellement jusqu'en 1850, année qui nous fournit 134 colons nouveaux.

On ne tarda pas à s'apercevoir de la faute, involontaire il est vrai, qu'on avait commise en achetant une propriété trop peu étendue pour pouvoir occuper fructueusement tous les colons présents. L'administration alors n'était pas favorable à l'introduction de métiers proprement dits ; une colonie agricole devait se vouer à des travaux agricoles, plus favorables en général à la santé et à la moralisation des jeunes détenus, qu'il était bon d'éloigner des grands centres de population, où les tentations abondent. Nous avions toujours plus de bras et moins de travail; il était urgent de ne pas chômer ; l'oisiveté nous eût été funeste. Il fallait absolument occuper les colons, et, d'autre part, les fonds nous manquaient pour faire une nouvelle acquisition de terrain. Situation critique, s'il en fût!

La colonie était pauvre; elle avait commencé sous le bénéfice du premier argent prêté; ses produits ne comptaient pas; il fallait vivre d'emprunts ; il fallait, d'une façon ou d'une autre, se créer du travail avec l'espoir de quelque gain. Nous achetâmes quelques parcelles de terre à des prix encore modérés. Mais cela même était insuffisant. Le terrain que nous avions acheté était en friche, encore improductif; mais nous y appliquions une partie de nos forces, et ce nous était un soulagement.

La Providence veillait sur nous; elle ne nous a jamais abandonnés dans nos détresses. C'était une œuvre de foi que notre œuvre; et je dois bien dire que nous avons dû marcher par la foi sans cesse; nous n'avons jamais eu à nous en repentir.

Avec les années, nous avons ajouté parcelle à parcelle, champ à champ, vigne à vigne. Ces parcelles ne font pas un tout rassemblé, il s'en faut bien ; elles sont éparses, et c'est là un grand inconvénient. Une colonie agricole pénitentiaire doit être une ; elle doit être reliée dans toutes ses parties, avec les bâtiments au centre, d'où l'on puisse tout embrasser d'un coup d'œil, et en cas d'accident s'avertir d'un bout à l'autre. Un surveillant voisin d'un autre, à la tête de son escouade de colons, aura tout plus facile ; il sera aidé dans le besoin. Seul, à l'écart, il peut rencontrer moins de docilité dans les colons qu'il fait travailler et dont un seul, mal avisé, peut tout compromettre. Les refus d'obéissance, les cas d'évasion ont moins l'occasion de se produire; on peut mieux y obvier. Or, cela est impossible, si l'un est à l'est, l'autre à l'ouest, au nord ou au sud. En outre, les terres appartenant à la colonie sont loin de suffire aux forces dont on dispose; trente hectares de terre, cela est insuffisant; c'est le double qu'il faudrait, et encore. On est donc morcelé et à l'étroit. Il faut reconnaître que nous avons été d'une discrétion excessive, quand il aurait fallu s'étendre à tout prix; cela a été poussé jusqu'à la parcimonie, et nous en avons souffert beaucoup.

Nous avons dû chercher au dehors de l'emploi pour nos colons; et le moment est venu où ils ont été très demandés.

Les villageois veulent devenir citadins; les travailleurs de terre, ouvriers des grandes villes; les paysans, bourgeois, et l'on déserte les champs et les bras manquent. Plusieurs propriétaires, sachant que nous pouvions leur porter aide, eussent bien voulu recourir à nous et appeler notre abondance au secours de leur pénurie, mais un motif, presque un préjugé, les arrêtait. Nos colons étaient des jeunes gens jugés, des détenus; on en avait un peu peur. Quelques-uns même avaient exploité cette crainte pour nous nuire. Cependant, on passa outre; on vint à nous à la fin. Nous choisissions entre nos jeunes gens les plus aptes; nous en formions des troupes de huit, dix, sous la conduite d'un contre-maître des plus recommandables; le travail se faisait moins bien d'abord, mieux ensuite, encore mieux plus tard, et, une fois mes colons connus, il n'y avait plus de bornes aux demandes.

Cette ouverture nous a été comme une délivrance ; notre plus vive préoccupation était atténuée. Seulement, il fallait encore compter avec la morte saison, les jours de chômage par suite de mauvais temps. Alors nous avions tous nos enfants sur les bras, et il fallait s'évertuer à leur trouver quelque chose à faire.

Nous avions établi un atelier pour la fabrication des sabots, un autre pour la confection des vêtements. Nous avions voulu essayer du métier de menuisier, mais nous dûmes y renoncer ; le bois et les outils gâtés, le peu d'écoulement pour l'ouvrage, nous ont bien vite dissuadés. C'était, du reste, une déviation aux règlements imposés et qu'il fallait suivre. En temps de pluie, on tressait des roseaux de marais pour confectionner des nattes et des paillassons. Cela rapportait peu, mais on n'était pas oisif ; et puis, il faut bien dire que les jours sont rares où tout travail au dehors est impossible.

Le recrutement de notre personnel nous était souvent une cause de graves préoccupations. N'est pas surveillant qui veut. Le surveillant est le chef immédiat des colons ; il ne les quitte jamais, au travail, à la récréation, au culte, au dortoir, à la promenade. Au travail, le surveillant règle son chantier, l'ordre de ses travailleurs ; il leur enseigne à se servir de leurs outils. Il protége le faible contre le fort, encourage l'un et modère l'autre ; il sert de père à tous ; il doit se montrer bienveillant, équitable, impartial, patient et ferme. Le surveillant n'inflige pas la punition ; il fait son rapport au directeur, qui seul distribue la louange ou le blâme disciplinaire selon qu'il y a lieu. Il ne doit jamais oublier qu'il a affaire à des jeunes gens peu rangés, venus à la colonie avec bien des habitudes vicieuses, peu polis, peu prompts à obéir, mais appelés à changer, à s'améliorer. Il faut au surveillant le coup d'œil, le calme, la réflexion; il doit, avant tout, avoir foi dans le relèvement de ses colons. Le surveillant a constamment besoin du secours de Dieu; la pensée de Dieu double ses forces. Il doit agir de manière à n'avoir jamais tort devant les colons; s'il a tort, il doit le reconnaître. Il est fâcheux de se tromper, mais il serait plus fâcheux de refuser de reconnaître qu'on s'est trompé. Le colon est homme; il a droit à la vérité, à la justice, comme tout autre homme. Dans une colonie agricole de jeunes détenus, l'œuvre des surveillants, du directeur, est un sacerdoce. Je ne l'ai jamais considérée autrement.

XLII

L'année 1848 nous inspira des craintes; non que le gouvernement de la République ne nous fût pas favorable, mais il y avait tant à faire. Les événements pouvaient être plus forts que le gouvernement et que nous. Tout se passa chez nous dans le plus grand calme. A vrai dire, ce qui nous occupait, ce n'était pas la politique, mais la régénération de nos colons, par le moyen des vérités morales et religieuses.

Nous y perdîmes cependant quelque chose. Jusque-là, nous recevions 0,80 centimes par journée de présence des jeunes détenus; nous n'en reçûmes plus que 0,70; les 80 francs qu'on nous accordait pour indemnité de trousseaux furent réduits et avec le temps supprimés; des 100 francs alloués pour frais de voyages, nous n'en reçûmes plus que 50; il y eut donc perte à ce triple égard.

Un des effets du changement de gouvernement fut la dissolution de la Société des *Intérêts généraux du protestantisme français*. On crut à l'avènement définitif d'une liberté franche, la même pour tous, sans priviléges blessants et durable. Tous les intérêts sociaux, moraux, religieux, devaient être protégés et sauvegardés. La Société des *Intérêts généraux*, se considérant dès lors comme superflue, cessa d'exister. Un Conseil d'administration, avec quelques nouveaux membres, fut nommé en son lieu et place. La plupart de ceux qui composaient ce Comité ont quitté ce monde ; c'étaient MM. Vermeil, Berger, Frédéric Monod, Waldemar son frère, Grandpierre, Valette, enfin un des plus dignes, un vrai soutien de l'œuvre, un ami généreux des colons, un conseiller, un correspondant fidèle, M. le comte Agénor de Gasparin. Sa mort prompte, inattendue, douloureuse, fut un coup cruel pour la colonie. Nous en fûmes atterrés, nous n'y pouvions croire ; il était comme notre bon ange, nous nous abritions en quelque sorte sous ses ailes. La nouvelle de sa mort causa une vraie consternation au milieu de nous tous, ce fut un deuil général ; on en conservera l'amer souvenir ; sa mémoire sera à toujours vénérée.

Dès que la colonie commença à être mieux connue, des pères de famille, qui avaient des enfants incorrigibles, nous demandèrent de les admettre au nombre de nos colons. Le Conseil d'administration prêta l'oreille au cri d'alarme poussé de divers côtés, et comptant sur la divine Providence qui nous avait secourus jusque-là, il ouvrit les portes de la maison à cette catégorie d'enfants, moyennant l'approbation du ministre, qui ne fut pas refusée.

Ces enfants, en correction paternelle, ne valaient pas plus que les jeunes détenus ; plusieurs valaient moins ; mêmes vices ; plus insubordonnés peut-être, plus arrogants, ils nous ont donné une peine extrême, accrue du regret de ne pas pouvoir consoler des parents honnêtes et bien posés.

Après les garçons vint le tour des filles. Elles n'avaient pour asile que les prisons, les filles jugées s'entend. Après celles-là on songea aussi à des filles non jugées. Nous ne consentîmes pas sans peine à l'adjonction de cet établissement nouveau à celui que nous dirigions déjà ; nous cédâmes à des prières instantes et émues. Nous vîmes là un nouveau moyen de retirer quelques âmes de la perdition.

Nous comprîmes bien vite à quel élément nous avions affaire ; paroles, manières, tenue, mouvements excentriques, il n'y avait pas à s'y tromper.

La surveillance, sans avoir rien de plus sévère, réclama plus de vigilance, plus d'activité, sans rien de blessant. Pour la moindre chose, on se fâchait, on s'emportait, on cessait le travail ou on le gâtait. Il fallait sévir. On le faisait par des remontrances convenables mais fermes ; c'était mettre le feu aux poudres. Aux défauts des garçons, les filles en ajoutaient qui leur sont propres. Bizarres, fantasques, prétentieuses, il n'y a plus de retenue en elles dès qu'elles sont montées et qu'elles s'excitent. Souvent elles simulaient des crises nerveuses, se roulaient par terre ou brisaient tout. Cela revenait fréquemment ; il y avait pourtant des instants plus calmes, et l'on pouvait espérer mieux de la réflexion. On y comptait ; mais voilà que sans raison apparente, on s'insurgeait, l'insurrection gagnait du terrain ; c'était alors comme une bataille engagée. L'homme en colère est laid à voir ; la femme perd tout caractère d'être humain ; elle devient hideuse. Il n'y a plus de barrières, ni à mal parler, ni à mal juger, ni à vouloir se venger. C'est un chaos, une ébullition, une fournaise qui rejette ses matières impures.

L'admission des filles avec les garçons dans le même établissement est résolue affirmativement en Allemagne, par exemple au Rauhen-Haus. Cette solution est plus difficile à justifier chez nous, et notre expérience n'y est pas favorable. Des locaux séparés, la surveillance la plus sévère ne suffisent pas à supprimer les excitations, les efforts de toute sorte à se deviner, à se rencontrer si possible. Cela entretient une effervescence continuelle et nuisible à tout retour sincère à des sentiments sérieux.

Parmi les 49 jeunes filles que nous avons eues, quelques-unes ont échappé à l'adversaire, et sont entrées dans une meilleure voie pour mieux vivre. Depuis que la colonie de Sainte-Foy a cessé de les recevoir, elles ont trouvé un refuge à Paris ou à Strasbourg, chez les diaconesses.

Quant à nos colons, ce qu'ils sont est souvent le résultat de leur triste origine. Plusieurs sont nés sur une borne, d'autres ont été rebutés, maltraités et obligés de chercher un asile loin de la maison paternelle, et de mendier pour subvenir à leurs besoins. Sur le nombre, il y a des enfants illégitimes, nés dans la plus misérable condition; plusieurs sont orphelins, dès leur jeune âge, de père ou de mère, ou des deux à la fois. Il en est dont les parents mènent une vie errante, sans prendre pied nulle part; le travail leur répugne; ils en demandent quand il n'y en a point, ils le refusent quand il y en a; leurs enfants les suivent; c'est la nature avec tous ses mauvais instincts. Plus d'un père, plus d'une mère lancent leurs enfants à droite, à gauche, avec menace s'ils reviennent les mains vides, escomptant ainsi d'avance la mendicité et le vol; quelques-uns même les dressent à cela. Il arrive souvent que, la mère étant morte, a été remplacée par une marâtre peu tendre ; l'enfant du premier lit s'est vu dédaigné, négligé, rudoyé ; il a perdu patience et n'a quitté la maison que pour tomber entre les mains de la police. Il y a pis encore : c'est lorsque le père et la mère se quittent ; le mari peut s'associer à une autre femme, la femme à un autre homme ; c'est le vice avec des récriminations écœurantes et sans trêve. Que peuvent être les enfants dans un pareil milieu ?

Plusieurs de nos colons sont de parents dont l'un, tous les deux quelquefois, ont subi la peine de la prison, de la maison de force, du bagne même ; ils ont vécu en face du crime, et ont été obligés, en quelque sorte, de faire comme leurs parents.

D'autres, mieux partagés, sont fils d'ouvriers pauvres, bien qu'honnêtes ; ils sont à peine nourris, mal vêtus, plus mal surveillés encore ; ils ne vont pas à l'école, passent leurs journées sur la place publique en compagnie de camarades désœuvrés comme eux. On se fait à cette vie errante ; bientôt on découche, on n'ose plus reparaître à la maison ; mais il faut vivre, pour vivre il faut manger ; on prend ce que l'on peut où l'on peut, on pille les jardins, on dévalise les vergers.

Il en est d'autres, enfin, venus au monde avec une mauvaise nature, une nature ingrate et revêche qui a résisté à tout : conseils de parents laborieux et honnêtes, soins affectueux. Le joug du devoir leur a pesé, et ils ont aspiré à une coupable indépendance. De là des écarts, des chutes, des violations du droit, des délits et le reste.

Ces turpitudes, ces souffrances physiques et morales, ces vices hérités ou acquis, tout ce passé a marqué son empreinte sur la physionomie de nos colons. Leurs traits sont trop souvent heurtés, déformés ; le regard est peu franc et se dérobe, ils ont l'air farouche et peu intelligent ; le jeu de leur visage est équivoque, le front est bas ; ils sont moins timides que sournois, on les dirait indifférents à tout, mais en y regardant de plus près, on voit poindre chez eux les signes d'un profond égoïsme.

Le seul mobile appréciable de la conduite du colon entrant, c'est l'intérêt de soi, la satisfaction des appétits, le manger, le boire, le dormir, le moins de travail possible ; là est pour lui le bonheur.

Tout est à faire avec de telles natures ; la conscience est oblitérée, le sens moral est à créer ; l'anse du vase a disparu, il faut la chercher laborieusement, et longtemps frapper le caillou avant de faire jaillir l'étincelle.

La nature humaine, même chez les individus les plus corrompus, n'a pu s'effacer entièrement ; il en reste des lignes ; nous en faisons l'épreuve chaque jour ; nous faisons aussi celle de notre impuissance absolue à la changer à notre gré. Dieu seul, qui nous a créés, est seul puissant pour nous créer à nouveau dans la justice la sainteté et la vérité, selon son dessein de miséricorde, et Dieu agit.

Comment, sans Dieu, espérer de remédier à un si grand mal ? Le mensonge est chez nos colons une seconde nature ; même pris en flagrant délit, le colon ne rougit ni ne perd contenance, il a toujours raison contre tous et se fait une vertu de la désobéissance.

Telles sont les natures que nous avions entrepris de redresser, de corriger, de transformer ; cette tâche, bien au-dessus de nos forces, nous ne l'avions entreprise que parce que nous comptions sur Celui qui appelle les choses qui ne sont pas comme si elles étaient, et qui des pierres même peut susciter des enfants à Abraham.

A voir les choses à distance, cette tâche perd de sa gravité, car bien des difficultés restent voilées. On vient à ces enfants avec tous les sentiments d'un cœur ami, on se sent fort de ses bonnes intentions, on se donne et on croit juste de compter sur une sorte de réciprocité d'égards, de favorable rencontre, d'accueil. Mais le bien ne s'opère pas comme avec une baguette magique, il ne suffit pas de l'appeler pour qu'il soit. C'est lentement et moyennant de nombreux efforts, des prières, des larmes, et beaucoup de foi qu'on obtient quelque chose. Il faut savoir aussi espérer et attendre.

XLIII

Parmi les moyens de relèvement dont nous pouvions disposer, il en est un dont l'importance est grande, bien qu'il soit négatif, et qu'on ne remplacera jamais par un autre : c'est le travail.

L'homme naît pour le travail. « Tu mangeras ton pain à la sueur de ton visage. — Celui qui ne veut pas travailler ne doit pas non plus manger. » C'est la formule biblique d'une loi de nature, aggravée il est vrai par le péché. Le travail était un privilége autant qu'un devoir; il est resté un devoir accompagné de peine en vertu de la chute. Mais bien que le travail soit une peine, celui qui travaille est beaucoup moins à plaindre que celui qui vit dans l'oisiveté; pour le premier, il y a peine, si l'on veut; pour le second, il y a malheur et honte. L'oisiveté démoralise, elle énerve, elle engendre l'ennui et laisse se produire tous les mauvais penchants, les vices du caractère, elle nuit au corps et à l'âme; l'oisiveté fait de la vie un objet de mépris et de dégoût, elle est à la fois l'opprobre de l'homme et son châtiment.

Le travail développe et équilibre les forces du corps et

l'assainit, si je puis ainsi parler; il donne aux membres autant de dextérité que de vigueur et n'est pas sans influence sur l'âme; il met à l'abri d'une foule de pensées futiles, vaines, de projets chimériques, de songes creux. Le travail remplit utilement et agréablement le temps; il fournit les moyens de vivre et rend indépendant. L'homme qui travaille est maître chez lui, il peut nourrir une famille, jouer un certain rôle dans la société.

A leur entrée dans la colonie, nos colons, pour la plupart, n'avaient jamais touché un instrument de travail; ils étaient complètement ignorants des travaux de la terre en particulier, que plusieurs regardaient comme un travail humiliant. Ces pauvres enfants prenaient et tenaient fréquemment leur outil à contre-sens; pour piocher, ils s'agenouillaient; en sarclant, ils arrachaient le blé avec les plantes nuisibles; le travail était souvent mal fait.

Mais avec le temps, avec des soins, de la patience, de la persévérance, on vient à bout de bien des choses; on met l'enseignement à profit, et peu à peu la pratique se met d'accord avec la théorie. On apprend plus ou moins vite, plus ou moins bien, mais on apprend, et plus on apprend, plus on devient correct, capable et content d'apprendre. Jusqu'au moins apte et au plus réfractaire, tous ont appris. Ce n'a pas été sans peine; on a dû sans relâche encourager, reprendre, menacer même plus d'une fois; on a dû ôter l'outil des mains et l'y remettre coup sur coup avant que l'élève ait appris à s'en servir mieux ou moins mal. On aurait tout compromis à se montrer ou faible ou violent. Œuvre de patience! il faut savoir user de patience et n'oublier jamais l'ignorance, la promptitude à se rebuter et à désobéir de ces pauvres enfants. Ils sont à la colonie pour se discipliner, pour être enseignés, dressés, corrigés par un excès et de sollicitude et d'amour.

Tous les soirs, au retour du travail, la tâche du lendemain est désignée. Chaque surveillant connaît le chantier où doit travailler la troupe qu'il commande. Au matin, l'ordre du départ donné, tout le monde s'exécute ; on prend à droite, on prend à gauche, on se divise jusqu'au retour, quand l'heure des repas, de la classe ou de la nuit ramène tout le monde à la maison. D'ordinaire, on déjeune sur le chantier même ; on dîne à la maison, à moins que le champ où l'on travaille ne soit trop éloigné, ce qui arrive quand les colons travaillent hors de la colonie, chez tel propriétaire de la contrée. Alors, il faut rester tout le jour sur le champ du travail ; on ne rentre que le soir.

Ce travail au dehors n'est pas sans rémunération, mais il a de graves inconvénients, dont plus d'une fois nous avons souffert. Les colons n'y sont pas toujours seuls avec leurs surveillants ; il y a le propriétaire, ses domestiques et parfois des ouvriers à la journée. L'éloignement de la colonie, le contact avec des hommes absolument étrangers à notre institution et en ignorant le caractère et le but, donnant de mauvais conseils, même en croyant en donner de bons, tout cela affaiblit la discipline et souvent produit le désordre. Le propriétaire, pour avoir plus de travail ou un travail mieux fait, fait montre de générosité, il offre à manger et à boire, et le surveillant cède pour éviter un mal pire. Les colons se le disent, tous voudraient alors aller au dehors et ne travaillent plus à la colonie ou chez ceux qui ne leur ont pas donné à leur gré.

Nous avons subi cet inconvénient bon gré mal gré, ayant besoin de travail et de ressources pécuniaires. Dieu sait à quelle épreuve j'ai été mis durant plus de trente années à ce sujet. Le manque d'argent nous a toujours été comme une épine aux pieds et une espèce de cauchemar au cœur.

Nous nous y faisions en vue du bien qui s'obtenait. Nos colons prenaient des forces, de l'adresse, ils devenaient rangés, travaillaient avec entrain. Il y avait des bouderies, des caprices. Qui n'en a pas? Il y avait des résistances, des refus de travailler, on se faisait punir, mais la punition amenait le plus souvent un retour, l'aveu de la faute et la promesse de se mieux conduire désormais.

Parmi ce que j'appelle les moyens négatifs de relèvement, il y a encore la censure et les divers modes de répression. Nos colons sont enclins, par nature et par habitude contractée de bonne heure, à violer la règle ; la pratique du mal leur est familière comme de respirer et de se mouvoir. Ils ne s'en doutent pas, ou ils s'en doutent à peine. On dirait, quand on les reprend, des êtres bien innocents, tant ils ont l'air étonné. Pris en flagrant délit, ils nient d'abord, puis cherchent à ruser, enfin mettent leur propre tort au compte d'autrui.

Le premier degré dans l'échelle des punitions, c'est la censure, la répréhension verbale. On s'arrête là, si cela suffit. Le second, c'est une mauvaise note portée sur le journal de la conduite; le troisième, c'est la privation de récréation ; le quatrième, la privation d'une portion du repas réduit au pain sec, enfin la cellule ou l'isolement clos..

Je n'ai jamais pris plaisir à infliger, encore moins à aggraver aucune peine ; je n'ai usé de tout mon droit qu'à la dernière extrémité et quand il a paru bon à mes colons de m'y contraindre. La peine a toujours été adoucie à la suite d'un repentir qui m'a paru sincère.

Les punitions ne répriment pas le mal jusqu'à le supprimer ; elles sont une cause indirecte de relèvement ; il y a en elles un élément moral. Ce n'est cependant encore qu'un moyen négatif. Parmi les punitions, la plus moralisante est sans contredit la cellule. Le colon isolé, seul avec lui-même, revient à peu près toujours, et le regret de sa faute se montre à lui ; ce qui ne fût pas arrivé sans cela. J'en ai vu de très colères, de très emportés qui se sont adoucis et humiliés au bout de quelques jours, de quelques heures plus d'une fois. Ils n'avaient jamais fléchi, là ils fléchissaient. En cellule, à l'abri de toute excitation venant du dehors, on voit mieux ce que l'on est ; le sens moral s'y réveille et s'élève. En cellule, on a du travail, des livres, on reçoit la visite du directeur, du pasteur, de l'instituteur.

Le système cellulaire, avec les adoucissements dont il est susceptible, a, pour le dire en passant, toutes nos préférences. Le coupable, le criminel ne s'améliore pas dans la compagnie de ses pareils ; tout conspire au contraire à l'éloigner d'une réforme sincère et vraie, et ce serait demander l'impossible que de demander son relèvement dans de telles conditions. Empêcher le mal en le réprimant, ce n'est pas encore le bien, mais c'est peut-être s'en rapprocher ; c'est déblayer la voie, en faire disparaître certains obstacles ; c'est diminuer chez le colon l'habitude de mal faire, et ce résultat est un succès. La répression n'améliore pas l'être intérieur, mais elle y aide ; elle ne donne pas l'amour du bien, mais elle en fait sentir l'absence, le vide regrettable. Quand la répression est juste, consciencieusement mesurée, humaine, elle obtient l'assentiment de celui qui la subit.

XLIV

Parmi les moyens positifs de relèvement se trouvent l'instruction et l'éducation. Ce qu'est le travail au corps, ce que la répression est aux mauvais instincts, aux penchants vicieux de l'homme, l'instruction l'est à l'esprit, l'éducation l'est au cœur et à la conscience morale et religieuse. L'enseignement est l'aliment de l'esprit, l'éducation l'aliment de l'âme. En soi, l'instruction est un bien ; elle ne cesse de l'être que si elle est fausse ou mal appliquée, si elle ne s'adapte pas à l'intelligence de l'élève et ne sert pas à son développement. Une instruction bien faite multiplie les aptitudes de l'être intelligent ; c'est un moyen de connaissances, et l'homme sans connaissances est à peine un homme, il est borné et végète, et dépend moins de soi que d'un autre ; c'est un être subordonné, incomplet, il a besoin d'un guide, et la volonté de ce guide sera sa volonté le plus habituellement. L'ignorant est un être brut, soumis à la matière, n'ayant pour se mouvoir que le cercle étroit d'une existence diminuée, appauvrie, le plus souvent misérable. Si l'homme était fait pour ne vivre que de pain, pour n'avoir nul souci d'une vie supérieure, passe encore.

L'école, dirigée par un instituteur, durait deux heures chaque jour, trois heures pour les moins avancés. Les colons ont tout le temps d'apprendre jusqu'à leur libération, qui se fait attendre plus ou moins longtemps. On leur enseigne à lire, à écrire, à calculer, les éléments du chant, un peu de géographie, d'histoire, ce que l'on enseigne dans les meilleures écoles primaires.

Sauf quelques-uns ou réfractaires ou absolument incapables, frisant l'idiotisme, tous ont appris.

La colonie possède une bibliothèque de quelques centaines de volumes ; ce sont des livres d'histoire, d'agriculture, des voyages, des biographies, des livres religieux. Les livres d'imagination et d'histoire, ici comme ailleurs, sont les préférés ; ce qui est trop sérieux rebute, et le livre qui de tous devrait le plus intéresser et plaire, qui est à lui seul toute une bibliothèque, la Bible, est peut-être celui qui attire le moins. La Bible est le livre des esprits sérieux, des cœurs qui ont faim et soif de la justice, des âmes travaillées et chargées, lassées des frivolités de ce monde et en qui la grâce de Dieu répond à des besoins profonds. Ici l'instruction se lie à l'éducation. Je suivais de près mes colons ; j'étais avec eux au culte du matin et du soir, au culte le dimanche, à l'instruction religieuse, à la classe de temps en temps, aux heures de récréation. Je les voyais au travail, à leur retour des champs. Je les connaissais à fond du premier au dernier ; je me présentais à eux le cœur sur la main, accueillant, bienveillant ; je savais leur passé, leur éducation première, leurs peines, leurs misères, leurs défauts. Ils arrivaient à la colonie méfiants, retenus, soupçonneux, on les avait mis en garde contre nous avant leur départ; je m'efforçais de gagner leur confiance par l'affection que je leur témoignais. L'éducation doit être tout à la fois morale et religieuse; elle n'est rien si elle n'est pas cela. Le bien moral c'est Dieu, le vrai en religion c'est encore Dieu; la morale plonge ses racines dans la religion, la religion a sa garantie dans la morale; religion et morale ne sauraient être séparées l'une de l'autre, elles forment un tout indivisible. La religion que je professe, que je faisais connaître à mes colons, c'est la religion de la Bible, de l'Évangile. En est-il une autre de préférable? Si non, comment ne nous en tiendrions-nous pas à la religion des Saintes-Écritures? Elle seule est positive, divine, salutaire. Elle s'exprime en un langage simple, dépouillé de tout faux ornement, plein de sens, d'élévation, de majesté, de force, d'onction. L'enseignement scripturaire est le véritable enseignement protestant. La colonie est l'établissement le plus protestant au sens positif du mot; les colons appartiennent à toutes les Communions de la Réforme, et le culte à la colonie n'est ni réformé, ni luthérien, ni morave, ni méthodiste, ni congrégationnel, ni dissident. La colonie, au point de vue religieux, est large, vraiment catholique dans le sens originel et primitif du mot; tout élément sectaire en a été soigneusement exclu.

Le dimanche, je méditais avec mes colons la parole de Dieu; je m'efforçais de me mettre à leur portée, de manière à ce que les moins intelligents pussent me comprendre. C'est ligne après ligne, commandement après commandement, que je procédais. Je mettais tous mes soins à être direct, affirmatif comme l'Écriture; c'était une méditation simple comme la parole ou la parabole qui en faisait l'objet.

Je présidais un second service dans l'après-midi; c'était un entretien intime et varié, entremêlé de chants et de prières, quelquefois la lecture d'un journal religieux, d'un article édifiant dont l'application était directe. C'est aussi le dimanche que se faisait l'instruction religieuse ou catéchétique. Les colons apprenaient l'histoire sainte, puis une série de passages méthodiquement collationnés de manière à confirmer dans leur ordre logique les doctrines chrétiennes.

Celui à qui l'on enseigne les choses religieuses, les vérités de la foi et du salut, n'est pas en tout semblable à celui à qui on enseigne à lire, à écrire. Celui-ci comprend à mesure qu'il apprend, car il n'y a pas opposition entre son intelligence et ce qu'il apprend, tandis que les vérités religieuses répugnent souvent au cœur, à qui Dieu les a destinées pourtant. S'il ne fallait pas renoncer à soi-même, se convertir, faire la volonté de Dieu et que ces choses ne fussent qu'affaire de l'intelligence, on les apprendrait comme l'histoire, la grammaire, etc. Mais il en est autrement; aussi est-ce une œuvre ardue que l'éducation morale et religieuse. J'en préviens ceux qui seront appelés à continuer mon œuvre, afin qu'ils retrempent leur courage dans la foi et la prière chaque jour.

XLV

A leur arrivée à la colonie, les colons laissaient tout à désirer, tant pour ce qui regarde le corps que pour le tempérament moral. Ils arrivaient pâles, défaits, ressemblant à des ombres; il semblait que notre maison fût un hôpital de convalescents, plutôt qu'une colonie agricole. Mais avec des soins, du régime, un climat des plus salubres, la santé leur revenait, comme la lumière à une lampe garnie de bonne huile.

D'autre part, ils étaient sales, gloutons, grossiers, menteurs, paresseux, égoïstes, sans souci des droits d'autrui, méprisants, sans affection; la nature, livrée aux plus déplorables instincts, faisait loi; le sentiment, aiguillonné par le besoin, devenait immonde, féroce. A leur sortie, ils ne sont plus ainsi, ils ont oublié et appris, même les pires. Chez un grand nombre, le contraste est bien accusé; il frappe surtout les parents et les voisins à leur retour dans le lieu de leur naissance.

Des lettres de vive reconnaissance et de satisfaction me sont venues, qui m'ont touché, des parents de mes colons, dont plusieurs avaient perdu tout espoir. Ce ne sont plus, de la part de ces jeunes libérés, nouveaux enfants prodigues, les mêmes allures, les mêmes paroles, les mêmes façons d'agir; ils sont maintenant respectueux, retenus, polis, ont plus de soin de leur personne, sont plus désireux de travailler et de gagner leur vie honnêtement. Tous ne persévèrent pas; c'était prévu. Mais chez tous, cela dure un certain temps, et chez un grand nombre le relèvement est réel. Leur rentrée dans leur famille, dont le milieu n'est pas toujours favorable, leur retour dans une société qui ne l'est guère plus, c'est là pour plus d'un une épreuve redoutable. Aussi devons-nous constater plusieurs cas de récidive, trop nombreux à notre gré. Ces faits toutefois n'étonneront que ceux qui ne connaissent pas le sort des gens des prisons.

Plusieurs de nos récidivistes m'ont écrit avec repentir, me demandant pardon comme des fils coupables à leur père qu'ils auraient offensé personnellement. Ils me promettaient de se bien surveiller. Quelques-uns m'ont prié de les placer dans le voisinage de la colonie, et ceux qui ont pu l'être se sont bien comportés.

De nos anciens colons, plusieurs sont morts; j'ai eu des renseignements sur vingt et un. J'ai l'assurance que dix d'entre eux sont morts dans la foi; plusieurs autres, sans être aussi fermes, se sont réclamés de la grâce gratuite en la foi en Jésus, et nous avons le droit de croire qu'ils ont trouvé la paix de la réconciliation. La foi de quelques-uns a été triomphante. C'est une victoire sur le péché, où ils s'étaient complus depuis leur bas âge.

D'un grand nombre, j'ai reçu des nouvelles comme d'enfants bien-aimés; il m'en est venu du Mexique comme d'Italie, comme de Crimée, remplies des sentiments les plus affectueux. Nos anciens colons y expriment le désir de venir nous voir un jour, afin de jouir des charmes de la colonie, oui, de ses charmes! Ils n'ont pas goûté d'aussi pures jouissances ailleurs.

Plusieurs ont pris, après leur libération, le chemin de l'Amérique; l'un d'eux, animé de l'amour des âmes, s'est senti appelé à annoncer l'Évangile; il a rencontré de sérieux obstacles et plus d'une fois un mauvais vouloir tournant à la persécution. Il est mort à la peine, laissant femme et enfants, pour être recueilli dans le sein du Père. J'ai su sa mort par une lettre de celle qu'il avait associée à son sort.

XLVI

Sans contredit, l'œuvre de la colonie est laborieuse et mal aisée. Il faut être porté par le cœur et la conscience, il faut être résolu. Elle exige force, courage, santé, volonté inébranlable, intelligence prompte et ponctualité.

Nous avions à voir aux petites comme aux grandes choses, au dedans et au dehors. Près de six cents colons ont passé par nos mains. Il leur a fallu des soins incessants : les nourrir, les vêtir, les coucher, leur fournir du travail, les guérir, les instruire, leur enseigner l'Évangile, l'amour de Dieu, des hommes, le respect pour la propriété d'autrui, les corriger, les régénérer; voilà un cadre qui a demandé à être quotidiennement rempli.

Nous avons marché, nous avons vécu avec des ressources ou insuffisantes ou trop limitées ; nous avons dû marcher par la foi et demander constamment à Dieu de nous augmenter la foi. Nous avons été mis à l'épreuve en plus d'un cas; mais le secours demandé et attendu ne nous a pas manqué, et nous avons continué non au milieu d'une sécurité charnelle, loin de là, mais avec une soumission confiante, pleine d'espoir.

L'existence maintenue, le progrès, la prospérité à tous égards de notre établissement nous ont toujours tenu profondément à cœur; nous n'avons jamais eu trop de force, trop de temps, trop de lumières et trop de dévouement à y consacrer. Nous nous sommes presque faits colons avec les colons. Nous les avons hantés, vus, pénétrés, connus; nous mêlant à eux non pour les intimider, les surprendre, les voir du mauvais côté, mais pour leur inspirer confiance, assurance, avec le désir de pleinement nous connaître à leur tour et de bien savoir qui nous étions, ce que nous étions, ce que nous avons voulu être et faire pour eux. Nous avons voulu être une famille; il y a eu le père et la mère; il devait y avoir les enfants. Nous avons tout essayé dans ce but; nous l'avons eu devant nos yeux toujours; nous n'avons pas cessé un moment d'y tendre. Nous les avons suivis bien portants, nous les avons suivis malades, nous avons fait les infirmiers souvent; nous leur avons parlé, lu, fait la prière, adressé des paroles affectueuses, chrétiennes. Nous les avons visités le jour, la nuit, à toute heure selon le cas.

Ici, qu'il me soit accordé de dire quelques mots de ma femme comme aide dans cette œuvre. Je ne dirai que ce qui est. Dieu semble l'avoir douée à dessein des qualités exigées pour une telle œuvre. Elle a fait preuve d'un coup d'œil, d'une pénétration rare, d'une volonté ne se rebutant devant aucun embarras, d'une activité infatigable et d'un courage à toute épreuve. Elle ne sait pas ce que c'est que d'être arrêtée, ni intimidée devant le devoir à accomplir. Elle m'est une aide précieuse, et je ne sais, sans elle, ce qui aurait été fait, car elle est à tout, partout, la première et la dernière. Elle a le temps de soigner sa famille, de faire l'infirmière, le médecin au dedans et au dehors. Elle veille au ménage, à la couture, à la propreté générale, à la comptabilité, aux achats des denrées, à leur distribution journalière; elle tient la place de plusieurs et rien ne souffre de ce à quoi elle met la main; elle s'aperçoit des moindres lacunes que d'autres ne verraient pas, des moindres négligences dans le service. Tout cela ne se fait pas sans de véritables fatigues; aussi ma chère femme s'est-elle épuisée, et l'on peut dire qu'elle a donné à cette grande famille de déshérités son âme, sa vie, que sa famille à elle aurait pu revendiquer comme son bien propre.

Telle était pourtant l'œuvre que nous avions à faire. Pour la mener à bien il fallait s'y consacrer sans réserve, être résolu à en affronter toutes les difficultés, tous les inconvénients, jusqu'à se priver de tout autre agrément que celui de faire son devoir sans y faillir jamais.

Regarder ces enfants comme les miens, en faire l'objet incessant de mes soins, m'efforcer de les amener à la foi, de les rendre honnêtes, d'en faire des chrétiens, de bons citoyens, les préparer pour la société religieuse et civile, c'était et mon privilége et mon devoir.

Directeur, j'étais aussi le pasteur, l'aumônier de la colonie, double emploi qu'il n'est pas toujours aisé de faire concorder et dont un seul aurait suffi à occuper un homme et au-delà! Le pasteur est pour la charité, pour le pardon; il est l'organe de la mansuétude.

Le directeur est l'homme du droit, du devoir, de la règle avant tout; c'est lui qui distribue le blâme comme la louange, le blâme hélas! plus souvent que la louange dans une maison comme la nôtre. De là une marche à suivre inverse entre le pasteur et le directeur en bien des cas ; et s'il se présente qu'il y ait conflit entre le rôle du directeur et celui de l'aumônier, lequel prévaudra? Ce n'est pas tout, le colon châtié, même le plus légitimement, pourra voir d'un œil mauvais le directeur remplissant l'office de pasteur et parlant de miséricorde, de salut par grâce ; si bien que ce qui est dit pour toucher son cœur aura pour effet d'augmenter son endurcissement. Plus d'une fois j'ai été anxieux, troublé, mal à l'aise à cet égard ; et je me demande s'il n'y aurait pas avantage à séparer des fonctions si distinctes : à celui-ci l'autorité, la répréhension, le devoir de maintenir intacts l'ordre, la discipline; à celui-là de représenter la bienveillance, l'amour, le pardon.

Ce que j'ai fait, c'est de réduire l'anomalie le plus possible. Je crois y avoir réussi en plus d'une occurrence ; c'est une discipline à laquelle il faut essayer de se former, encore que ce soit malaisé et pas toujours praticable; à force de s'y essayer, on y atteint.

XLVII

Pendant mon séjour à la colonie, Dieu, qui m'a tant béni, m'a visité trois fois par le deuil. D'abord c'est ma fille aînée, une enfant bien chère, qui m'a été enlevée comme par un ouragan.

Ma chère Adélaïde avait eu l'occasion d'aller à Jersey, auprès d'une tante, sœur de sa mère, devenue veuve d'un ministre wesleyen, M. Lebas. Mme Lebas restait seule avec trois petits enfants; ma fille lui semblait être une amie, une compagne et une société agréable. En même temps, ma fille aurait l'occasion de parler l'anglais et de mieux apprendre cette langue. Nous cédâmes à la demande de ma belle-sœur, qui avait instamment demandé que nous lui envoyassions notre enfant; mais ce ne fut pas sans hésitation, sans une certaine répugnance même, avec la douleur bien réelle d'une séparation indéterminée.

Le 27 mars 1849, ma fille nous quitta. La veille, nous l'avions recommandée à Dieu, après avoir lu le Psaume XCI qui l'impressionna profondément. Elle devait trouver sa tante à Paris et faire avec elle le reste du voyage. Le 8 avril, elles arrivaient à Jersey.

Les voyages alors n'étaient ni prompts comme aujourd'hui, ni la poste aussi rapide. Une lettre mettait souvent plus de huit jours entre Jersey et Sainte-Foy, et notre patience devait être mise à l'épreuve. Dans l'état de santé, on se résignait ; dans l'état de maladie, c'était une cruelle attente.

Ma fille eut à passer fréquemment de mauvais jours à Jersey ; mais si douce, si résignée, si soumise, elle nous taisait ses contre-temps. Pendant l'été, le choléra envahit le pays ; ma chère fille en fut préservée. L'émotion publique était grande, la sienne était calmée par la foi ; il y avait en elle une soumission filiale à la volonté de son Père Céleste. Un jour, il y eut vingt-sept morts ; le mal allait croissant ; des familles entières étaient emportées ; on fuyait, on se réfugiait à la campagne, sur les hauteurs. Ma chère fille, malgré sa confiance en Dieu, éprouvait de fort pénibles impressions.

Notre angoisse à nous était grande ; nous lisions ses lettres le cœur serré. Nous ne savions quel parti prendre, ou de la faire revenir ou de la laisser. Il y avait un égal danger des deux côtés ; on nous assurait que les personnes qui s'éloignent d'un foyer cholérique sont plus vite atteintes que celles qui ne bougent pas, et on en citait des exemples. Après bien des réflexions, des démarches, des conseils, nous nous résolûmes à attendre. Notre chère fille alla passer quelques semaines avec sa tante à la campagne, chez des amis ; ce séjour lui fit du bien. Nous étions heureux et reconnaissants, nous croyions tout danger écarté. Les choses continuèrent ainsi pendant quelque temps. Le 17 décembre, notre fille se sentit souffrante; elle comprit que sa santé était altérée; elle n'insista pas cependant, ne voulant pas nous effrayer. Le 29, elle s'alita, mais put encore nous écrire, adoucissant les termes relatifs à son état de souffrance. Nous n'étions encore nullement alarmés; nous nous figurions que la maladie était une indisposition qui n'aurait qu'un temps. Illusion! mécompte! D'autres lettres arrivant coup sur coup, les unes de sa tante, d'autres de M. le pasteur Petit, nous accablèrent. Le mal était grave, il allait croissant, sans espoir de guérison. Nous étions terrifiés. Il y avait lieu de partir, de partir sans délai; mais qui pouvait partir? Ma femme nourrissait son dernier enfant, moi j'avais la direction d'une œuvre difficile, exigeant ma présence.

Ma femme devait être plus utile à la malade que moi; moi, j'étais plus capable de faire le voyage, d'affronter le mauvais temps, la neige, la mer. Il fut résolu que notre fille aurait les soins de sa mère. Mais quelle douleur de voir partir ma femme dans la plus dure saison ! Cela me fendait le cœur. A la crainte déchirante de perdre ma fille, se joignait la crainte non moins déchirante des difficultés, des accidents qui pouvaient frapper ma femme en chemin. Dire mon angoisse, dire ce que j'éprouvais le jour et la nuit, mes insomnies cruelles, mes préoccupations navrantes, est impossible. J'avais perdu le sommeil. Je n'avais plus faim. Je fuyais la lumière; j'évitais le bruit; je ne me plaisais guère qu'avec mes enfants, que je rassemblais autour de moi comme la poule ses poussins. Je les pressais contre moi, sur mon sein, les yeux baignés de larmes. Les pauvres petits étaient sérieux, affligés, et, pour ne pas les attrister outre-mesure, nous allions dans les allées du jardin, malgré le froid, faire de courtes promenades.

Déjà, je ne me flattais plus de voir ma fille guérir, mais j'avais espéré qu'elle pourrait faire le voyage et nous reviendrait à la maison.

Ma chère femme nous avait quittés le 6 janvier, et c'est le 13 seulement qu'elle mettait le pied sur la terre de Jersey. Huit jours après, ma fille rendait le dernier soupir. C'était le 21 janvier, un lundi. Je priais Dieu sur tous les tons avec confiance, avec ardeur, avec abandon, avec crainte, avec un espoir traversé ; je me livrais à lui ; je me jetais à ses pieds ; je devenais suppliant, pathétique, tendre, familier, puis plus réservé, plus humble. Je sentais les larmes couler de mes yeux ; j'avais la voix vibrante, puis brisée ; c'était le cri de la douleur, du déchirement ; c'étaient des sanglots. Oh! c'était.... Je ne pourrais dire tout ce que j'éprouvais ! Tout fut essayé ; je ne demandais qu'à voir mon enfant, un jour, une heure, un moment ; qu'à entendre sa voix, qu'à recevoir son adieu. J'étais brisé, accablé de fatigue autant que de douleur.

Je ne devais être ni entendu, ni exaucé à la lettre ; je ne devais pas compter sur le retour de ma fille, sur la moindre rencontre, la moindre entrevue avec elle. Malgré la véhémence de mes désirs, de mes vœux, de mes supplications, je me résignais. Je ne voulais que ce que Dieu voulait. Je ne voulais le contraindre qu'autant qu'il eût trouvé sage et bon d'être contraint. Je courbais le front ; je me jetais la face contre terre. Je lui disais : Non ce que je veux, mais ce que tu veux, en ajoutant : Oh! si tu voulais....

Ma fille était montée au ciel ; elle était morte au Seigneur ; sa foi avait triomphé de la mort. La victoire avait été éclatante ; elle laissait son enveloppe corporelle ici-bas, mais elle occupait une place à la droite du céleste Époux, dans le royaume de la lumière et du bonheur. N'était-elle pas mieux là qu'avec nous ? Et pourtant !

Elle avait eu, cette chère enfant, sa mère auprès d'elle nuit et jour durant une semaine. Sa mère, qu'elle aimait tant, avait pu la soigner, lui faire entendre des paroles douces, affectueuses, de la plus délicate onction, de la plus vive sollicitude. Elle l'inondait de ses larmes de mère, la couvrait de ses baisers, lui serrait les mains dans les siennes et la plaçait sous la garde du Tout-Puissant par des prières entrecoupées de sanglots.

Il ne me restait plus de ma fille qu'un souvenir impérissable et ses lettres. Aimables lettres ! que vous m'êtes chères ! Que l'âme, que l'esprit dont elles sont pleines sont tendres et élevés ! Quelle candeur ! Quelle vivante amabilité ! Plus on va au fond, plus il y a comme un parfum suave de pureté, de bonne senteur ! Que la nature humaine régénérée renferme de beauté, de grandeur, de simplicité nette et limpide !

Chères lettres, vous subsisterez et vous serez aimées et admirées, car vous respirez une piété vraie, voulue, sentie, vécue, cultivée avec un soin et un zèle tout évangéliques.

Quelques jours après, ma chère femme revenait seule. Elle revenait seule avec l'âme pleine, avec le cœur débordant du souvenir de sa chère enfant ; et en ce sens elle n'était pas seule. Je la reçus à son arrivée comme une messagère de Dieu. Il me tardait de la remercier de l'office qu'elle avait rempli, des peines d'âme et de corps qu'elle avait endurées. Je la félicitai du privilége qu'elle avait eu de voir, de soigner, d'édifier notre enfant, de recueillir ses dernières paroles, ses derniers vœux, ses derniers adieux, de lui fermer les yeux, de l'habiller de ses vêtements funèbres, de la coucher dans sa bière, jusqu'au jour du revoir éternel. Que de choses elle eut à me dire ; et que ces choses émurent, agitèrent vivement mon cœur ! Et je donnai gloire à Dieu.

XLVIII

J'avais une fille; en me la donnant, Dieu, comme pour me la rendre plus chère, avait mis en elle les germes des plus beaux dons. Elle me semblait pleine d'avenir, et mon cœur tout entier se livrait sans crainte à l'espérance.

Jeune et bien portante, je la croyais assurée d'une longue vie; je ne comptais pas ses jours, je comptais à peine ses années, et la pensée de la posséder longtemps était pour moi la source d'un bonheur ineffable.

Je l'avais vue naître en la bénissant, je l'avais accueillie avec allégresse, je lui avais appris à bégayer les premiers mots de sa langue; j'étais son guide, son appui; elle se reposait sur moi, faisant de ma vie la sienne, et la récompense de mes soins était de sa part un amour non mesuré. Cela n'a pas duré! Ma fille n'est plus! Le Dieu qui m'en avait fait don me l'a reprise! Il ne m'avait pas dit qu'il me la laisserait toujours; il aurait pu me la laisser encore...... Et c'est au moment où je la croyais le mieux assurée qu'il me l'a redemandée brusquement...... A lui je cède; à lui j'obéis; il est mon maître, je suis son serviteur; il peut embellir, comme il peut troubler mon existence. C'est ce qu'il a fait. Il m'avait donné, il m'a ôté son don; mais à lui d'ordonner, à moi d'obéir; c'est la justice.

Quel jour pour moi que ce jour! mon soleil s'est voilé; il ne m'a plus échauffé de sa chaleur; il ne m'a plus éclairé de sa lumière. Le ciel de mon âme est devenu sombre et froid. J'ai savouré la coupe amère. J'ai senti l'angoisse. J'ai subi une profonde déchirure. Je subsiste avec un membre arraché. La blessure saigne; elle est cuisante; elle ne peut guérir. Le souvenir de ma fille m'en rend la perte plus dure; c'est comme un trait qui pénètre dans mon corps. Ma fille! comme tu me fus chère! Ton âme et la mienne n'en faisaient qu'une; aussi, en te perdant, c'est une partie de moi que je perds... Mais je te reverrai, je te retrouverai; j'en ai l'assurance; j'en ai pour garant les promesses, et pour preuve la foi au Sauveur.

Pourquoi donc m'affliger? pourquoi être si triste? pourquoi passer des jours si sombres, des nuits si agitées, une vie si décolorée? — C'est que je suis encore de la terre; une partie de mon être y reste attachée. Je suis père, et infirme. Quelque chose me manque. Ma fille est heureuse, je le sais, plus heureuse avec Dieu qu'avec moi. Je l'aimais beaucoup; je l'aimais sans mesure; mais ce n'était qu'une mesure d'homme. Dieu l'aime d'un amour infini!

Dieu ne voudrait pas se prêter à mon désir si je lui redemandais ma fille; il ferait bien, et cependant, comme j'aimerais à la revoir! Mais que serait ce monde pour elle, après avoir admiré la beauté des cieux, après en avoir savouré les délices et pris part à leurs harmonieux accords!

Ah! reste, ma fille, reste là où tu es; cela vaut mieux; tu

ne serais plus ici-bas qu'une étrangère, une pauvre exilée. Reste, attends-moi. Je viendrai te rejoindre. Dieu nous réunira là-haut.

XLIX

Je devais, quelques années plus tard, passer par une autre épreuve ; ma mère devait être rappelée de ce monde. C'était l'hiver de 1857. Sa maladie ne fut pas douloureuse ; elle s'éteignait comme une lampe faute d'huile.

Ma mère allait s'affaiblissant, mais rien ne faisait présager qu'elle ne pût arriver jusqu'au printemps. J'avais compté pouvoir lui faire visite à cette époque et lui redire mon respect, mon affection filiale. Je ne fus pas à temps. Ma pauvre mère, sans plus d'apparence de mal, s'éteignit doucement et rendit son âme à Dieu dans l'attente d'une vie meilleure. Il n'y avait rien de saillant dans sa foi ; sa foi était en accord avec son caractère bienveillant et doux, avec ses habitudes de piété pleines de candeur et de confiance. Le 27 février elle s'endormit et quitta ceux qui lui survivaient ici-bas pour aller rejoindre ceux qui l'avaient devancée là-haut à la droite de Dieu.

Qu'il me soit permis de rendre ici à la mémoire de ma mère bien-aimée un véritable hommage de piété filiale et d'exprimer le vif, le sincère regret de n'avoir pu l'assister de mes soins aux derniers jours de sa vie. Des affaires pressantes, une tâche qui réclamait ma présence à la colonie, l'espoir que ma mère vivrait quelques mois encore, tout a contribué à me faire surseoir à un long et difficile voyage au sein des Alpes couvertes de neige. En apprenant la triste nouvelle de sa mort, j'en fus doublement affligé, et je m'accusai de n'être pas parti lorsqu'il en était temps encore.

Il ne me restait plus à Saint-Laurent-du-Cros que mon frère aîné avec sa famille. En ne retrouvant plus ceux qui avaient entouré mon enfance de soins affectueux et incessants, je me sentais isolé et comme manquant d'appui. Quoique éloigné d'eux, tant qu'ils vivaient, je ne me sentais pas sans eux ; il me semblait toujours qu'eux vivants, ma vie tenait à la leur, et que pouvant nous rencontrer, nous habitions presque le même coin de terre, le même domicile. A la pensée que le nombre des siens a diminué, on sent son existence resserrée dans de plus étroites limites ; on s'aperçoit de la solitude, on dirait que la nuit se fait.

L

Dieu m'a encore éprouvé et toute ma famille avec moi; il m'a pris un de mes fils, le plus jeune, mon cher Timothée, âgé de 20 ans. Il était né le 20 août 1848, il est mort le 3 août 1869. Il a été rejoindre sa sœur aînée, dans la patrie éternelle. Ils ont été animés de la même foi, ils ont possédé les mêmes espérances.

La maladie de ma fille fut abrégée; celle de mon fils a été longue et cruelle. C'est un double deuil par lequel Dieu a trouvé bon de me faire passer. J'en ai beaucoup souffert.

On crut d'abord à une typhoïde, puis à une fluxion de poitrine, mais on hésitait, et notre cher enfant déclinait rapidement. Un jour, un examen plus attentif révéla une lésion au poumon gauche.

Durant sa longue maladie, mon cher Timothée a été doux, affectueux, aimable, patient. Sa chère mère ne l'a pas quitté, le soignant avec un dévouement sans égal et une extrême tendresse. Elle était sa confidente; c'est à elle qu'il ouvrait son âme, et qu'il disait sa confiance en Dieu et ses espérances. Avec elle, il parlait de sa mort prochaine, discrètement, pour ne pas l'attrister outre-mesure à la pensée d'une séparation rapprochée. Un jour, cependant, se promenant avec elle sur le petit sentier qui conduit au cimetière de la colonie : « Chère maman, lui dit-il, tu as donné tes prémices, pourras-tu donner ton dernier né? »

Vers la fin, le mal devint poignant, atroce, et ne laissa aucun relâche à notre pauvre malade; au milieu de ses crises, il nous regardait pour implorer notre secours. Nous étions terrifiés; nous priions auprès de lui, et nos prières semblaient apaiser sa toux, qui redoublait l'instant d'après.

Plusieurs fois, il se crut à la fin. « C'est maintenant fini, disait-il, mes chers parents, adieu. » Sentant le moment suprême s'approcher, il releva un peu son pauvre corps amaigri, souleva ses bras, et portant ses mains en avant, les étendit sur nous, et d'une voix assurée : « Que Dieu vous bénisse et vous garde, qu'il vous donne sa paix ! » Puis il pencha sa tête sur l'oreiller et s'endormit. Notre cher fils n'était plus. Notre cœur débordait d'amour, de reconnaissance, de bonheur, oui de bonheur. Nous étions remplis de cette solennelle manifestation d'une foi triomphante. Nous avions obtenu de Dieu la faveur que nous n'avions cessé de lui demander; nous avions tout reçu, nous étions comblés.

Notre cher Timothée, très soigneusement couché dans sa bière, a été descendu dans la fosse jusqu'au jour illustre de la résurrection. Il ne s'est plus trouvé avec nous; il est absent, et son absence se fait sentir à tout instant d'une manière imprévue et brusque. Avec ou sans réflexion, on croit le rencontrer; tout le rappelle, la place qu'il occupait, le lit où il reposait, ses livres, tout cela est plein de lui.

La séparation a été cruelle; elle s'impose comme un fait des plus douloureux; elle me pèse comme une perte irréparable; elle me fait souffrir comme un déchirement. Ce souvenir de ce qui a été mais n'est plus, le souvenir d'un tel bien possédé mais disparu, est amer. Je me retrouve accablé, brisé. Mon cher Timothée était mon dernier né; il avait grandi sous mes yeux, mangé le même pain, avait suivi le même sentier; nous avions vécu la même vie. Nous parcourions les champs et les vignes ensemble; nous nous abritions sous les mêmes ombrages; nous buvions à la même source; nous cueillions les mêmes fruits dans la même corbeille. Cher fils! je veux revivre avec toi, dans ton passé, en attendant de vivre à jamais réuni à toi au sein de la gloire, à l'abri de toute atteinte. Mon cœur est triste, mais l'espérance le soutient. Tu es avec Dieu, je le sais, et mes yeux te contemplent comme dans un saint et ineffable ravissement.

Dieu t'a appelé à lui, et tu as répondu comme un fils obéissant et fidèle à cet appel divin. Tu ne t'y es pas refusé, et, cependant, là où tu allais c'était plus ou moins l'inconnu, oui, toujours plus ou moins l'inconnu à certains moments, même malgré la foi qui nous guide. Tu avais appris à être détaché de tout ici-bas; mais combien l'amour de tes parents, les tendres caresses d'une mère si dévouée devaient te faire désirer de vivre! Il y avait là un sacrifice à faire; ce sacrifice, tu l'as fait, et Dieu t'a fait voir un rayon de sa gloire et t'a reçu dans ses bras.

Bien cher enfant! ta dépouille mortelle repose dans le cimetière de la colonie, à côté de ta grand'mère et d'une petite nièce. J'aime à visiter ta tombe; j'aime ce calme solennel. Je me représente mon enfant étendu dans sa bière, reposant d'un vrai sommeil, bien enveloppé dans son linceul. Je m'imagine qu'il est tel qu'on l'y a mis. Je voudrais le voir, paisible et comme recueilli, et sous les mêmes traits aimables ; l'effet en serait à la fois plein de ravissement et de tristesse.

LI

Une guerre sans motif juste, et sans prétexte plausible et convenable, vient d'éclater. Je croyais la guerre impossible à la fin du xixe siècle entre nations christianisées, qui vantent les progrès des lumières, de la civilisation, de la philanthropie. Bien que le cœur naturel de l'homme soit en tout temps et sous tous les climats rempli de passions charnelles et d'égoisme, il est pour les peuples comme pour les individus des faits sociaux acquis. Je croyais celui d'une paix assurée de ce nombre; il n'en est rien. Je m'étais aussi flatté que la liberté était un de ces faits; la liberté ni la paix n'ont trouvé leur asile au milieu de nous.

La France sera-t-elle jamais une nation libre? Il y a à cela deux choses essentiellement défavorables : le bigotisme clérical, la superstition qui rabaisse les caractères, et l'incrédulité futile qui ôte tout nerf aux esprits. La France est un pays de bascule; on s'y élève, on s'y abaisse, sans jamais trouver le vrai point central, le point fixe où doivent se confondre dans une sincère harmonie la liberté et l'ordre, ou l'ordre et la liberté ! Tous les gouvernements y ont une marche excentrique. C'est une existence troublée, fiévreuse, une lutte constante et sans frein entre les partis ; le succès y fait la justice, car la justice n'a pas de valeur comme telle. C'est une malencontreuse qu'on éconduit sans façon dès qu'elle devient gênante, pour lui substituer le règne de la force et des coups d'État. Mais honte à la force qui n'est qu'injustice et aux coups d'État qui piétinent la liberté et la ravalent. Je me représente comme les vagues furieuses de la mer près d'un récif, ces masses de guerriers courant les uns sur les autres avec le dessein de s'abattre et de s'anéantir. J'en vois le choc horrible, je vois le champ de bataille couvert de morts et de mourants méconnaissables. Je vois la terre sous des flots de sang ; j'entends des cris lamentables d'êtres humains mutilés, défigurés, râlant et portant la peine inique de chefs responsables qui les ont obligés de tuer et de se faire tuer.

Comment s'expliquer, sinon par un aveuglement inouï, cette hâte fiévreuse de courir à la guerre, de n'écouter aucun conseil de vraie sagesse, avant de s'y engager témérairement? Au Corps législatif, la majorité a agi avec passion et emportement. Le Sénat a acclamé la guerre comme si c'eût été une Assemblée d'enfants, de jeunes gens égarés par la vanité. J'en ai été confondu, humilié pour mon pays. Il semblait que le temps allait manquer de se compromettre.

L'histoire dira un jour les secrets de cette fatale entreprise ; elle nous apprendra quel dessein personnel en fut la cause cachée.

Nos défaites se sont précipitées ; et nous apprenons un jour le désastre de Sedan ! Une armée de quatre-vingts mille hommes a capitulé, l'empereur est fait prisonnier. Rien de pareil ne s'était vu dans l'histoire ; plus d'armée, plus de généraux, plus d'empereur, et presque un million d'Allemands sur nos bras ; la honte est à son comble.

Bonaparte est tombé de tout son haut, comme un fruit pourri. La plupart n'y voient que l'effet d'un accident ; moi j'y vois la main de la Providence. L'orgueil va devant l'écrasement, la fierté d'esprit devant la ruine ; c'est une loi de l'éternelle justice.

Le 4 septembre, la déchéance de l'empereur fut prononcée et le gouvernement de la Défense nationale remplaça l'Empire.

C'est un fait d'une immense portée que le renversement d'un gouvernement et l'avènement d'un gouvernement nouveau ; il y faut de nombreux et puissants motifs. Or, ces motifs n'ont pas manqué. Le gouvernement déchu était né d'un coup d'État suivi d'assassinats, de proscriptions, d'exils, de transportations, de deuils. Il reposait sur la force, sur la violence, sur la corruption, et jamais peut-être gouvernement sorti de l'émeute, d'une révolution, d'un coup d'État, ne s'était montré aussi cruel, aussi hypocrite que celui du 2 Décembre. Bonaparte avait violé son serment par le plus impudent parjure. N'avait-il pas juré fidélité à la Constitution républicaine à la face de la France, à la face du monde ? On avait cru à ses serments, malgré les facéties de Strasbourg et de Boulogne. Il n'y a eu chez cet homme dévoré d'ambition que la mauvaise étoffe d'un despote vulgaire. Il a manqué de coup d'œil, d'élévation et surtout de génie ; il a voulu payer d'audace, mais n'a montré qu'une audace mesquine, ridicule, entêtée et sombre. Il n'a su être ni grand, ni loyal ; il n'a jamais su prendre une détermination que sur les conseils de ses créatures. Esprit ordinaire, il a manqué de cœur, à moins qu'on appelle de ce nom des mesures cruelles contre ses adversaires, des faveurs envers ses courtisans.

Tempérament sournois plutôt que réservé, soupçonneux, ombrageux à l'excès, il a voulu jouer le rôle des Césars romains dont il a imité jusqu'aux colères. De son oncle, qu'il avait pris pour modèle, il n'a montré que les mauvais côtés ; il en a été le singe plus que l'imitateur. Fataliste sans grandeur, religieux sans foi, ami de l'autel par intérêt, il a voulu se servir des prêtres qu'il haïssait.

Son gouvernement a fait de la proscription la justice, de la violence le droit ; des deniers publics il a fait trafic et marchandises, il a manipulé les finances sans équité et avec une prodigalité révoltante ; il a accablé le pays d'impôts toujours croissants qu'il a fait servir aux usages les plus corrupteurs ; les emplois les plus honorables ont servi à payer un servilisme honteux et sans frein. Le niveau des mœurs a été abaissé, l'empire de la conscience a fait place à celui d'un grossier intérêt ; un scepticisme effrayant a pénétré partout, et la probité civique a été sacrifiée au cynisme d'un favoritisme sans vergogne ; on n'a plus été citoyen, on a été le servile instrument du grand bailleur de fonds. Honneur, probité, vertu, justice, droit, devoir, ces mots d'une langue sacrée ont été voilés sous le badigeon d'un ordre trompeur, d'une prospérité mensongère.

L'Empire a imprimé sur la France un cachet d'abaissement qui ne s'effacera pas de longtemps. Mœurs, littérature, philosophie, art, tout en a ressenti l'influence ; mœurs sociales, mœurs politiques, mœurs industrielles et commerciales, théâtres, amusements, luxe, soif des jouissances matérielles, manières, on ne saurait dire ce que les vingt dernières années ont amené de perversion dans la société française. On eût dit qu'on avait formé le dessein de l'énerver, de l'enfermer dans un suaire pour empêcher son cœur de battre, afin de n'avoir plus rien à craindre de ce côté-là.

De la part du peuple, la coupe était comble et débordante, et c'est par un élan spontané que le peuple de Paris a repoussé le despote donnant en présence de son armée l'exemple de la plus insigne lâcheté et de la trahison.

L'Empire est donc tombé ; il a reçu le châtiment dû à ses méfaits et à ses bassesses.

Cependant les événements se précipitent lamentables. Après Sedan, Metz a capitulé! Metz a été livré ; Bazaine a trahi la France, Bazaine a imité son maître. C'est dans l'ordre. C'est un double crime, mais le même crime. Il y a là lâcheté et félonie ; l'égoïsme, la fortune d'un seul a entraîné la ruine de la patrie. C'est un forfait exécrable. Comment a-t-on pu croire cet homme plus ami de son pays que du prince dont il était la créature?

Une ville imprenable a été livrée ; une armée de plus de cent mille hommes a été faite prisonnière. Il y avait un immense matériel de guerre, encore des subsistances. On ne tire pas un coup de fusil, et une armée immense a la honte de défiler, après avoir mis bas les armes, devant un insolent ennemi.

Oh! la guerre est odieuse! Comment ne pas désirer d'être vainqueur ou délivré de l'ennemi? Mais la nécessité d'un pareil vœu est un fait triste ; il ne tend pas moins qu'à souhaiter à l'ennemi une défaite et par conséquent la destruction de ses armées, la mort de milliers d'hommes faits à l'image de Dieu, membres de la grande famille humaine, de frères appelés par Jésus-Christ à la délivrance et au salut. Autre est, il est vrai, l'amour de l'humanité, l'amour de la patrie, l'amour de la famille. L'un oblige, l'autre aussi oblige; la patrie a des droits plus directs sur nous, l'humanité en a de moins étroits. La patrie est l'ensemble des familles; chaque famille se doit à la patrie qui contient toutes les familles, les nourrit et les protége; elles se meuvent dans son sein et se doivent à son maintien, à sa prospérité, comme chacun des membres d'une famille se doit à la famille. Si la défense de la famille par un ou plusieurs de ses membres est permise, la défense de la patrie par chacun de ses enfants l'est aussi. Si l'ennemi peut être repoussé sans effusion de sang, il faut s'y employer de toutes ses forces; si on ne le peut pas, si l'on ne peut repousser la force que par la force, il serait difficile de couvrir de blâme l'action de tuer, unique moyen de conserver la vie de ses proches et la sienne propre. La guerre, ne pouvant être évitée, peut devenir pour une nation un devoir.

Quoi qu'il en soit, la guerre est dans tous les cas un grand mal. Bien que juste, bien que la nécessité en ressorte aux yeux de tous, elle est un fait déplorable. Mais elle est un grand crime quand elle n'a pas pour but la légitime défense, quand la justice n'en est pas garante. L'histoire aura à prononcer un jugement sévère sur la guerre actuelle et contre ceux qui en ont été les auteurs.

LII

Le gouvernement de la Défense nationale a eu des adversaires de diverses sortes. C'était inévitable. Mais aucun gouvernement n'a été, comme lui, juste, impartial, humain, tolérant, et cela au milieu de circonstances bien difficiles. Il a eu devant lui tous les partisans, tous les amis de l'homme de Sedan, plus les partisans des autres dynasties disparues. Le gouvernement de la Défense, honnête entre tous, s'est donné comme mission de repousser l'invasion allemande. L'armée de l'Empire n'existait plus, il a fallu former une armée nouvelle, fabriquer des fusils, des canons, trouver des chevaux, emmagasiner des subsistances ; il a fallu tout créer, tout organiser ; il n'y avait plus rien. Le gouvernement de la Défense n'a pas versé une goutte de sang français ; s'il avait péché, ce serait par trop de modération. Le gouvernement de la Défense est le fait d'une révolution effectuée sans un coup de fusil ; il a pris la place d'un gouvernement usé qui est tombé comme un fruit sec. C'était son droit. D'ailleurs le moment venu, il a indiqué à la France son devoir, et il s'est effacé devant la décision du suffrage universel, seul gouvernement fondé sur la nature des choses.

Tout autre gouvernement ne saurait être, au point de vue rationnel et logique, qu'un gouvernement artificiel et provisoire, un gouvernement d'expédient.

Un peuple qui a conscience de lui-même, de ses droits, de sa force, de sa dignité, ne saurait être soumis à un homme, sous quelque qualification que ce soit, sans s'effacer ni cesser d'être lui-même.

Les gouvernements, non plus d'un seul, mais de plusieurs, sont sujets à des secousses peut-être, mais les remèdes sont plus prompts, plus aisés à découvrir. La base la plus ferme des uns et des autres, c'est la vertu, les bonnes mœurs, la probité, l'honnêteté, l'amour de la justice, du bien public, le respect d'autrui. Tout cela est moins dans l'esprit des monarchies que dans celui des républiques. Le monarque se place bien haut au-dessus de tout et de tous ; il est seigneur et n'a pas d'égal ; il veut être Auguste, il est Majesté, et il identifie sa personne à sa dignité. Tout doit lui être subordonné, et il prétend ne dépendre de personne ; il doit être puissant, opulent, fastueux même. Il est malaisé de l'approcher ; il lui faut de hauts dignitaires entre lui et son peuple, une Cour brillante, des flatteurs, des courtisans, des hommes d'armes pour le garder.

Rien de pareil dans une république ; l'air, l'attitude, les mœurs sont simples et sévères ; le but, c'est non de séparer, mais d'identifier le gouvernement avec la nation.

Quant au gouvernement de la Défense, c'est pour sauver la France qu'il s'est constitué ; là est sa consécration.

LIII

C'est fini ! La France est livrée ! Paris a capitulé ! Il a capitulé pour toute la France. Il se dit à cet égard des choses étranges, profondément affligeantes et regrettables.

Nous avions cru Paris, nous l'avions écouté quand il parlait de son assurance de vaincre. On avait des milliers d'hommes décidés, ne demandant qu'à combattre ; on avait des armes, des canons de tout calibre, des pointeurs habiles, des munitions ; on avait des forts imprenables, plusieurs enceintes bastionnées ; on avait des barricades dans l'intérieur de Paris et partout de zélés défenseurs. On avait fait de rares sorties qui, sans donner de résultat décisif, n'avaient pas montré de faiblesse. Le pain allait diminuant, les subsistances s'épuisant, et on restait là les bras croisés, l'arme au pied, se refusant à courir sus à l'ennemi.

Tout cela nous paraît étrange ; nous nous lassons à le comprendre, nous n'y parvenons pas. Il n'y a qu'une chose que nous comprenons, c'est la douleur publique, le saisissement du pays, une sorte de stupéfaction qui paralyse les sens, la raison, et qui vous jette dans le désespoir, ne permettant plus de croire à rien ; c'est plus que du scepticisme, c'est une brutale incrédulité qui seule reste.

Un armistice a été négocié, puis la paix; l'Assemblée nationale, élue au galop, a accepté et signé les préliminaires, et la paix s'est trouvée faite; mais quelle paix ! Cruelle, écrasante, elle blesse l'honneur, la justice, la générosité. L'Alsace et une partie de la Lorraine, Metz comprise, ne sont plus à la France; on y ajoute cinq milliards, l'occupation de plusieurs départements jusqu'à complet paiement et l'intérêt à cinq pour cent de quatre milliards. La France est mutilée, ruinée, dévastée.

Nous ne nous chargeons d'expliquer ni de justifier les paroles de J. Favre : « Ni un pouce de terrain, ni une pierre de nos forteresses; » ni celles de J. Simon : « Paris sera plutôt Moscou que Sedan; » ni celles de Trochu : « Paris ne se rendra jamais. » Est-ce là de la bravoure ou de la jactance? Sont-ce là des paroles sérieuses ou un trompe-l'œil très peu digne de la France et de son gouvernement? Encore une fois, c'est ce que l'histoire impartiale nous apprendra.

Ah! si je n'étais convaincu que Dieu règne et qu'il sait faire tourner les fautes des hommes à l'accomplissement de ses desseins, qu'il domine les événements et tient en sa main le cœur des rois et des peuples; si je ne savais que rien n'arrive que par sa volonté, je me prendrais le front dans les mains avec désolation, et une désolation sans adoucissement et sans remède (1).

(1) Toutes ces appréciations sur la triste guerre de 1870-1871 ont été écrites au jour le jour, au courant des événements.

LIV

Il y avait trente années que nous étions à la colonie; le besoin de prendre un peu de repos se faisait sentir; il nous le semblait du moins. Peut-être aurions-nous de la peine à vivre sans notre travail. Il n'en est pas moins vrai qu'une occupation plus dégagée d'éléments matériels, une occupation plus directement spirituelle, plus pleinement pastorale, s'accorderait mieux avec notre besoin d'édification et de calme religieux. Je ne suis pas assez avec Dieu, au milieu des soins extérieurs à donner au travail de la terre, à la discipline des colons, à mille faits d'ordre temporel. Je voudrais vivre dans la contemplation de Dieu et de Jésus-Christ, sans être autant distrait; vivre plus en communion avec l'Être trois fois saint, me sentir tout entier pénétré de sa grâce, vivifié par son esprit, absorbé en quelque sorte dans l'amour infini, respirer, aspirer le souffle pur et souverainement vivifiant de Celui dont nous sommes les membres et qui a demandé au Père que nous fussions avec lui consommés en *un*. Ce besoin de mon âme de n'être plus distraite de son céleste Époux, de son objet suprême, de son centre d'activité mystique, s'étend de plus en plus et devient de plus en plus intense, pressant. Ma femme, elle aussi, souffre de n'avoir pas un moment pour se recueillir, pour se sentir vivre avec l'ami dont procède toute grâce excellente. Elle est trop occupée pour jouir, comme elle le voudrait, de la communion du Sauveur ; elle n'a pas assez de temps pour l'approcher, le contempler, l'adorer, le sentir avec elle, en elle, jusqu'au plus profond de son cœur altéré et affamé de la justice. C'est une privation, c'est une souffrance, c'est une cause de sécheresse et de soupirs inféconds laissant après eux de la fatigue.

Plus d'une fois déjà, j'avais exprimé mon intention de me retirer. Enfin, le 19 mai 1873, fatigué et de plus en plus souffrant, j'écrivis officiellement au Conseil d'administration que mon dessein de prendre ma retraite était sérieux. Il y avait trente ans et quelques mois que je dirigeais la colonie ; le repos m'était commandé, ma santé l'exigeait. Après plusieurs refus, et comme j'insistais, ma démission fut acceptée. Il répugnait au Conseil de me voir partir ; nous avions toujours fait bon ménage ensemble. Je fus touché de l'expression de ses regrets, auxquels il ajouta, avec une grâce parfaite, une pension de retraite qui nous honorait lui et moi.

Cependant, j'éprouvai un mécompte. J'avais espéré que mon fils Nathanaël serait par le Conseil appelé à me remplacer comme directeur. Il m'était adjoint depuis environ sept années, et il était qualifié pour l'œuvre ; il l'a du reste amplement montré. Ferme autant que bon, il jouissait de l'affection des surveillants et de leur confiance, et de l'attachement et de l'estime des colons, et chacun le considérait comme un des plus gens de bien du pays.

Mon espoir fut trompé, et autant la mesure du Conseil à mon égard m'était propice et agréable, autant sa conduite à l'égard de mon fils me laissa de regrets au cœur.

Qu'y avait-il donc ? Mon fils était impliqué dans un blâme politique. Jamais, à vrai dire, il ne parlait politique ni devant les colons, ni même avec les employés ; il avait autre chose à faire, et y avait toujours mis une rare discrétion. Mais mon fils, aux élections de 1871, avait consenti à être porté par les républicains de la Dordogne sur leur liste de députés à l'Assemblée nationale. Accepter l'honneur qu'on lui faisait était pour lui un devoir patriotique, et il se posa nettement en opposition avec les candidats bonapartistes ou autres monarchistes de nuances diverses. L'un d'eux, arrivé au ministère de l'intérieur, se déclara l'adversaire de mon fils et refusa de confirmer la décision du Conseil d'administration de la colonie, qui l'appelait à la direction de cet établissement.

Ce ministre est tombé ; il a été remplacé par un député notoirement protestant et membre du Consistoire de Paris. On avait cru, et nous y comptions absolument, que l'obstacle du ministre antérieur serait levé. Il n'en a rien été. Cela m'a paru étrange à moi, esprit naïf et nullement retors. Un prétexte politique a éloigné mon fils de la colonie de Sainte-Foy, pour la direction de laquelle il était si parfaitement fait. Il semble que le fils avait quelque droit de remplacer son père, et le père quelque droit pareillement d'être remplacé par son fils. Leur désir très légitime n'a pas été accompli ; ils s'en remettent à Dieu, sans la volonté duquel un passereau ne saurait tomber à terre.

Une impression me reste ; qu'on me pardonne de l'exprimer; la voici : Un corps comme le Conseil d'administration de la colonie est, après tout, un corps choisi, autorisé et très respectable; l'établissement dont il s'agit est l'unique en France du culte protestant; il existe depuis environ trente années; il a été inspecté régulièrement; il est bien noté. Le sous-directeur a reçu des éloges flatteurs de plus d'un des inspecteurs généraux. A mon sens, le Conseil, s'il s'était montré plus résolu, s'il avait fermement plaidé le bon droit, aurait réussi. C'est peut-être une illusion de ma part; toutefois, je regrette que ce qui a été fait n'ait pas été mieux fait.

Pour moi, au moment de quitter la colonie, et rappelant mes trente années de service, je puis dire que j'ai eu bien des peines, de nombreux soucis, de cruelles appréhensions, bien des luttes. J'ai subi les plus vives, les plus poignantes émotions de jour, de nuit. J'ai marché sur un chemin rocailleux, inégal, fatigant, sans me lasser. Je m'en étonne aujourd'hui que la route est terminée. La connaissant par une rude expérience, je n'oserais pas la recommencer. Je n'en aurais ni le courage ni la force. Je me suis efforcé d'être un serviteur dévoué, fidèle, diligent. J'ai voulu ne rien négliger des devoirs de ma tâche. Le devoir, son accomplissement sans défaillance, telle a été ma devise du premier au dernier jour. Je n'ai rien considéré jamais comme insignifiant, comme trop minutieux, comme ne devant pas compter ou compter à peine.

Je me suis fait surveillant avec les surveillants, colon avec les colons, maintes fois. Je n'ai rien estimé trop petit ni trop grand; la pensée seule que quelque chose pouvait être négligé ou souffrir me tenait en haleine. Je voyais au jardin à toute heure, aux champs, aux vignes, aux prés, à l'atelier, à l'étable, aux cellules, à l'infirmerie, s'il y avait quelque malade ou indisposé.

J'avais mon franc parler avec tous ; on a pu me trouver exigeant, sévère, exagéré. Je crois pouvoir assurer que j'ai été juste, plein d'équité, d'obligeance, de bienveillance, et qu'après mes remarques faites, mes avis donnés, je redevenais le compagnon et l'ami de mes subordonnés. Cela ne se fait pas sans examen de soi, sans étude des choses et des individus. Il y faut la grâce d'en Haut, la force de Dieu ; il y faut du temps, de la patience, la prière.

J'ai été sobre de dépenses. J'ai ménagé avec scrupules les deniers de la colonie ; trop peut-être, et à son détriment. Elle serait plus étendue si j'avais été moins économe, sans qu'il y eût eu péril jamais. Elle avait du crédit, et nous n'avons pas voulu compromettre ce crédit ; et pourtant l'achat d'un nouveau champ, d'une vigne, aurait rapporté bientôt après un intérêt réel et encourageant.

J'ai eu une aide capable, précieuse et incomparable dans ma chère femme. Sans elle, je n'eusse pas suffi. Elle s'est dépensée en soins de toute sorte, en courage, en valeur, en ressources du cœur et de l'esprit, ce qui ne se trouve pas partout, même chez les femmes les mieux douées. Sans elle, je me fusse plus d'une fois découragé. Son exemple m'a été bon ; elle n'a jamais reculé devant les difficultés de l'œuvre ; rien jamais ne l'a rebutée parmi les choses les plus fatigantes. Le lendemain, elle a été comme la veille.

LV

J'allais donc quitter la colonie. Mais où aller? Cette question me préoccupait et préoccupait ma femme et nos enfants.

En quittant la colonie, je n'avais nul désir de rester désormais inoccupé. La pensée de n'avoir rien à faire me répugnait; ne rien faire tant que je pouvais faire quelque chose s'offrait à moi comme un opprobre, j'allais dire comme un méfait. Je demandais à Dieu de m'ouvrir une porte, de m'imposer un service dans un coin de son champ. Si mes forces étaient au-dessous de l'ouvrage que j'avais eu à faire à la colonie de Sainte-Foy, il pourrait m'en rester assez pour desservir une humble église et travailler au bien d'un certain nombre d'âmes. J'y aspirais de toute l'ardeur de mon zèle; je priais instamment le Chef de l'Église de me l'accorder. Le pastorat évangélique avait pour moi un attrait irrésistible, comme aux premiers temps.

Tout me faisait désirer de trouver un asile au sein d'un troupeau circonscrit, non disséminé et peu nombreux. Il me fallait un climat chaud, sain et bienfaisant, un pays du Midi, pas brumeux, pas trop humide, favorable à une santé déjà entamée.

J'eusse désiré travailler dans l'*Union des Églises*. Je n'en avais jamais fait partie ; mais mes préférences étaient pour sa Constitution et ses principes. Être séparé de l'État, se gouverner soi-même, c'est la vérité pour l'Église. J'avais vu avec douleur, il est vrai, combien peu l'Union des Églises avait réalisé ce qu'elle promettait à l'origine. Elle n'a pas fait comme le grain de sénevé, ni comme le levain de la parabole. Elle est restée faible, peu envahissante ; j'y ai vu des tiraillements fâcheux et des luttes d'influence nuisibles à sa prospérité. J'aimais à me la représenter comme une source généreuse, grossissante, épendant au loin ses eaux vivifiantes. Cet espoir a manqué ; et au bout de vingt et quelques années, l'Union des Églises pointe à peine sur la carte.

Quoi qu'il en soit, j'ai gardé pour ses principes mes sympathies, et si un champ de travail comme il m'en fallait un avait sollicité ma présence et mes efforts chrétiens en son sein, je crois pouvoir dire que je l'aurais accepté sans hésiter.

Rien de pareil ne s'est présenté. Devais-je donc refuser de travailler dans ce qu'on nomme l'Église nationale protestante où je suis né, où j'ai grandi, où Dieu m'a converti à son Évangile, où j'ai trouvé le salut, où j'ai été onze ans pasteur? A mon âge, on fait moins de cas des différences de forme ; c'est le fond qui prime, et pour sauver des âmes j'aurais prêché les catholiques, les juifs, les païens, malgré certaines différences plus ou moins fondées et difficiles à tourner.

Une église dans la consistoriale de Marseille, église de cent cinquante âmes environ, isolée, sise sur les bords de la Durance, au milieu d'un climat sain, sous un ciel d'habitude d'une sérénité éclatante, s'offrit à moi. Après mûr examen, prières ; après m'être sondé sans parti pris, et considérant mon désir sincère de consacrer à Dieu mes dernières années, j'ai accepté. Je devenais pasteur de l'église de La Roque d'Anthéron.

Le moment était donc venu de quitter la colonie. Je n'ai pu m'en éloigner, je l'avoue, sans la plus vive douleur. La colonie était mon œuvre préférée, aimée ; c'était ma maison, mon domicile ; j'y avais vécu de longues années, et j'avais espéré y mourir. De mes sept enfants, trois y avaient vu le jour ; tous s'y étaient élevés ; le plus jeune y est mort, et ses cendres reposent là près d'un cyprès, une pierre dessus, une grille ornée de lierre à l'entour.

C'est là que j'avais dépensé mes forces, épuisé ma vigueur par un travail soutenu, au milieu de bien des fatigues, des soucis, de beaucoup de patience. Je dormais peu la nuit, j'endurais le faix du jour, le froid de l'hiver, la chaleur de l'été, n'échappant jamais à une préoccupation qui me poursuivait partout. Je puis affirmer que je ne me suis point ménagé, que l'intérêt de la colonie a été mon unique intérêt.

Le moment du départ était pourtant arrivé. J'avais le cœur gros ; et pas moi seul. La séparation d'avec nos enfants, notre éloignement d'une maison longtemps habitée, nous causaient une peine horrible. Nous marchions comme à reculons en nous éloignant de la colonie ; il nous semblait parfois que la voiture, le train, nous ramenaient. Rien ne pouvait nous distraire, et tout ce que nous voyions portait l'empreinte des douleurs de notre âme.

LVI

Ce pays du Midi, dès que le jour fut venu, me parut sévère, sombre, gai nulle part. De Narbonne à Avignon, des roches nues; d'Avignon à La Roque, des contrées désolées sur le parcours de la Durance. La vallée est dominée par de très hautes collines sans verdure, sans rien qui repose agréablement la vue. Cependant, çà et là quelques pins rabougris et des chênes nains; sur les bords de la Durance, de vastes bancs de gravier ou des flaques d'eau avec des roseaux clair-semés. Les eaux de la rivière se divisent en plusieurs bras, séparés par des espaces quelquefois étendus, pour se rapprocher et se réunir plus loin en cours rapide.

Les deux chaînes de montagnes qui dominent la Durance, appelées l'une la chaîne des *Côtes*, l'autre du *Lubéron*, ont de six cents à mille mètres d'altitude. Celle de droite est plus accidentée, elle a des points élevés et quelques aiguilles élancées. Les montagnes de gauche sont plus uniformes et nues. Il n'y a de gazon nulle part; c'est rocailleux, sévère; il n'y a d'autre agrément pour le regard que la vallée et les nombreux villages assis la plupart sur les bords de la Durance. La grâce, la fraîcheur manquent. Ce qu'il y a de vraiment beau dans cette contrée, c'est le matin avant que le soleil ne plonge au fond de la vallée, et le soir à mesure qu'il s'en éloigne, ses reflets d'or sur les plus hautes cimes comme une flamme d'incendie. C'est toujours nouveau, c'est ravissant toujours.

La Roque d'Anthéron est un gros village ramassé, avec quatre rues droites et larges; son aspect est triste. L'Église réformée compte à La Roque environ soixante familles; elle a un temple, une école, un presbytère. Cette église était pauvre de foi et de zèle; il ne paraissait presque plus d'hommes au temple; il y manquait aussi beaucoup de femmes; sur cinquante chefs de famille, on en voyait venir tout au plus cinq, six, quelquefois huit. On compte à La Roque trente mariages mixtes, c'est une lèpre pour l'Église, une mutilation volontaire qui aboutira à la dissolution du corps tout entier. J'en avais l'âme navrée.

Au reste, ce qu'on demandait au pasteur, c'était de baptiser, de présider à la bénédiction des mariages, d'enterrer les morts; et rarement les fidèles dépassaient-ils le fait matériel de ces pratiques pour s'élever à la pensée qu'elles renferment.

On baptise parce qu'on a toujours baptisé; le baptême comme signe de purification intérieure, comme symbole de la rémission des péchés, comme témoignage de foi, comme attestation que l'on est membre du corps de Christ, que l'on est mort et ressuscité avec Christ pour vivre d'une vie nouvelle, en un mot le baptême comme sceau de la grâce et de la régénération par l'Esprit, préoccupe peu. C'est trop spirituel ou trop simplement chrétien.

L'enterrement des morts par le pasteur n'a pas lieu partout. Nos pères, pour rompre absolument avec les prières pour les morts des catholiques romains, avaient, par un article de la discipline des Églises réformées, formellement interdit au pasteur de se montrer à l'enterrement et plus encore d'y officier. C'était, il nous semble, d'une extrême rigueur. Les enterrements offrent l'occasion de parler plus directement au cœur de plus d'un, et il y aurait dommage à n'en pas profiter.

Et que dirais-je de la façon dont on comprenait la Cène du Seigneur?

La Cène est un mémorial de la mort de Jésus-Christ, le signe de son corps, l'image de son sang, un vrai repas spirituel, un repas de communion entre les membres croyants du corps de Christ. La Cène est une prédication symbolique. Tout en elle nous parle de l'amour, du dévouement, du sacrifice expiatoire du Seigneur, de la participation à ce sacrifice.

On a fait chez nous quelque chose de redoutable de la sainte Cène. Pour s'en approcher, il a fallu se soumettre à des abstinences diverses, se contenir, s'interdire une foule de choses, vivre en anachorète presque. Et encore ne s'approche-t-on de la sainte table qu'en tremblant. On voudrait être sans péché pour prendre part au repas des pénitents; on voudrait être saint avant de s'être revêtu du manteau de la justice de Christ; on n'est satisfait de Dieu qu'autant qu'on est satisfait de soi-même, et l'on vit en plein dans la propre justice, méconnaissant ainsi la justice de Dieu.

De vrais croyants parfois aussi s'exagèrent l'importance de la Cène. C'est pour eux, dans le culte chrétien, plus que la prière, plus que la parole lue et méditée, plus que le chant sacré et que l'adoration, plus que les actions de grâces et la louange. Nous ne croyons pas qu'il doive être fait à la Cène une place autre que celle que lui fait l'Écriture, et rien ne nous dit que cette place prime la place des autres actes du culte. Dans le culte, tout est saint et tout doit y être pénétré de l'esprit de Dieu dans la même mesure, y rappeler les mêmes grâces, les mêmes priviléges, les mêmes saintes obligations.

On me dira peut-être que les recommandations, que les menaces dont Paul entoure la célébration de la Cène, impriment à cet acte un cachet particulier de solennité. Cela est vrai, mais cela n'est pas moins vrai des autres devoirs chrétiens.

Voyez le soin que le même apôtre met à préserver de toute erreur, de toute méprise les fidèles au sujet de la grande doctrine de la justification par la foi, qu'altéraient ceux de la Circoncision. Que ne dit-il pas de la doctrine à laquelle on portait atteinte à Colosse, touchant la liberté chrétienne. Il n'y a rien de plus fort dans la parole de saint Paul se rapportant à la Cène, que dans celle se rapportant aux procès, aux divisions, au mariage, aux dons spirituels, aux hérésies sur la résurrection.

Qu'elle est belle, qu'elle est aimable et attrayante, cette page du Saint-Livre qui traite du repas du Seigneur; rien n'y est de nature à vous arrêter; ce ne sont pas de ces mystères étranges, insondables, scabreux, impossibles comme les théologiens et certaines Églises l'ont imaginé.

Quant à moi, je ne suis ici ni pour Rome, ni pour Luther, ni pour Carlostad, ni pour Zwingle, ni même pour Calvin, le plus intelligent de tous et le plus fidèle; je suis de saint Paul, enseigné par Jésus-Christ, et d'aucun autre.

LVII

Je ne me sentais plus libre d'exercer mon ministère à La Roque. Ma santé délabrée y était un obstacle, et il m'était impossible d'y remplir mon devoir comme je l'entendais. Je donnai donc ma démission, et nous décidâmes de nous établir à Toulon pour y vivre avec un de mes fils, attaché au port de cette ville en qualité de médecin de la marine.

Mais auparavant, malgré notre fatigue, nous sentîmes le besoin de voir tous nos enfants et petits-enfants, et de les presser encore une fois sur notre cœur. Ce fut un long voyage. Nous nous arrêtâmes d'abord à Marseille, puis à Fontenay-le-Comte, en Vendée, pour gagner de là au bout de quelques semaines Jersey, où nous fîmes un plus long séjour auprès de notre fils aîné, mon collaborateur dans l'œuvre de la colonie. Notre dernière étape fut Sains, dans l'Aisne. Nous voici de retour à Toulon, installés au Mourillon, tout près de la mer.

La façade de notre maison est au midi; le soleil nous fournit à flots sa lumière. Sous nos fenêtres un petit parterre planté d'arbres en fouillis, des lauriers-roses, des tamarins, un dattier, des lierres; au-delà, la grande rade; en face, de l'autre côté de la rade, la presqu'île de Saint-Mandrier avec ses maisons blanches au milieu des arbres.

Mon temps, désormais, va rester inoccupé. J'en suis chagrin ; rien ne m'attriste comme de n'avoir pas une tâche suivie à remplir. Il m'en coûte d'être oisif, de ne pas évangéliser, de n'avoir pas un troupeau à soigner. Cette pensée est amère. J'avais espéré vaquer à l'œuvre de Dieu jusqu'à mon dernier jour. C'était mon vœu, le but constant de ma prière. Je n'aurais voulu fermer l'œil que sur mon labourage achevé. Il y a tant à faire ! le champ est grand et les ouvriers sont rares. J'avais endossé la cuirasse, pris en main l'arc et le bouclier ; je devais combattre l'ennemi, l'ignorance, le préjugé, le formalisme, tous les penchants, tous les vices, tous les travers de l'inconversion. J'avais pour première commission de me vaincre moi-même, afin de pouvoir, avec quelque fruit, servir de modèle aux autres en instruisant. Mes forces n'ont pas égalé mes désirs.

Quand j'étais bien portant et robuste, le travail ne m'arrêtait ni ne me lassait jamais ; c'était mon plaisir de voir chaque nouveau jour m'apporter son œuvre à remplir ; j'étais heureux de faire quelque chose au nom de mon maître et de m'entretenir, avec tel ou tel de mes semblables, dans l'intention bienveillante de l'intéresser à la grande affaire du salut. Je ne pouvais oublier à quel taux ce salut nous avait été acquis. Je me souvenais, chaque fois, du sacrifice inouï que Jésus avait fait de sa propre vie ; vie élevée à l'idéal de toute perfection morale, et faisant pâlir les vies les plus belles des plus illustres bienfaiteurs de l'humanité ; celles-ci, quelles qu'elles soient, s'effacent devant celle-là comme un flambeau allumé de main d'homme devant l'astre éclatant de l'univers.

On ne se lasse pas de s'y arrêter, d'en contempler les aspects augustes, les lignes profondes, les traits touchants. Elle est unique la vie, elle est unique la mort de Jésus. Elle est le résumé de tout ; tout en vient, tout y retourne. Le ministre chrétien puise à cette source intarissable pour désaltérer les âmes qui ont soif du salut.

Il a fallu s'arrêter pourtant. Une santé atteinte, des forces diminuées, une vigueur disparue, malgré un besoin toujours le même, sont une entrave à ce besoin de continuer l'œuvre si chère, la plus chère à mon cœur.

Combien de fois j'ai tressailli d'aise en me voyant, moi misérable, moi pécheur, appelé au ministère chrétien ! Je ne m'en sentais pas digne, et cela me faisait aimer et admirer d'autant plus l'immense amour de Dieu dans le choix qu'il avait fait de la plus faible de ses créatures.

Je voudrais que le Seigneur voulût faire encore quelque chose de moi. D'après les lois de la nature, il est impossible de reculer ses années et d'en compter moins quand il y en a davantage. Je m'avance, que je le veuille ou non, vers le terme toujours plus rapproché de mon existence ; mes jours sont comptés ; il n'y en aura pas un de plus. En regardant devant moi, un mouvement contraire me ramène en arrière avec une force irrésistible ; tout un passé s'offre à moi, dont je voudrais effacer bien des jours et désirerais, comme Job, qu'il n'y eût eu aucune lumière pour les éclairer. Je voudrais, pour beaucoup d'autres, les voir recommencer afin de les mieux employer à mon développement moral, à mes progrès spirituels et à ceux de mes semblables. Que ne fis-je pas mieux alors ! et comme je ferais mieux en renaissant, il me semble ! Ma vie est un point dans l'infini ; le passé me semble un rêve ; tout se presse et s'accumule en un moment indistinct ; et pourtant quelle dette il laisse à ma charge !

Dans le mieux, je découvre du moins bien ; dans mes meilleures actions, il s'en est mêlé de mauvaises, qui m'humilient. Le mélange est partout : le plomb dans l'or, l'étain dans l'argent, l'ivraie dans le plus pur froment, et, pour parler sans figure, le péché, une recherche de soi, un égoïsme subtil vous suivent comme l'ombre le corps. Ainsi en est-il de moi pécheur.

Oh ! s'il m'était donné de me trouver au point de départ de la carrière ! Mais non, ce n'est là qu'un désir vain. Ferais-je mieux ? ferais-je moins mal que je n'ai fait ? Ce n'est pas moi qui pourrais le dire. On est fort là où il n'y a pas à déployer de force ; on aurait excellé là où il n'y aurait eu rien à faire, ni bien ni mal, que par supposition. Les vœux formés après coup sont des vœux impuissants, sinon des vœux téméraires.

Au point où j'en suis, mille traits de ma vie se retracent à ma vue, qui ne m'avaient pas frappé. C'est comme un livre de mémoires, où je n'avais su lire que quelques mots sans liaison, sans portée, bien qu'il fût plein d'un récit continu et suivi comme le lit d'un fleuve l'est de ses eaux.

Dieu ne m'oubliait pas ; je ne discernais pas ses soins qui m'enveloppaient comme un manteau ; je ne savais voir sa main qui me guidait à mon insu dans tous les événements de ma vie. Oh ! comme mes yeux ont été aveuglés et mes oreilles bouchées ! J'étais sensible pourtant et beaucoup à tout signe de la grandeur divine. J'étais ému devant le tableau des œuvres de Dieu ; je m'élevais bien au-delà de toutes les sphères imaginables. Je me disais que rien n'est de soi, qu'il avait fallu un ouvrier pour l'œuvre ; mais cela dit, je ne voyais plus que l'œuvre ; elle m'emprisonnait et m'absorbait. Je suis humilié de tant d'ignorance. Un être fait pour ne jamais quitter Dieu, et qui peut ne pas s'en apercevoir, qui peut vivre dans l'isolement, n'est-ce pas un prodige de misère ?

Rien mieux ne me révèle la chute et les effets de la chute. Une vue claire là-dessus illumine tout. J'ai dû passer par là pour retrouver mon chemin ; c'est comme le premier point de mon *Credo*. On se trouve bientôt en plein dans les riches paysages de la révélation qui précède et qui accompagne l'Orient d'en Haut, le Saint, le véritable, Jésus, l'unique Issu du Père.

Depuis les premiers jours où son Évangile a relui sur moi, les dispensations de grâce que Dieu m'a ménagées ne se pourraient compter. Une vocation glorieuse, par lui m'a été adressée ; un champ de travail m'a été assigné. Une santé et des forces suffisantes, il m'en avait doué ; j'éprouvais tous les élans de la foi ; j'avais hâte de compter au nombre des plus fidèles ouvriers, d'entrer dans le labourage de Dieu, sous la réserve de ne rien entreprendre qu'en son nom, sachant bien qu'en l'oubliant je rendrais ma tâche stérile.

Hélas ! j'aurais beaucoup à faire si je devais additionner ici tous mes insuccès, dus sans doute, pour la plupart, à mon manque de vigilance, à l'oubli de mon impuissance naturelle, à la présence d'une présomption cachée, qui ne manque jamais de s'attacher au serviteur de Jésus-Christ, même le plus fidèle. C'est le ver qui frappe jusqu'à la racine et dont les dents invisibles font leur œuvre détestable sans qu'on le sente ou qu'on s'en avise.

Je serais fort embarrassé de montrer intacts les fruits de mon labeur. Je n'ai amassé ni argent, ni or, ni fortune d'aucun genre. Je n'avais nullement, à cette condition, accepté de servir le Maître. « Ne prenez ni sou, ni monnaie ; vous avez reçu gratuitement, donnez gratuitement » ; c'était ma règle. Faire entrer en ligne de compte un intérêt matériel m'eût choqué ; j'en eusse eu un remords réel ; cela m'eût paru une indignité. Je savais qu'il fallait vivre ; j'en laissais le soin à celui qui a dit : « L'ouvrier est digne de son salaire », mais qui n'a pas dit : « L'ouvrier fera fortune, s'enrichira ; il aura des rentes sur l'État ; il bénéficiera avec les gens de bourse ou prêtera à usure, ou se refusera le nécessaire pour grossir son périssable trésor. »

Je sais tout ce qu'ont d'humiliant, de douloureux, les soucis au sujet du manger et du boire dans la famille du pasteur, et dans quelle détresse intime elle passe des jours et des nuits. On ne se fait pas une idée de la dureté des privations qui attendent le pasteur. Il est privé du nécessaire, et son cœur se déchire à la vue de ce dont manquent sa femme et ses enfants ; il est privé de visiter ses parents et ses amis lointains, et c'est pourtant le pain du cœur, l'aliment de l'amour, de l'amitié ; il est privé de donner l'exemple de la libéralité, aujourd'hui surtout, où tout nous convie à ouvrir nos bourses pour secourir les œuvres que la charité a fondées et qu'elle alimente. Il est privé de livres, dont il aurait le plus pressant besoin, de quelques publications périodiques, qui font connaître la marche de la vérité chrétienne au milieu de l'Église, au sein du monde.

Le troupeau est jaloux de trouver que son pasteur a bon air, que la famille du pasteur est respectable. Il a l'œil sur lui, et les critiques ne manquent pas s'il y a trop ou trop peu, surtout trop peu ; et rarement l'un des plus indulgents ou des moins malins se sentira au cœur de témoigner, par un acte généreux, un peu de sympathie au conducteur des âmes.

La vie de celui-ci est plus souvent une vie de tristesse et d'amertume que de bonheur et de joie. Oh ! si encore il pouvait, par son dévouement, sauver les âmes, quelques-unes du moins ; s'il pouvait faire agréer son message, inspirer le désir sérieux de connaître l'Évangile et de montrer qu'on a des besoins supérieurs, qu'on est autre chose que chair, que poussière, que l'horizon borné de cet univers n'enferme pas nos destinées véritables ! C'est ici surtout qu'est sa plus grande peine. Voir le message divin repoussé ou dédaigné ; voir ses efforts méconnus ou mal jugés des pécheurs ; voir des âmes immortelles se refuser à contempler l'issue d'une vie courte ici-bas et pleine de misères, de déceptions, d'illusions ; voir le saint nom de Dieu, le nom du Sauveur, mis au-dessous de ces misères, de ces déceptions, de ces illusions, navre le cœur, ôte toute énergie et ferait prendre l'œuvre du pastorat si noble, si sainte, en aversion presque légitime.

Ici je repasse mes souvenirs. C'est désormais ma seule occupation ; je suis un pauvre invalide ; rien d'autre n'a lieu de me préoccuper. Les intérêts de la cité céleste, c'est ce qui m'occupe. Je commence néanmoins à sentir les atteintes d'un mal qui va grandissant. Mes forces diminuent; je m'achemine vers la tombe. Je suis entre les mains de mon Dieu.

LVIII

J'avais eu par avance le pressentiment de cette maladie; mes fatigues passées m'y conduisaient lentement mais sûrement. Toutefois, j'ai été atteint bien au-delà de ce que j'aurais pu imaginer. Mon cher Ferdinand, médecin de marine, fut, dès l'abord, frappé de la gravité du mal, et il m'en avertissait. Pourtant, je pouvais encore sortir. Je faisais quelques courtes promenades avec ma femme et mon fils, mais sans entrain et en traînard. Je pliais sur mes jambes et me trouvais sans force. Je dus renoncer à mes promenades et garder la chambre. La vie se retirait progressivement. J'étais la lampe qui manque d'huile et dont la flamme perd de sa clarté.

La vie, quel mystère! Elle anime tout; elle plonge dans les profondeurs de l'être; elle anime la matière, mais elle n'est en rien le résultat, le produit de la matière; elle échappe à toutes les investigations de la science. Elle est vigoureuse ou faible, maîtresse ou servante, selon les conditions de l'état de santé ou de maladie des corps vivants. Mille causes connues et inconnues l'affectent dans des proportions infiniment diverses.

La vie donc semblait devoir me quitter. Depuis environ la mi-décembre, je me sentis aux prises avec un mal qui ne me laissait ni paix ni trêve, gagnant chaque jour du terrain. Je me sentais descendre ; rien ne me retenait, je ne pouvais m'accrocher à rien. Je cédais à un plus fort. Je me livrai entièrement à l'arbitre de nos destinées, et je me trouvai bien dans les bras de sa bonne providence. Je m'enveloppai de la justice justifiante de Jésus, l'agneau de Dieu qui ôte le péché du monde, et je me sentis à l'aise, jouissant d'une assurance calme. J'étais comme le petit enfant dans les bras de sa mère et j'attendais de rendre à Dieu mon âme, sans crainte comme sans regret.

Un jour, comme j'étais au pire, c'était aux premiers jours de janvier, mon fils Ferdinand, entrant dans ma chambre, m'annonça l'arrivée de deux de ses frères, Samuel et Joseph ; Nathanaël était attendu pour le lendemain. Cette nouvelle fit sur moi un effet prodigieux. On ne m'avait rien dit et j'étais loin de songer au bonheur d'avoir auprès de moi, réunis, mes quatre fils. J'étais stupéfait à la vue de mes fils ; je ne me rendais pas bien compte de cette brusque apparition. Mes enfants me pressèrent dans leurs bras ; nous pleurions, nous bénissions Dieu avec effusion. Je revoyais mes fils ; ils revoyaient leur père ; et le lendemain, par la joie de revoir mes trois fils absents, mon extrême faiblesse avait changé d'aspect. Il me paraissait que j'étais mieux ; mon âme, qui avait perdu de son énergie, reprit pour quelques moments un vouloir nouveau. J'étais comblé et j'acclamai la miséricorde si riche et sans limite de Dieu.

Un mieux momentané s'était produit, une trêve dans mon état de souffrance.

Le jour d'avant avait été le plus menaçant ; j'avais réuni autour de ma couche ma femme et mes enfants ; je leur fis mes adieux, leur laissant le gage du plus profond amour. Je les recommandai à Dieu, le souverain protecteur et bienfaiteur, notre Père en Jésus-Christ, en qui sont renfermés tous les trésors de la sagesse et de la science. Je leur souhaitai tous les trésors de la grâce, joie et paix, santé, prospérité ; je n'oubliai pas leurs familles, femmes et enfants, que j'aimais comme miens et dont le souvenir m'arrachait des larmes douces et émues.

Au sujet de mon âme, de mon salut, je possédais la plus grande sécurité ; je savais en qui j'avais cru. Depuis longtemps, Jésus et moi, nous nous appartenions l'un à l'autre ; il demeurait en moi, et moi en lui. Mais sa face m'était à demi-voilée. Je le savais là tout près de moi, mais j'avais à le rencontrer. Je soupirais après lui. J'avais besoin d'avoir la pleine possession de moi-même et la pleine jouissance de Jésus-Christ mon rédempteur. Mon âme se sentait enfermée dans le cercle toujours plus restreint d'une vie qui faiblissait ; ma pensée avait moins de portée, mon sentiment moins d'élan. Je parvenais toutefois à ranimer mon âme en faisant passer devant mes yeux ternes les émouvantes scènes du Calvaire.

Je retrouvais Jésus gracieux, aimable, compatissant, secourable, un sauveur parfait, victorieux, m'associant à ses souffrances, à sa mort, à sa résurrection. Je me sentais vivre, car je me sentais croire.

La vue de mes fils, leur présence près de ma couche, leur regard si sympathique, leur attitude triste et résignée, leurs paroles brèves mais significatives, leur respect, leur amour, leur empressement à secourir leur mère, leur désir de me conserver, leurs prières ardentes et si pleines d'à-propos, la lecture grave, sentie, sobre de la parole de Dieu, soir et matin, tout cela produisit en moi comme une révolution salutaire. J'étais au comble du bonheur, ma joie éclatait en sanglots. Je ne bénirai jamais Dieu assez pour un si grand bien.

En l'absence de mes fils, ma femme, comme un ange élu, se tenait près de moi et m'édifiait; elle priait comme peu savent prier : simplicité, onction, piété intime, expérience avancée de la vie chrétienne et de la communion avec Dieu, accent pénétrant et bien fait pour réveiller en vous la foi, le courage et l'amour.

Dieu ne m'a pas abandonné, il m'a prodigué ses soins, il a trouvé bon de me conserver. Pour combien de temps?... Je suis dans ses mains, j'attends avec docilité l'accomplissement de son dessein. S'il m'a gardé encore, c'est sans doute pour achever son œuvre en moi.

J'ai été au pire ; j'ai vu la mort de près ; je descendais la pente avec une rapidité dont je garderai le souvenir ; puis il y a eu arrêt et Dieu m'a voulu donner encore des jours sur lesquels je ne comptais plus.

LIX

Mes fils devaient nous quitter, les devoirs de leur vocation les rappelaient. Samuel partit le premier, puis Nathanaël ; Joseph put rester davantage. J'avais auprès de moi deux de mes fils et ma chère femme.

Celle-ci se surpassait, malgré sa santé bien affaiblie ; je ne saurais trop dire quelle activité, quelle vigilance, la nuit, le jour, elle n'a cessé de déployer à mon sujet. Qu'elle en reçoive ici l'expression de ma plus cordiale gratitude.

Il m'a été donné, pendant ces jours de souffrance, de me mouvoir, si je puis ainsi dire, au sein des richesses insondables de la grâce de Dieu. A la vue de ces choses magnifiques, je me sentais pénétré et comme débordé par l'amour de celui qui est amour. L'œuvre de Jésus-Christ, l'œuvre du salut m'est apparue dans sa beauté grande, dans son ampleur, dans son ensemble, dans ses parties, dans son harmonie ravissante comme ce qui magnifie le plus le Seigneur, qui en a conçu, dressé, réalisé le plan. Là, dans mon lit, il n'y a pas de bornes à ma méditation. Jamais les Écritures ne m'avaient offert une telle plénitude, une telle abondance de magnifiques choses à méditer. Je suis de plus en plus ravi de son accord avec les plus profonds besoins de mon âme. Tout y excelle, tout y abonde, tout y est plein de vertu, d'efficace; et je ne saurais dire ce qui en moi n'y trouve pas son aliment, son appui, sa lumière, son entière satisfaction.

Les Écritures offrent un caractère à part, unique. Leur langage n'a rien de l'éloquence humaine; il est souvent rude; il est ferme. Chez Paul, la pensée se hâte, riche et complète; l'apôtre ne craint pas les pléonasmes, les répétitions, les façons de dire inusitées; mais comme son style est ramassé, noueux, substantiel! les pensées sont comme les anneaux d'une chaîne fortement rivés les uns aux autres; et s'il s'interrompt pour une explication de détail, c'est pour se retrouver soudain plus lumineux et avec une logique irréfutable.

Plus d'une fois aussi, combien l'apôtre est gracieux, aimable, tendre, atteignant à la vraie éloquence du cœur et se soumettant toutes les pensées, en élevant l'âme jusqu'aux plus hauts cieux, à la limite dernière des réalités invisibles et éternelles!

Je lis souvent les lettres de Paul, et j'y éprouve un bonheur infini. Il me semble qu'il y ait quelque chose en lui qui me soit personnel.

Les autres écrivains sacrés me sont pareillement sympathiques. Jean fait vibrer les cordes de mon âme; ses répétitions ne me lassent jamais; le souffle d'en haut les pénètre, les vivifie; il vous transporte dans un monde supérieur où l'on respire d'aise. Jean définit Dieu *Amour*, et c'est le plus parfait amour qui l'inspire.

Les fortes et saines paroles de Pierre vous obligent à la

réflexion ; c'est un enseignement vigoureux, édifiant, qui vous laisse satisfait et plein de courage et d'entrain.

Que n'aurais-je pas à dire des Psaumes ? J'en fais ma lecture journalière. Ce n'est pas que la vérité y soit toujours bien dégagée de formes provisoires, mais quel trésor d'édification !

On me lisait, je lisais, je méditais dans mes insomnies de la nuit et durant le jour. J'ai passé ainsi les plus heureux moments, j'ai fait les plus douces expériences. Tous les bienfaits de l'Éternel ont été sur moi ; j'étais en communion étroite avec lui.

Mon horizon s'était élargi ; je voyais plus loin et mieux ; l'expérience que je faisais me révélait des choses jusque-là cachées : les trésors de la patience, la soumission filiale, l'attente d'un monde nouveau que je touchais en quelque sorte de la main. J'étais à tout moment sur le point de remettre mon âme dans les mains du Seigneur, c'était mon unique refuge. Je ne songeais à aucun autre.

Mon état n'a pas empiré. Il ne le pouvait guère, étant au dernier terme, et le moindre pas en avant devant amener la mort. Même faiblesse, même débilité ; un rien me pesait comme un lourd fardeau, le moindre mouvement me fatiguait jusqu'à l'impuissance. Ma pensée, toutefois, devenait plus libre ; je rentrais peu à peu en possession de mes sens, je me retrouvais sans peine et je reprenais mon essor vers les régions du monde invisible.

Je puis néanmoins rester levé quelques heures ; je m'approche de mon bureau, je prends une plume et du papier, et j'écris. Je m'y complairais, si ma pensée était plus haute et ma méditation plus profonde et plus achevée.

Dans quelques jours, si Dieu le veut, je pourrai reprendre mon commerce épistolaire, dont je suis déshabitué, avec mes enfants et mes amis. Ç'a été toujours pour moi une source de vraies jouissances, un agrément que Dieu m'a ménagé avec largesse.

C'est un singulier passe-temps que celui de ne rien faire ; il n'en est pas ni d'aussi monotone, ni d'aussi triste. La pensée que c'est voulu de Dieu, que c'est dans les voies de la Providence et qu'il est sage de savoir se résigner et de savoir mettre ses loisirs à profit pour se sanctifier, n'est pas une pensée oisive, ni stérile.

Apprendre à vivre avec le Seigneur, apprendre à mieux connaître ses mystères, à sonder mieux les secrets des Écritures, à mieux comprendre Jésus-Christ l'admirable, est une occupation à laquelle je me livre sans peine et qui m'attire.

A quoi le malade pourrait-il mieux s'appliquer ; à quoi, dans sa convalescence lente, pourrait-il mieux consacrer ses moments les plus lucides ? Cette étude est la plus saine et la plus noble.

Jésus ! quand je te possède, il n'est rien que je ne cède pour te conserver. Je ne veux savoir que Jésus-Christ et Jésus-Christ crucifié. Toute ma confiance l'embrasse ; il est le rocher de mon salut, la source de ma vie.

O Jésus, je te dois pour la seconde fois l'existence ; tu as entouré ma fragilité de tes mains ; tu n'as pas voulu me faire descendre au sépulcre cette fois ; tu as arrêté la mort qui convoitait sa victime et se ruait sur moi comme les vagues irritées de la mer sur le rivage.

Puisque je vis, fais-moi la grâce de vivre tout pour toi,

de t'appartenir à toi seul. Que je sente en moi ton amour s'accroître sans cesse; que mon cœur brûle de ton zèle, qu'il éprouve tout ce que le pécheur sauvé doit avoir de reconnaissance pour son rédempteur. Vis en moi, Jésus, et que je vive en toi, afin que l'union soit consommée à jamais!

LX

Ma chère femme était malade. L'affection dont elle souffrait n'était pas d'hier, elle datait de longtemps, mais nous étions loin, elle, ses enfants et moi, d'en comprendre la gravité. Le mal prenait un caractère toujours plus grave. Ma pauvre femme s'en inquiétait. Si son mal empirait, l'obligeait à garder le lit, qu'adviendrait-il d'elle et de moi? Cette pensée l'obsédait, prenant parfois un caractère plus sombre. Elle avait le sentiment qu'il ne lui restait pas longtemps à vivre. Alors elle s'alarmait à mon sujet. Que deviendrais-je sans elle? J'en étais au même point, sans force, et incapable de me mouvoir. Quelle serait ma condition, habitué à vivre d'une vie commune intime, d'une vie indentifiée et qui ne connaît pas le nombre deux? La pensée de me voir ainsi mutilé, privé de plus de moitié de mes facultés, de mes forces, cette pensée m'accablait.

Je préférerais mille fois être rappelé le premier. Ou si Dieu, l'arbitre suprême de la vie et de la mort, trouvait bon de nous prendre en même temps l'un et l'autre, il accomplirait le vœu le plus cher de notre cœur.

Je prie Dieu de mettre du retard à l'effet de la crainte de

ma femme, et qu'elle vive après moi. — Cela que te coûte-t-il, Seigneur? N'es-tu pas le dispensateur, le régulateur suprême des destinées des hommes? Tu peux m'exaucer, et j'ai l'espoir que tu m'exauceras. Je sais que tu écoutes les requêtes de tes enfants et que souvent tu les exauces, quand il te plaît, sans doute. Mais combien de fois il t'a plu! combien de fois il te plaît de répondre favorablement aux prières de la foi! Ne le ferais-tu pas encore? et en le faisant, ne magnifierais-tu pas ton nom?

LXI

Épreuve suprême ! Ma faiblesse est grande ! Je suis comme un arbre ébranché !

Ma chère femme m'a été enlevée brusquement, et à l'improviste, alors que je n'avais pu en concevoir l'idée. Et pourtant, depuis quelques jours, elle passait par les crises les plus cruelles; mais on m'avait laissé ignorer la gravité de son état. Le jour de la grande épreuve, la malade avait paru mieux que la veille; elle reposait doucement endormie dans une chambre voisine de la mienne; ses enfants étaient descendus pour prendre leur repas du soir. Tout à coup, la chère malade se réveille en sursaut, en proie à des douleurs atroces. Nous nous mîmes à appeler, elle par les cris que lui arrachait la douleur, moi, sans voix, ne pouvant non plus marcher que parler, en frappant du poing sur la paroi de mon lit. Mes fils arrivèrent en hâte. Alors commença une affreuse agonie. Le sang, jaillissant comme d'une source furieuse, sortait à flots de sa pauvre bouche et ne cessa que lorsqu'il n'en resta plus dans le corps.

Et pourtant, cette nature angélique, tordue par les souffrances atroces de son pauvre estomac déchiré, de tout son pauvre être angoissé, baignée de sueurs glacées qu'elle appelait elle-même « les sueurs de la mort », secouée par les plus terribles convulsions, ces convulsions atroces qui succèdent aux grandes hémorrhagies, défaillante, trouvait encore le temps et le cœur de m'envoyer un de ses fils pour me demander ma bénédiction, d'appeler notre bonne et de lui recommander d'avoir bien soin de son mari et de ses enfants, enfin, de se recommander à son Sauveur, le priant d'avoir pitié d'elle et de nous.

Je l'entendis, d'une voix étouffée, dire : « Je m'en vais, je m'en vais. » Mon fils Ferdinand vint à moi et me dit : « Cher père, c'est la fin ! » et, me prenant dans ses bras, il me porta auprès du lit de la morte.

Je refusais de croire ; cela me paraissait impossible ; j'étais comme un homme qui sort d'un rêve étrange et accablant.

J'appelais ma femme ; elle ne me répondait pas. Sa douce voix ne devait plus se faire entendre ; elle gardait le silence de la mort ; et il fallut me résigner et me soumettre à la suprême décision du souverain Maître du monde, de celui qui fait vivre et qui fait mourir au gré de sa sagesse et des arrêts de sa divine Providence.

Je me trouvais seul, dans une solitude incomparable. Je n'avais jamais soupçonné rien de pareil, bien que Dieu eût ébréché ma vie en rappelant à lui deux de mes bien-aimés enfants.

Ma pauvre femme n'était plus. La mort semblait l'avoir rajeunie. Son visage devint éclatant de beauté. Sous le froid d'une sueur glacée, je lui pris les mains ; je la couvris de mes baisers ; ce n'était plus elle ; ce n'était que son ombre, et cette ombre me parlait le plus pénétrant langage.

Mes enfants me reconduisirent à ma couche, où je pus me livrer à toute ma tristesse.

Mes fils prirent soin d'habiller leur mère. Ils lui mirent ses plus beaux habits. On aurait dit une fiancée pour la noce. Mais, hélas ! ce n'était plus qu'un cadavre !...

Nous l'avons enterrée à l'ombre de deux cyprès, dans le cimetière protestant de Toulon. Il m'eût été doux de penser qu'elle pourrait reposer entre sa mère et son enfant chéri Timothée, dans le cimetière de la colonie. Peut-être un jour ce désir sera-t-il réalisé (1) !

Et maintenant, que serais-je, sans la grâce de Dieu pour me soutenir ?

---

(1) Ce souhait a été accompli.

LXII

Mes jours sont maintenant faits de douleur. Je suis d'une faiblesse extrême, et j'attends qu'il plaise à mon Dieu de m'appeler à lui. Avant que ma plume, que je ne sais presque plus diriger, ne tombe de ma main tremblante, je veux exprimer une pensée qui m'obsède depuis longtemps.

Un besoin de mon cœur a toujours été de déposer le fardeau de mes fautes aux pieds de quiconque a été par moi offensé. J'ai souvent eu des torts envers bien des personnes, proches, amis, voisins, peut-être sans intention quelquefois, mais une faute est toujours une faute, et l'offense commise demeure.

J'ai des enfants; je leur demande pardon de toute faute à leur égard. Ce pardon, je le sais, m'est cordialement accordé. Mes enfants m'adresseraient un reproche en m'entendant le réclamer. Ils ne comprendraient pas et verraient en cela un scrupule exagéré. Il vaut mieux ainsi. Cet aveu me soulage. Je ne voudrais rien avoir sur le cœur. Mes responsabilités d'ailleurs sont assez grandes.

Mes fils sont mes égaux et je leur dois compte de mes devoirs. Nous sommes égaux devant Dieu, notre commun père.

Je demande pardon à tous ceux que je puis avoir offensés J'ai besoin de cette décharge pour ma paix intérieure. Libre de ce fardeau, je me sens à l'aise, ce qui n'est pas un faible gain.

Oh! le pardon accordé, quel bien! On était comme dans un étau, enchaîné; on est alerte et prompt comme la biche.

C'est toi, ô mon Dieu, qui as introduit le fait du pardon dans le monde; tu en es la source et l'auteur. Béni soit ton nom au siècle des siècles, dans tous les lieux de la terre!

Si le monde entier avait besoin d'un pardon quelconque de moi, il lui serait accordé sans délai, sans effort, sans regret. Le besoin de pardonner égale le besoin d'être pardonné. Je ne voudrais pas, pour ce que vaut l'univers entier, refuser ma bienveillance à personne, ami ou adversaire. Je confonds ceux-ci au milieu de mes meilleurs amis, de mes plus affectionnés frères. — Qu'aucun n'ait regret de m'avoir offensé. Le grand offensé, c'est Dieu, c'est Jésus-Christ, qui n'a jamais pardonné à demi. Je veux être son disciple; et son exemple m'est cher.

J'entoure mes enfants de mes bénédictions et de mes vœux. Ils ont droit à tout ce qu'il y a d'affectueux dans mon cœur. Mon cœur déborde d'amour sur eux. Je les suivrai jusqu'au-delà de la tombe.

Tous mes parents ont part aux mêmes effusions de mon cœur affectionné et chrétien.

J'ai des amis; je ne les nomme pas, ils savent qui ils sont. Je compte les meilleurs au nombre de mes proches.

. . . .
. . . .
. . . .

LXIII [1]

Mes chers enfants,

Je me sens arrivé au terme de mes jours, aux limites finales de ma vie. Je vais prendre le chemin de votre mère, ma digne et regrettée compagne. Le temps ne sera plus, ni les épreuves, ni les larmes; dans le ciel, tout est paix et joie par le Saint-Esprit. J'ai voulu vous réunir; mon bonheur eût été plus grand si j'avais pu vous réunir tous; mais cela n'a été possible que pour quelques-uns. Les manquants seront avec nous en esprit, de cœur, par leurs vœux et leur profonde affection. Je pose mes mains sur vos têtes et je les étends aussi loin que possible sur tous les miens, grands et petits. Je n'en excepte aucun; ma bénédiction vous appartient. Je suis heureux de vous l'accorder toute entière.

Nous ne faisons qu'un seul corps, une seule famille; la même vie nous anime, le même esprit nous pénètre; nous avons le même Père, le même Sauveur. N'oubliez jamais cette parenté plus intime. En s'ajoutant à l'autre, elle achève toute la richesse et la beauté de l'œuvre de Dieu.

[1] Nous avons cru devoir ajouter aux *Impressions* les lignes suivantes qui en sont le complément, et que notre père vénéré trouva la force de dicter, peu de jours avant sa mort, à l'un de ses petits-enfants.

Dieu nous a aimés hors de toute mesure; les intelligences célestes n'en trouveront jamais le fond ; jamais aucune créature ne pourra mesurer la hauteur, la profondeur et la largeur de l'amour de Christ. Nous sommes devenus les objets de cet amour en Jésus-Christ; nous sommes placés, nous vivons à son foyer ; c'est l'ineffable bien.

Dieu a usé de patience et d'amour envers nous, malgré notre misère et notre néant. Je m'étonne toujours davantage qu'il ait pu songer à des créatures aussi infimes, aussi débiles. Son immense bonté a tout vu; rien ne lui a échappé, les petites et les grandes choses. Il s'est donc approché de nous; il ne s'est pas laissé rebuter par nos péchés; il ne lui a pas été désagréable de pardonner. Le pardon que Jésus a fait éclater pourrait couvrir mille mondes ; le mystère de la piété est grand, inscrutable ; la personne de Jésus en est le centre, l'objet ; c'est une source à laquelle tous ceux qui ont soif peuvent puiser. Nous ne sommes pas sans en avoir bu les eaux salutaires.

Mes chers enfants, je vais vous quitter ; nous allons nous séparer en attendant notre réunion dans le royaume de Dieu auprès de Jésus. Je vous exhorte, au nom de la foi qui nous est commune, à ne pas oublier un instant que vous êtes étrangers et voyageurs ici-bas ; que votre demeure terrestre va être détruite, et que la seule vraie est celle qui n'a pas été faite des mains.

Je vous exhorte à ne jamais oublier le temps qui est court, à ne jamais vous attarder à la poursuite de vains objets de ce monde, à la recherche de ce qui n'est ni permanent ni divin.

Je vous exhorte à glorifier le Seigneur dans vos corps et dans vos esprits, qui lui appartiennent. Je vous exhorte à marcher en bon accord, à vous aimer comme de véritables frères transformés par la grâce de Jésus-Christ.

Faites que le monde dise : « Voyez comme ils s'aiment ; ils ne sont pas du monde, non plus que leur maître, bien que vivant au monde. » Soutenez-vous mutuellement ; encouragez-vous, secourez-vous selon le besoin ; ayez les égards les plus délicats les uns pour les autres ; appelez les meilleurs dons de Dieu sur tous et sur chacun ; n'ambitionnez rien comme de vous dévouer, de vous donner les uns aux autres ; ayez l'exemple de Christ, toujours peint sous les yeux ; soyez, comme lui, bons, humbles, tendres, compatissants. Donnez-moi l'assurance que vous ferez tout pour devenir tels ; laissez-moi croire que j'aurai toujours en vous des fils aimants, croyants, et que le souvenir de votre père, qui bien qu'entaché de misères et de peines, offre pourtant quelques exemples d'une piété consciencieuse et jamais feinte, sera toujours présent à votre cœur. Il y aurait bien à retrancher dans mes jours ; les ombres de Dieu devraient en couvrir un grand nombre ; un triage que j'en ferais en réduirait la quantité en chiffres bien moindres. Je m'en humilie, j'en gémis, et je prie Dieu de compenser le moins par le plus. Lui seul le peut ; là où le péché abondait, la grâce a surabondé. Je vous laisse, mes chers enfants. Je me souviendrai de la solennité de ce moment solennel, je veux vous bénir, je vous entoure de mes bénédictions, et tous mes vœux vous environnent et vous pressent.

Soyez les bien-aimés de l'Éternel.

Que la grâce du Seigneur Jésus-Christ et l'amour de Dieu et la communication du Saint-Esprit soient avec vous tous. Amen !

APPENDICE

Le vieux et fidèle serviteur de Dieu ne se trompait pas en prévoyant sa fin prochaine. Quelques jours après avoir dicté ces dernières lignes d'une voix défaillante, il s'endormait dans le repos de son Seigneur.

Hélas! ses derniers jours furent attristés par de cruelles souffrances. Son Père céleste jugea à propos de l'éprouver jusqu'à la fin par la douleur. Mais, même au milieu des angoisses d'une lente agonie, son admirable fidélité ne se démentit pas un instant; jamais il ne perdit de vue les promesses divines dont sa foi l'avait rendu le ferme possesseur, et son âme conserva jusqu'au dernier instant cette sérénité qui prenait sa source dans l'amour de son Dieu. Et lorsque la voix d'un fils ou d'un ami implorait pour lui la miséricorde du Sauveur, un sourire empreint d'une joie angélique venait éclairer son visage, où la mort avait déjà posé sa terrible empreinte.

Il mourut comme il avait vécu, en chrétien, s'abandonnant sans inquiétude à l'infinie miséricorde de l'Ami des pécheurs, comme un enfant dans les bras de son père.

C'était le 26 septembre 1876 ; il était âgé de 73 ans.

A plusieurs reprises, notre père bien-aimé nous avait manifesté le désir de reposer un jour au sein de cette colonie de Sainte-Foy, qu'il regardait à juste titre comme son œuvre de prédilection, comme une fille bien-aimée qui tenait une large place dans son cœur.

Son désir fut accompli.

Quelques jours après le départ de son âme pour la céleste patrie, une foule en deuil, composée de parents, d'amis, des colons et des employés de la colonie, se pressait dans la chapelle de l'établissement, autour de deux cercueils. L'un contenait la dépouille mortelle de M. Martin-Dupont, l'autre celle de la fidèle et bien-aimée compagne de sa vie.

Un moment après, au milieu d'un silence solennel que troublaient souvent quelques sanglots étouffés, M. le pasteur Pozzy montait en chaire, et, devant le cercueil de celui dont il avait été l'ami le plus intime, il prononçait les paroles suivantes :

« Un nouveau deuil vient de frapper nos églises. Monsieur P.-F. Martin-Dupont, ancien directeur de la colonie agricole de Sainte-Foy, s'est endormi au Seigneur chez son fils, M. le pasteur Joseph Martin-Dupont, le 26 septembre dernier. Quelques mois à peine s'étaient écoulés depuis la mort de sa chère et digne compagne, lorsqu'il a plu à Dieu de rappeler à lui son fidèle serviteur.

» Une telle mort ne doit pas passer inaperçue parmi nous. L'homme que Dieu vient de nous reprendre a occupé une place trop importante dans notre protestantisme français, il était d'une valeur personnelle trop grande, pour qu'une simple mention suffise. Les gens du monde savent honorer leurs morts. Nous devons savoir aussi honorer les nôtres.

» Qu'il soit permis à un ami de M. Martin, qui a vécu plus de trente ans dans son intimité et qui mieux qu'un autre peut-être a été à même de le connaître, de payer ici un juste tribut de souvenirs et de regrets à sa mémoire.

» P.-F. Martin-Dupont naquit dans une vallée des Hautes-Alpes, au commencement du siècle. Il avait soixante-treize ans quand il est mort. De bonne heure, il eut le privilége d'entrer en relation avec Félix Neff, l'apôtre de ces contrées. C'est de lui qu'il reçut ses premières leçons, de lui aussi qu'il apprit à connaître le Sauveur. L'impression que Félix Neff produisit sur mon ami fut profonde, ineffaçable. Aussi, quarante ou cinquante ans après, il en parlait encore avec enthousiasme, enthousiasme que l'on comprend sans peine, quand on se rappelle ce que fut le maître et ce qu'était le disciple.

» Une fois converti, le jeune Martin éprouva le désir de communiquer aux autres le bien que le Seigneur avait fait à son âme. Il suivit Félix Neff dans ses tournées missionnaires, et devint dès lors le compagnon de ses travaux sur les hauts plateaux et dans les gorges du Dauphiné.

» Quelques années après, il fut envoyé à Montauban, en

compagnie de deux de ses compatriotes, enfants spirituels de Félix Neff comme lui, pour y faire des études théologiques, en vue du ministère de l'Évangile. L'arrivée de ces trois jeunes gens, descendus des montagnes des Hautes-Alpes, envoyés par Félix Neff, fut un événement parmi les étudiants. Leurs manières un peu gauches, leurs habitudes austères et jusqu'au sérieux de leur piété, les rendirent étranges au milieu de leurs condisciples alors animés, pour la plupart du moins, d'un tout autre esprit que le leur. Ils furent d'abord raillés par eux; mais peu à peu le respect et l'affection prirent la place de la raillerie. On comprit qu'on avait affaire à une piété vraie, conséquente avec elle-même. Dès trois heures du matin, ils étaient debout, au travail, et le soir il était souvent onze heures et plus que leur lampe brûlait encore. Dans un temps où le vent du doute soufflait partout, où les vieux murs de l'ancien couvent qu'on appelait la Faculté avaient été impuissants à en garantir ceux qui s'apprêtaient à devenir les futurs conducteurs des églises, leur foi à eux était ferme, sereine, sûre d'elle-même. Elle s'appuyait sur la meilleure des preuves, la preuve d'expérience. Les grandes doctrines du Réveil et de la Réformation étaient pour eux des vérités qu'ils avaient expérimentées, qu'ils avaient reçues, et que pour ce motif ils affirmaient d'une manière absolue.

» Tel fut Martin-Dupont alors, tel on pouvait pressentir qu'il serait plus tard.

» Je ne l'ai connu que bien longtemps après. C'était en 1843, le jour même de ma consécration, sous la présidence de mon vénéré maître et ami Adolphe Monod. Martin était au nombre des pasteurs consacrants. Ce fut là que je le vis pour la première fois. Il ne me fallut pas longtemps pour m'attacher à lui. Son cœur d'or, sa nature honnête et loyale m'attirèrent d'abord ; un lien sympathique s'établit entre nous, et ce lien, les années, loin de le relâcher, n'ont fait que le resserrer davantage.

» Et pourtant j'étais bien jeune alors ; je venais à peine d'entrer dans la vie. Lui avait déjà atteint la maturité. Il avait travaillé, et beaucoup, dans le champ du maître. Sans rappeler ses courses d'évangélisation avec Félix Neff dans les Hautes-Alpes, il avait été successivement pasteur au Mas-d'Azil, dans l'Ariége, et dans les îles de Ré et d'Oléron. Partout il a laissé des souvenirs précieux. Allez dans ces contrées : ceux qui l'ont connu, en vous parlant de lui, vous parleront toujours de « ce brave M. Martin. »

» Ce fut alors que la Société des intérêts généraux du protestantisme français, qui venait de se constituer à Paris, sur l'initiative généreuse de M. le comte Agénor de Gasparin, l'appela à venir fonder sur les rives de la Dordogne, dans le domaine des Bardoulets, près de Sainte-Foy, une colonie agricole destinée à recueillir les jeunes détenus protestants, jusque-là disséminés dans les prisons de l'État.

» A partir de ce moment surtout, nous nous liâmes d'une étroite amitié.

» Je ne dirai pas que mon ami fût parfait. Comme nous tous, il avait ses lacunes, ses travers et ses défauts. Un seul a été sans tache : Jésus-Christ le Juste.

» Mais, ces réserves faites, il doit m'être permis de lui rendre la justice qui lui est due, et de dire ce qu'il était.

» J'ai connu des hommes plus doux que M. Martin, d'une

humeur plus égale, plus maîtres d'eux-mêmes et de leurs paroles ; je n'en ai point connu d'un cœur plus honnête, d'une simplicité plus vraie et surtout d'une droiture plus inflexible. Le mensonge, l'hypocrisie, les voies obliques et tortueuses l'exaspéraient. Il ne pouvait contenir son indignation à la vue ou à l'ouïe d'une iniquité. Sa nature ardente l'emportait alors au-delà des bornes que la prudence et la charité auraient dû peut-être lui faire un devoir de respecter.

» Il avait conservé, des habitudes et des souvenirs de son enfance, je ne sais quoi d'alpestre, de primitif, d'inculte même, qui imprimait à ses jugements, à son langage, à tout son être, un cachet particulier d'originalité. Nul n'a mieux vérifié que lui cette parole bien connue : « La véritable » éloquence se moque de l'éloquence. »

» M. Martin n'était pas un orateur dans le sens ordinaire qu'on donne à ce mot ; mais il y avait chez lui tant d'âme, une foi si ferme, un accent de conviction si pénétrant, une chaleur si communicative, et parfois les éclairs inattendus d'une imagination si pittoresque et si puissante, qu'on était remué, saisi, entraîné, en l'entendant parler des choses de Dieu.

» J'ai prononcé tantôt le mot inculte, à l'occasion de mon ami. Je voulais parler de la forme, de l'extérieur. Pour le fond, tous ceux qui l'ont connu savent qu'il y avait peu d'hommes parmi nos pasteurs, qui fussent plus instruits que lui. Il était au courant de toutes les questions. Passionné pour la lecture, il lisait tous les livres sérieux. La tournure de son esprit l'avait surtout porté vers les études philosophiques et religieuses. Outre les nombreux articles de journaux et opuscules qu'il a publiés sur ces matières, nous croyons savoir qu'il en a laissé d'autres en portefeuille non moins nombreux.

» Il se tenait surtout au courant du mouvement de la pensée contemporaine, dans le domaine de la théologie. Enfant du Réveil, il était resté fidèle aux doctrines du Réveil. Il était de ceux qui pensent que le progrès, en fait de christianisme, consiste à revenir en arrière, vers les origines, à Jésus-Christ et aux apôtres d'abord, aux réformateurs ensuite, et que les grandes vérités qui ont réveillé nos Églises au commencement du siècle sont seules capables de les faire revivre encore aujourd'hui.

» Je n'essaierai pas de raconter ce que fut M. Martin-Dupont comme fondateur et directeur de la colonie de Sainte-Foy. Tous ceux qui ont suivi le développement de cet intéressant établissement, trop peu connu et apprécié dans nos églises, le savent. Quand il arriva dans le pays, il y a trente ans et plus, tout était à faire, au point de vue matériel comme au point de vue moral : il n'y avait rien. Il ne fallait rien moins que cette nature énergique, résolue, pour accomplir avec des ressources exiguës, toujours précaires, le bien qu'il a accompli. Ceux qui visitent aujourd'hui la colonie de Sainte-Foy ne se doutent pas de toutes les peines, de toutes les fatigues qu'ont coûtées ces préaux, ces dortoirs, ces ateliers, ces jardins, ces vignes ajoutées pièce à pièce et qui constituent le matériel de ce vaste et important établissement.

» Encore la partie matérielle, si considérable soit-elle, n'est que la partie secondaire de l'œuvre de M. Martin, de cette œuvre pour laquelle on eût dit que Dieu l'avait créé tout exprès, tant il semblait convenir à l'œuvre, et l'œuvre elle-même lui convenir.

» Il fallait le voir au milieu de ses colons, — aux champs, dans la cour, aux heures du culte, dans le réfectoire, en cellule. Qu'il était bien à sa place et qu'on sentait que Dieu l'avait qualifié merveilleusement pour cette œuvre ! Ceux qui l'ont vu, comme moi, ne l'oublieront jamais. Oui, je l'ai vu, cet homme bon entre tous, les gronder, les rudoyer avec cette impétuosité qui était dans sa vive nature, quand ils avaient commis quelque faute. Mais je l'ai vu aussi, je l'ai entendu surtout leur parler avec cette voix émue, attendrie, paternelle, qui partait du cœur et qui allait au cœur ; je l'ai vu aux prises avec ses natures fermées, s'efforçant d'éveiller en elles le repentir, le sentiment du devoir, de les ramener à Dieu ; et j'ai vu, sous les rayons de cette charité ardente, ces cœurs se fondre et ces âmes déjà courbées vers le mal se redresser.

» Le bien qu'il a fait à la colonie, qui le dira? Dieu le sait, et cela suffit. M. Martin n'était pas de ceux qui aiment à faire sonner la trompette. Il avait horreur de la réclame, de la mise en scène. Le soin que d'autres mettent à parler de ce qu'ils font, il le mettait à le taire. Mais le bien qu'il a fait n'en reste pas moins. Nous le connaîtrons dans toute son étendue, au grand jour où les secrets seront découverts et où les choses cachées seront manifestées.

» Dieu m'a refusé le privilége d'être auprès de lui à l'heure suprême du délogement. Je ne puis donc pas en parler. Mais ce que je sais, je puis le dire, c'est qu'au milieu de ses longues et cruelles souffrances, sa foi ne s'est jamais démentie. Chrétien il avait été pendant sa vie, chrétien il est resté jusqu'à sa mort.

» Sa mort, hélas! nous l'avions tous pressentie. Mon ami vivait surtout par le cœur. Il aimait profondément. Il aimait surtout sa chère colonie. Quand il fallut s'en séparer (nous ne dirons pas dans quelles circonstances), ce fut pour lui un véritable déchirement. Loin d'elle, il fut frappé d'une sorte de nostalgie. A partir de ce moment, sa santé déjà affaiblie alla s'altérant de plus en plus. Dieu voulait achever de le mûrir au feu de l'épreuve. Rien qu'à lire ses lettres d'alors, on sent que pour lui le ciel approche, et l'on peut prévoir dès ce moment que Dieu ne le laissera pas longtemps parmi nous.

» Ceux qui n'ont connu M. Martin qu'au dehors ne pourront jamais s'imaginer quels trésors de tendresse, d'aménité, de piété intime, de mysticisme élevé et pur étaient cachés sous cette un peu rude enveloppe. Ses dernières lettres, surtout, respirent je ne sais quel suave parfum de sérénité et de paix qui trahit comme un avant-goût des joies du ciel. « J'ai traversé la vallée de l'ombre de la mort, m'écrivait-il
» quelques jours seulement avant le délogement de sa chère
» femme. Je m'étais livré sans arrière-pensée à la volonté
» du Seigneur, mon refuge et mon rédempteur. Il fait bon
» être avec un tel garant. On ne craint plus rien, on s'est
» donné dans la réalité du mot. Les préoccupations de la
» vie n'existent plus. On ne se sent plus de la terre et on a
» hâte de se voir introduire dans la demeure que Dieu
» nous a préparée. Jésus alors nous est un ami fidèle, il
» nous ouvre tous les trésors de sa grâce. Il nous illumine,
» il nous vivifie et nous donne un avant-goût de la vie d'en

» haut. J'ai eu le temps de réfléchir, et je trouve qu'il y a
» bien loin des perspectives célestes d'alors à celles d'au-
» jourd'hui ; tout devient réel, tout se rapproche de l'âme,
» tout est vivant et ineffable. »

» Un homme fort est tombé en Israël. Une lumière de plus vient de s'éteindre après tant d'autres, qui jetèrent sur nos Églises, dans la première moitié de notre siècle, un si doux et si pur éclat. Les hommes de cette vaillante génération du Réveil s'en vont ; ils disparaissent les uns après les autres. Bientôt il n'en restera plus que le souvenir...

» Que du moins ce souvenir-là nous reste. Oui, que le souvenir de ces hommes simples, d'une foi si candide, d'un dévouement si absolu, d'une fidélité si courageuse, vive dans nos cœurs ! Celui de mon ami Martin-Dupont vivra dans le mien comme un des types les plus originaux et les plus purs de cette solide piété du bon vieux temps, dont il semble que nous ayons perdu le secret, et que je demande à Dieu de nous rapprendre. »

Aujourd'hui, le corps mortel du fondateur de la colonie de Sainte-Foy et celui de la compagne aimante et dévouée qui, pendant plus de quarante années, marcha avec lui, la main dans la main, dans le sentier de la vie, reposent côte à côte dans l'humble cimetière de la colonie, non loin de la tombe de leur dernier né.

La place où ils dorment leur dernier sommeil, jusqu'au jour de la résurrection, est marquée par deux dalles de marbre blanc ; une grille, où s'enroulent les rameaux flexibles du lierre et de la pervenche, les entoure ; quelques cyprès, des rosiers odorants, un saule pleureur, donnent à ces humbles tombeaux un charme triste, plein d'émotion et de recueillement.

Parents bien-aimés, vous nous avez quittés, et notre cœur souffre encore, comme au premier jour, du déchirement de la séparation. Et pourtant vous nous avez laissé de bien puissantes consolations : Le souvenir ineffaçable de votre amour, de vos vertus, les traces du bien que vous avez fait pendant votre passage ici-bas, et, surtout, cette espérance de vous retrouver un jour, que nous devons à vos enseignements.

Quel héritage pourrait valoir celui-là !

FIN.

Fontenay-le-Comte. — Imprimerie Ch. Gaurit.

FONTENAY (VENDÉE). — IMPRIMERIE CH. GAURIT.

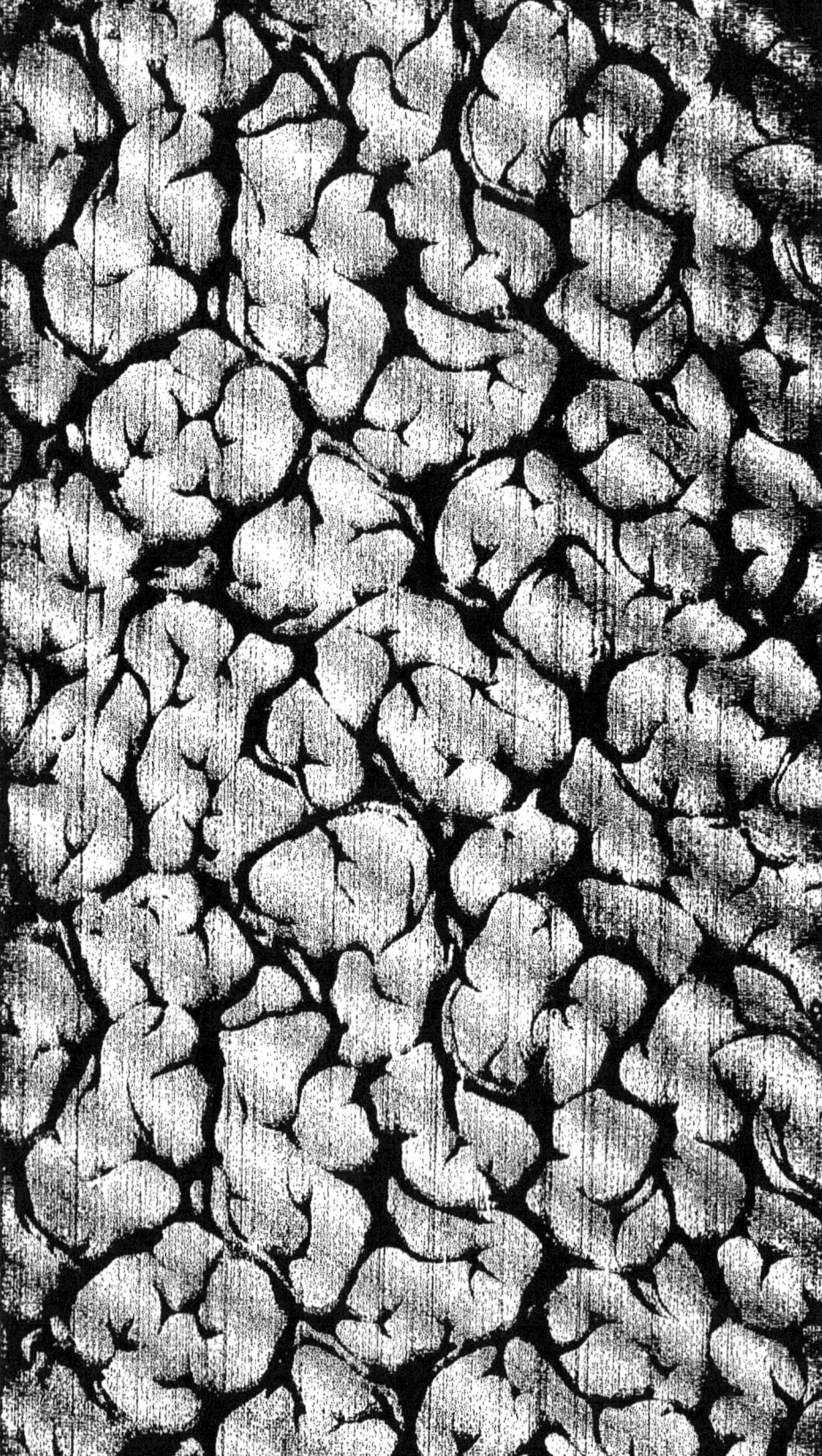

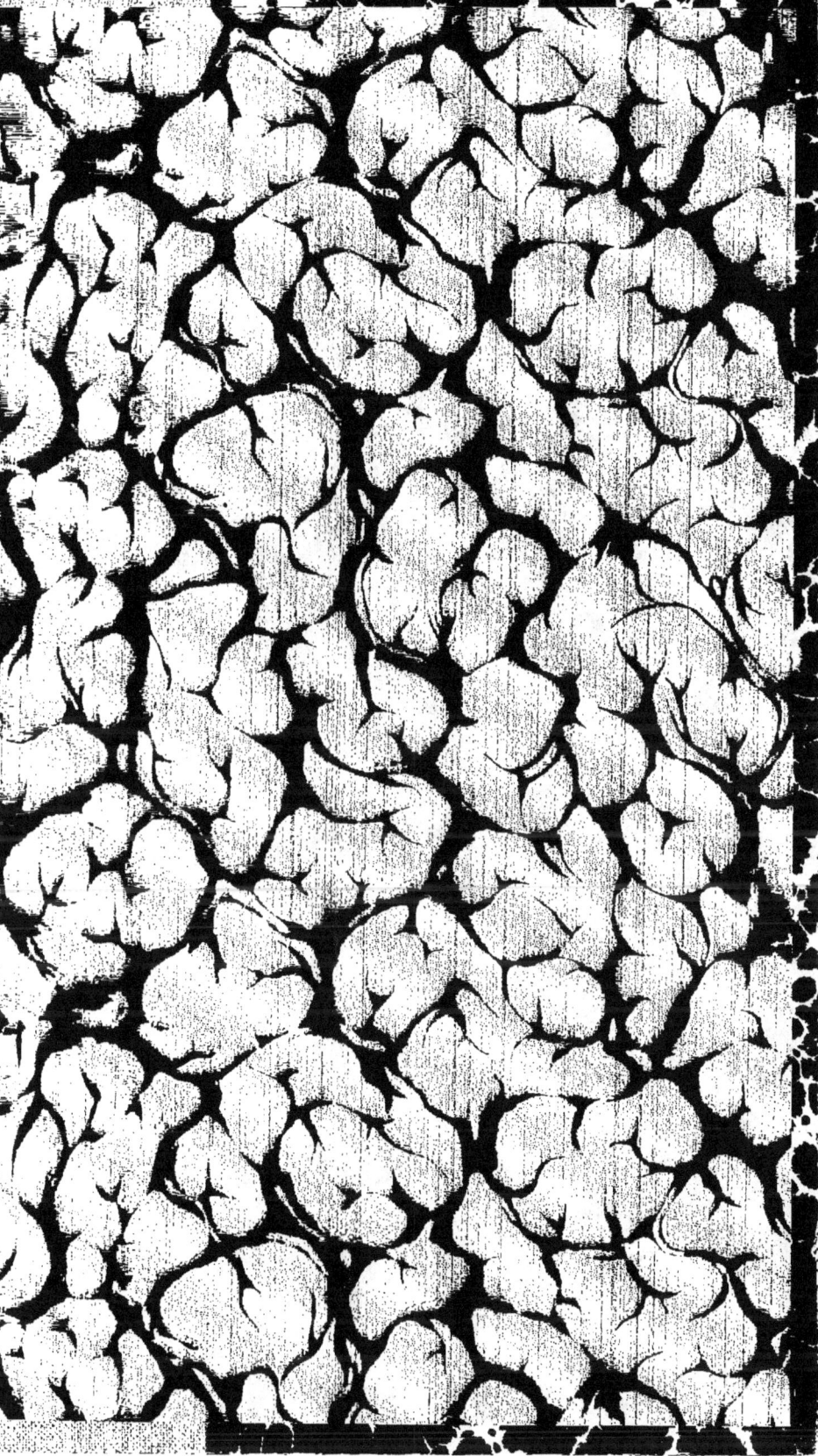

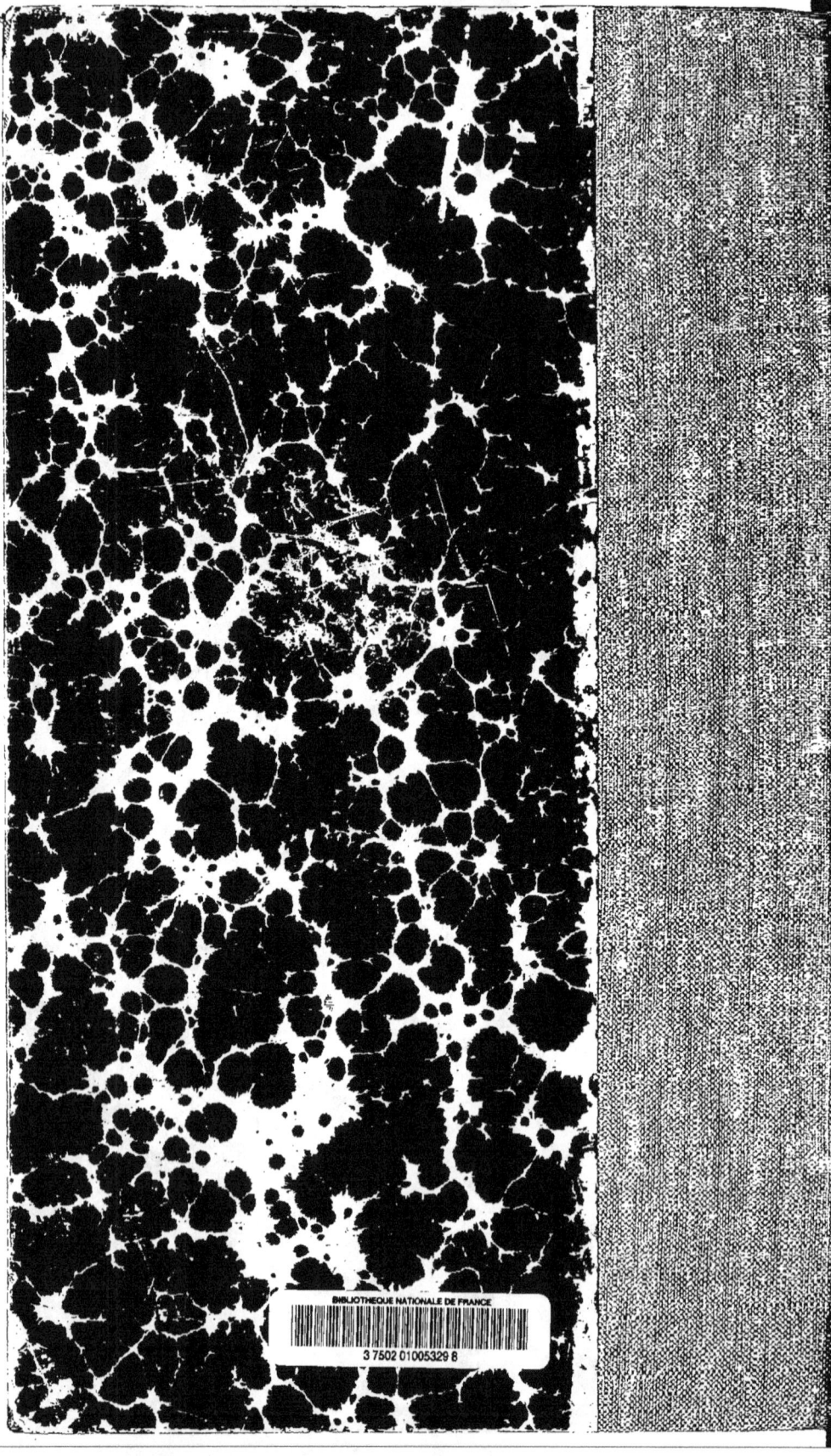

www.ingramcontent.com/pod-product-compliance
Lightning Source LLC
Chambersburg PA
CBHW070608160426
43194CB00009B/1225